KB060299

시흥자치신문 창립 21주년 1000호 발행 기념 칼럼집

참 언론의 길

시흥자치신문 편집부 엮음

시흥자치신문 · 청어 도서출판

참 언론의 길

시흥자치신문 창립21주년 1000호 발행 기념 컬럼집

○

시흥자치신문 편집부 엮음

─ 공생과 상생의
도약을 위해

창립 21주년 1000호 기념의 의미는 더욱 새롭습니다.

코로나19가 삼켜버린 지난 3년이, 본사 창립 이후 20년의 역경보다 더욱 큰 아픔이었습니다.

그동안 시흥자치신문을 후원해 주신 독자들과 시민 여러분께 진심으로 감사의 인사를 올립니다. 하지만 괴질의 어려움 속에도 언론의 본질인 정론직필(正論直筆)의 의지를 굽히지 않았습니다.

현재 우리는 코로나19 사태가 장기화되면서 어려운 상황에 직면해 있습니다.

온 세계가 사회, 경제, 문화 등 모든 분야에서 위기 상황을 맞으면서, 언론계에도 많은 어려움을 겪고 있습니다.

어느 때보다 어려움에 처해있는 중소기업, 자영업자, 기본생활이 어려운 저소득 시민들에 대한 도움과 배려가 절실한 때입니다.

복지시설에서 와병 중인 노인들과 어린이 아동, 학생 청소년들에게 우리 54만 시흥시민 모두가 한마음 한뜻이 되어 서로의 어려움을 함께 나누며, 오늘의 어려움을 극복할 수 있도록 힘을 합하는 사회가 되었으면 합니다.

이제 본 지는 21년의 성년으로서 공생(共生)과 상생(相生)의 도약을 1000호 기념으로 새로운 결의를 다짐하고자 합니다.

그간 본 자치신문의 정신을 반영한 '자치칼럼'의 필진인 김규성, 최영철, 이지선 님의 재능기부로 『참 언론의 길』이 간행하게 된 것을 감사드립니다.

시흥자치신문은 더욱 매진하여 시민의 눈과 귀가 되겠습니다.

'언론이 바로 서야 지역이 산다'는 자치신문의 의지가,
신(信), 망(望), 애(愛)를 실현하고 흔들림 없이 걷고자 노력했습니다.
언론의 정도(正道)를 걷는 '믿음직한 신문'
지역사회 주민들에게 '희망을 주는 신문'
약자를 사랑하는 '따뜻한 신문'이라는
지표가 되고자 앞만 보고 달려갈 것을 약속합니다.

'지역 언론이 바로 서야 지방자치가 바로 선다.'
'약자에게 약하고, 강자에게 강한'
언론으로 바로 서고자 합니다.
감사합니다.

발행인 **김부자**

— 참 언론의 길을 걷고자 했습니다

칼럼은 그 신문의 컬러라 합니다.

신문 칼럼은 신문사 고유의 시각에서 기획하고 집필을 의뢰한다는 점에서 그 신문사의 철학을 엿볼 수 있는 잣대인 것입니다.

지역신문의 칼럼도 언론사 안팎의 여론주도층이 신문 제작에 공식적으로 참여할 수 있는 유일한 공간이며 공론장의 기능을 갖습니다.

지역신문의 칼럼도, 지역 여론의 형성이나 정책 결정에 많은 영향을 줄 수 있습니다.

칼럼은 이러한 영향력으로 언론의 한 기능으로서 중요한 역할을 맡고 있다 할 것입니다.

시흥자치신문은 21년간 성실하게 1000호를 발간했습니다.

그동안 신문의 한 지면을 책임 있게 담당해 왔던 필자들은 지역을 사랑하는 애향 시민이며, 각 분야에서 활동하며 지역을 지켜온 시민입니다.

우리는 사회정의와 양심에 따라 우리의 생각을 기고한 것임을 밝혀 둡니다.

글은 곧 사람입니다.

글쓴이의 사람됨과 정신이 오롯이 묻어나게 마련입니다.

'지역 언론이 바로 서야, 시흥지역이 바로 선다.'와

'지역이 살아야 나라가 산다.'는 필자들의 정신이 들어있습니다.

이 책은 지방자치와 지방정부의 민주화와 시흥의 장래를 그린 설계서입니다.

시흥시민들이 함께 살아야 할 조용한 몸부림이며 시민의 꿈이 담긴 공정한 사회를 그린 그림책입니다.

시흥시민인 필자들의 꿈과 설계서들이 사회와 정치에 실현될 날이 오기를 기대합니다. 그동안 필자들이 써 왔던 글들을 모아 1000호 기념에 『참 언론의 길』이라는 제목으로 책을 내놓으면서 많은 부족함을 느낍니다.

독자들의 아낌없는 응원과 격려를 당부합니다.

시흥사람으로서, 시흥을 사랑하는 마음이 칼럼으로 표현되었음을 이해해 주시리라 믿습니다.

이 칼럼이 우리 사회와 시흥지역의 발전을 추구하는데 작은 불씨가 되기를 기대해 봅니다.

필자 김규성, 최영철, 이지선

차례

김규성 (金圭晟)

최영철 (崔永哲)

이지선 (李知宣)

이만균 (李晚均)

시흥 자치신문

김규성

● 金圭晟

1941년 경기 시흥 능곡에서 태어나 능곡에서 성장하여 시흥에서 활동해온 토박이 시흥 사람으로, 안동김씨 익원공파 손이다.

6·25 전쟁의 아픔을 겪은 청소년 시절과 청년 시절, 어렵게 늦은 공부를 시작으로 건국대 농교육학과와 고려대학교 교육대학원에서 교육행정을 전공하였다.

청소년 시절부터 4H 활동으로 시작된 농촌문제, 자연생태, 환경문제에 관심을 가지고 농촌청소년교육, 사회성인교육, 사회복지교육, 효 문화운동을 하였고, 능곡청소년학교, CBS사회복지교육원, 시흥YMCA, 시사협, 한국효도회, 협동조합 등을 설립하거나 적극 참여해 왔으며, 대학의 외래교수로서 교육학 분야를 강의해 왔다.

풀뿌리 지방자치를 바로 세우기 위한 시흥의 지역언론에도 참여하여 정론직필의 의지를 다지고 있다.

'생명·평화'의 기본사상을 바탕으로 '몸(몸과 마음)'을 비우는 생활에 젖어 "말보다 삶으로 이야기하라"를 실천하고자 구도자 신앙인의 마음으로 노후를 즐기고 있으며, '사회정의'와 '양심'에 따른다는 삶의 기준으로 오늘을 산다.

세계생태순례단원으로 중국, 쿠바, 인도, 베트남 등을 차례로 순례하며, 대자연과 역사와 민족을 늦게나마 깨달았다.

저서로는 『교육학개론』, 『유아교육론』, 『존 록크의 교육사상』, 『꼭 가봐야 할 비경(공저)』, 『노인복지와 효문화』, 『당신은 희망입니다-전6집(공저)』, 논문 등 다수가 있으며, '노령사회를 대비한 효문화 운동' 주제로 시흥자치신문에 기획 연재 칼럼으로 720여 회 현재 집필 중이다.

01 효(孝)가 살면
나라가 산다

2008-07-14

◆ 한국효도회는 효문화공동체

우리 지역의 '효문화운동체'가 결성되기까지 일 년여 동안, 뜻있는 지역인사들의 협의 과정을 거쳐, 드디어 지난달 24일 '사단법인 한국효도회 시흥지역회'를 창립하게 되었다. 우리 지역에 이 작은 효문화공동체운동이 주민 생활 저변으로 확대되어 정착되기를 바라는 마음 간절하다.

특히 우리 고장의 자랑인 천하의 효자로 유명한 조선왕조 때의 '하우명' 선생의 유적인 '소산서원'이 있지만, 시민들 대부분이 모르고 있는 듯하다. 우리가 잊혀가는 고귀한 효행 문화를 계승 발전시키고, 자라나는 청소년들에게 아름다운 예절 문화를 되살려, 효문화공동체를 이루어야 할 책임감을 더욱 느끼고 있다.

효는 우리 민족이 간직해온 훌륭한 정신문화이며, 21세기 정신문화를 선도할 고귀한 덕목이다. 효는 오천년 우리 민족의 힘의 원천이었으며, 가족과 사회와 나라를 살리는 원동력이었다. 효는 가장 한국적이며, 가장 세계적인 문화라 할 수 있다. 지금 우리가 살고 있는 사회는 갈수록 삭막하다. 도덕과 양심, 그리고 사회정의는 추락하고, 우리의 정치, 사회, 문화, 경제, 교육, 종교에 이르기까지 중병의 위기에 허덕이고 있다는 것을 그 누구도 부인할 수 없다.

◆ 효는 도덕적 에너지이며 나라의 흥망성쇠 좌우

이러한 위기의 진단과 그 처방은 무엇이란 말인가?

세계적 독일의 사학자 랑케는 "나라의 흥망성쇠를 좌우하는 것은 군사력도, 경제력도 아니고, 국토의 크기도 아니다. 그것은 곧 그 나라 국민의 도덕적 에너지다."라고 갈파했듯이, 우리에게 시급한 것은 바로 도덕적 에너지다.

즉, 효는 모든 윤리와 도덕의 기본이며 뿌리이다. 도덕성으로 재무장하기 위해 효 사상을 살려야 나라가 산다. 즉 부모를 공경하는 사람은 다른 어른을 공경하게 된다. 또한 효는 형제간의 우애로 이어지고, 이웃을 사랑하는 길잡이가 된다.

부모를 공경하는 사람은 저절로 자녀들로부터 공경을 받게 된다는 사실이다. 사회의 기본단위는 가정이다.

가정의 평화와 행복은 효(孝)의 바탕에서 이루어진다. 가정파괴와 붕괴는 불효가정에서부터 시작이다. 건전하고 건강한 가정의 뿌리는 효행에서부터 이루어진다. 가정이 흔들리면 사회가 흔들리고, 사회가 흔들리면 나라의 경제도 어지럽고 불안하다.

또한 효는 종교와 세대 차이를 뛰어넘는 동시에, 정치이념까지 초월하여 우리 사회 통합의 지렛대가 될 것이라 확신한다.

우리 민족은 전통적으로 전인교육을 강조해 왔다. 아무리 뛰어난 학식과 재능을 겸비한 사람이라도, '패륜행위자'는 당장 사회적으로 지탄의 대상이었다. 우리 민족의 반만년 역사를 이어온 저력은 '가족제도와 효행정신'이다.

이 정신이 살아있으면 나라의 기강이 바로 서고, 민족이 바로 산다는 사실(史實) 앞에 그 누가 부정하겠는가? 우리 민족에게 강인한 정신력과 에너지를 심어준 가치는 바로 '가족' '가정'이라는 사실이다. 우리의 영혼을 갈구하고 평화를 추구하는 핵심은 '우리 집, 우리 가정'이라는 것이다.

◆ 현대적 효는 '배려와 보살핌'

일제강점기에는 우리 민족 고유의 '설날'을 없애려고 악랄하게 막았지만, 결국 두 손을 들고 말았다. 왜냐, 설날은 우리 민족에게 '흩어진 가족이 모이는 날'이기 때문이다. 이것이 효사상의 본질이다. 다시 말해 "효가 살면 나라가 산다"는 바로 그것이다. 우리가 지향하는 '효 문화'가 결코 고리타분한 과거의 유물이 아니다. 이것이 또한 인간중심 사상이며, 더 나아가 우리 시흥지역이 '생명도시'라는 중심축으로도 삼아야 한다는 생각이다.

이제 우리 효의 '현재적 가치'는 부모에게 일방적으로 존경과 복종을 강요하는 일방통행적 효의 의미를 재해석해야 할 시점에 와있다. 가정에서의 부모와 자녀 간 문제로 국한할 수 없는 사회문제로 확대하여 해석해야 한다. 이것은 어르신들에 대한 '배려와 보살핌'으로 확대되는 개념이며, 사회공동체가 함께 껴안는 '사회적 효'를 실현하려는 것이 우리의 효문화운동이다.

우리 지역의 효문화운동은 통합복지, 상생복지의 이념을 바탕으로 한, 대안적 노인복지사업의 일환으로 보겠다. 사단법인 한국효도회는 시흥의 효 문화를 확산시키는 작은 불씨가 되고, "시흥의 효 브랜드" 가치로 승화하여, 기리 보존 계승되기를 바랄 뿐이다.

내달 8월부터 시행되는 '효행지원법'이라도, 정부와 지방자치단체가 정책적 실행 의지가 없다면 한낱 사문서에 불과하다. 관련 단체들과 전문가와 함께, 미래 한국을 살리는 유일한 대안으로서 효(孝)를 살리는 데 힘을 모아야 할 때이다.

02 현대판 '마녀사냥꾼'
지역 언론이 바로 서야
지역이 산다

2008-08-18

◆ 마녀사냥의 역사

중세기 구라파 등지에서 시행했던 '마녀사냥', '마녀재판'의 역사를
보게 된다.

수십만 명의 여성을 종교적인 소위 악마의 심부름을 한다는 '마녀'
로 몰아, 덮어씌워 죽였던 역사 말이다. 일단 모함을 받아 마녀로 잡히
면 억지 자백과 고문을 자행하여, 십자가에 묶어 불태워 죽이는, 잔혹
한 살인의 역사는 2세기가 넘도록 계속했었다.

프랑스 조국을 구한 애국 소녀 '잔 다르크'가 바로 '마녀사냥꾼'에 걸
려 불태워 희생된 케이스다. 수십만 명이 넘는 억울한 '마녀'(?)들이 개
인감정에 따라 마녀로 고발되면, 고문과 재판에서 마녀가 아니라는
것을, 입증하지 못하면 죽임을 당하는 무서운 시대였다. 현대에 와서
마녀사냥(witch hunt)이란 말은 희생양을 찾아 음모와 모략을 정당화
하려는 목적으로, 순진무구한 사람들을 몰아붙여 파멸시키는 것을 의
미하는 말로 쓰인다. 미국에서 1950년대에 일어난 '메커니즘'의 사회
적 해악이 마녀사냥이라는 의미로 쓰기도 하지만, 구체적 이유 없이
지목되는 순간 '사회적 매장'으로 이어지는 형태를 말한다.

◆ 현대적 마녀사냥과 지역언론

그런데 이 '마녀사냥'이 중세기의 유물이 아니라는 것이다. 지금도 지구촌 곳곳에서는 덮어씌우기 희생양으로 만들어, 억울하게 정치적, 사회적, 종교적으로 매장되는 현실을 보게 된다. 아니 우리 시흥시에서도 대명천지에 중세식 '마녀사냥꾼'들이 '사냥감'을 찾아 날뛰고 있으니 말이다. 소위 '지역언론'이란 탈을 쓰고 무딘 펜을 휘둘러 대는 것은, 어린아이에게 위험한 칼을 들려주고, 놀이터에서 놀게 하는 것과 무엇이 다른가? 근처에서 함께 노는 어린이들도 다치고, 어른이나 나이 많은 노인도, 칼을 회수하기 전에는 상처가 나기 마련이다.

전문의사의 손에 들린 칼은 사람을 살리는 수술도의 역할을 하지만, 미치광이의 손에 들린 칼은 사람을 해치는 칼이 되며, 주부의 손에 들린 칼은 맛 좋은 음식을 만드는 조리용 칼이 될 수 있다. 신문기자의 손에 들린 펜은 칼이다.

언론이 '신문윤리실천요강'과 '신문윤리강령'을 무시한 채 악의적, 고의적으로 음해한 것이라면, 이미 언론임을 포기한 휴짓조각에 불과하다. 인신공격형 일방적 매도 기사가 지역언론에서 판을 친다면, 지역의 여론 수렴은 오도되어 전달되겠지만, 현명한 시흥시민들은 '마녀사냥'에 현혹되지 않을 것으로 안다.

◆ 지역의 파수꾼이며 감시자

지역신문은 지역의 파수꾼이며, 시흥시민 편에서 시정부와 의정 전반에 대한 건전한 비판과 감시자 역할은 물론, 시민들에게 올바른 정보를 가감 없이 알 권리를 시민에게 충실히 전하는 신문이어야 한다.

또한 우리 지역사회의 다양한 정보와 의견을 반영하는 매체로서, 주민의 작은 목소리까지 담아내고, 의견을 소통하여 공론화시키는 역할을 담당하는 지역신문이어야 한다.

어느 누구에게나 법률로 보장된 사생활 보호와 명예를 존중해야 한다는 것은 상식에 속한다. 부정확한 보도나 공익과 무관한 사실 보도는 언론윤리에 반함은 물론, 범죄에 해당한다.

이 작은 시흥지역사회 내에서 고의적으로 상대를 헐뜯고 매장시키려는 지역문화가 있다면, 시민이 나서서 단호히 근절시켜야 한다. 건전한 상식으로는 있을 수 없는 '상대 죽이기' 식 언론작태는 언론폭력이며, '펜촉살인'에 속한다.

한 가지 의혹으로 남는 것은 '마녀사냥꾼' 뒤에 숨어 있는 보이지 않는 검은 세력이 조종하고 있지 않은가 하는 강한 의문을 제기하며 주목하고 있다. 대개 어떤 일을 벌이는 데는 하수인과 조종하는 주인이 있게 마련이다.

그동안 귀에 거슬린 '쓴소리'에 기분 상한 조종 세력이, 시민사회를 불신과 이간으로 한 데 묶으려는 의도된 '사냥'을 주시하고 있다는 것을 분명히 경계해야 한다.

한 가지 분명한 사실은, '지역신문이 바로 서야 지역이 산다'는 것이다. 비 언론이 판치는 지역사회는 부패와 부정으로 썩게 된다. 우리 지역신문이 '자유롭고 책임 있는 언론'으로 함께 가기를 진심으로 바란다.

03 장애인 차별하는 사회는 야만적인 사회이다

◆ **시흥시 중증장애인 3천 명**

우리나라는 '장애인차별금지법(장차법)'이 제정되어 올해 4월부터 시행 중이다. 시행 반년이 되었지만, 아직도 장애인들의 장애인 정책에 대한 불만은 계속 터져 나오고 있다.

'장애인이라 함은 선천적, 후천적이든 관계없이, 신체적, 정신적 능력의 불완전으로 인해 일상의 개인, 또는 사회생활을 확보하는데 자기 자신으로서는 완전하게, 또는 부분적으로 할 수 없는 사람을 의미한다'라고 정의한다.

우리 주변에서 눈에 띄는 장애인은 적은 것 같지만, 시설이나 가정에서 활동의 제한을 받고 어려운 생활을 하는 장애인은 우리 시흥시만 하더라도 15,000여 명에 달한다(시흥시 통계자료). 1~2급에 속하는 중증 장애인도 3,000명에 달하며, 간신이 기동하면서 자기생활을 영위하는 3~6급 장애인만도 12,000여 명이라 한다.

우리 주변에서 선천적 장애인보다 각종 사고로 인해 후천적 장애인이 더욱 급증하고 있는 추세이다. 그렇게 보면 우리는 모두 언제 장애인이 될지 모르는 '예비 장애인', '비장애인'이라 볼 수 있다.

◆ 우리는 모두 예비 장애인, 영적 장애인

그러나 우리가 살고 있는 사회는 겉으로 보이는 불구의 지체장애인들을 은근히 차별하면서도, 겉모습은 정상인이면서, 정신적 도덕적, 사회적, 정치적으로 지탄받아야 할 반사회적 영적 장애인들이 얼마나 많은가 말이다.

그러면서도 장애인에 대한 사회적 편견과 소외로 인해, 재활, 교육, 고용 등의 경제적 불평등이란 설움에 눈물짓고 있다는 것을 현장을 보면 직접 알게 된다.

이들은 혼자의 힘으로는 자활 자립이 어렵고, 마땅한 직업을 찾기 어렵기 때문에 생계가 어렵게 되고, 활동하기 불편하기 때문에 교육, 재활에도 차별받게 되는 것이 허다하다. 장애인의 삶이 겉으로는 나아진 듯 포장되어있어, 그래도 예전보다는 나아진 것이 아니냐고 말들을 한다.

그래도 옛날보다는 행복할 것이라고 생각할지 모르지만, 그들의 면면을 들여다보면 여전히 생존권의 한계상황에 놓여있는 것이 현실이다.

지난 8월에 전국의 장애인 단체 간부들이 '인권위원회' 사무실에서 단식농성을 하면서 부르짖는 것이 우리의 가슴을 쪼개고 있다. 장애 예산을 삭감하려는 기획재정부에 반대하는 이 농성이, 장애인들이 부(富)를 누리자고, 행복에 기름칠하자고 생떼 쓰면서 예산을 깎지 말아 달라고 요구하는 것이 아니란다. "인간답게 살기 위한 최소한의 기본적인 요구"에 지나지 않는다.

◆ 어린이재활교육비 삭감하는 재정부의 철학빈곤

전부터 예산 삭감하면 가장 먼저 잘려 나가는 분야가, 복지 분야 예산이었었다는 것이 어제오늘이 아니었다. 더 이상 장애인 복지 분야 예산을 삭감하는 것은, 생존권의 밑바닥에서 내동댕이치려는 '야만적 시도'라고 규탄하는 목소리를 듣고 있다.

이들은 내가 보기에도 등 따숩고, 배에 기름을 채우려는 예산요구가 아닌, 정당한 장애인의 '인권보장' 요구라는 것을 실감할 수 있었다.

특히 장애어린이 교육재활서비스 대상자가 70,000여 명이나 된다는데, 각 가정에서 막대한 재활교육비를 감당할 수 없는 부모들이 508억 원의 예산확보를 위한 심의통과를 기·재정부에 강력히 요구하고 있다.

사실 수백조 원 예산 중, 의지만 있다면 500억 원은 '껌값'에 불과한 것을 가지고, 장애어린이 교육에 인색한 예산 당국에 정책철학의 빈곤을 느낀다.

◆ 장애인인권헌장과 요구사항

'장애인인권헌장'(1998.12.9. 대통령 서명)에 보면, 장애인은 존엄과 가치를 가지며, 행복을 추구할 권리를 가진다. 장애인은 장애라는 이유로 정치, 경제, 사회, 교육 및 문화생활의 모든 영역에서 차별을 받지 않는다고 분명히 명기되어 있다.

또한, 장애인은 인간다운 삶을 영위할 수 있도록 소득, 주거, 의료 및 사회복지서비스 등을 보장받을 권리가 있다. 장애인은 다른 모든 사람과 동등한 시민권과 정치적 권리를 가지며, 가족과 함께 생활할 권리를 갖는다. 장애인은 사회로부터 분리, 학대, 멸시를 받지 않을 권리도 있다는 것을 우리가 모르고 있었단 말인가?

장애인들이 살맛 나는 나라와 사회는 '문화국'이지만, 장애인들이 살 수 없는 나라와 사회는 '야만국'이라 한다. 장애인들이 불편 없이 살 수 있는 행복한 사회를 위해 장애인들이 지금 요구하는 내용이 무엇인가를 찾아보았다.

① 이제 예산 타령만 하지 말고, 장애인의 사회적 권리를 보장하라.
② 장애인 가족지원제도를 도입하라.
③ 장애인 생존권을 예산의 논리로 말하지 말라.
④ 장애인 활동보조예산을 현실화하라.
⑤ 장애인 복지예산을 국민의 인권으로 보장하라.
⑥ 장애아동 재활치료서비스(치료지원 바우처) 제도를 확대 실시하라.
⑦ 장애인 활동보조 생활시간을 확대하라.

그러나, 지자체의 경우 제한된 예산으로 장애인들의 요구를 다 수용하기에는 어렵더라도, 인권복지 측면에서 감싸 안아야 할 우리의 이웃, 우리 시흥시민으로 포용해 주기를 바랄 뿐이다.

04 '건국 60년'은
   역사의 왜곡이다

2008-11-10

참으로 어처구니없는 일이 벌어지고 있다. 새 정부 들어 '광복절'을 '건국절'로 개칭하려는 시도가 있었다. 이제는 공공연히 광복 63주년을 건국 60주년 기념사업을 주창을 하고 있다. 올해가 대한민국 건국 60주년이 왜 잘못된 주장인가를 몇 가지 '예'로 명백하게 알 수 있다.

단군 이래 1948년 이승만정부 수립까지의, 우리의 5천 년 역사를 지워버리겠다는 것인가 묻고 싶다. 민족개국의 역사적 '개천절'은 없어져야 한다는 것인가? 일제 침략에 맞서 싸워 목숨으로 나라를 지킨 애국선열들은 뭐가 되는가? 친일파가 되어 한민족 말살을 기도한 친일파 행동을 잊자는 것인가? 일제식민통치의 흉악한 만행을 지워버리자는 것인가?

◆ 민족고대(民族高大) 100년 역사

고려대학교가 지난 2005년 100주년 기념행사를 성대하게 치르는 자리에 교우(校友)로서 참석한 바 있다. 1905년 이용익이 설립한 보성전문학교부터 개교일을 따졌기 때문이다.

고려대학교란 이름은 1946년 미군정청 당시에 정해진 교명이다. 설립자도 다르고 학교 이름도 달랐지만, 1946년을 개교의 기념일로 삼지 않는다. 연세대, 이화여대도 마찬가지이다.

동아일보와 조선일보는 1920년에 창간되었다. 창간 후 일제 치하에서 여러 차례 정간을 당하거나 폐간도 당했다. 그러나 두 신문은 해방 후 다시 간행되면서 오늘에 이르렀다.

그렇다고 하여 동아, 조선을 보고 창간을 1945년 해방 후부터 따지지 않는다. 그렇다고 하여 그 누구도 신문창간, 개교역사를 과장하거나 확대해석한 것이라고 비난하지 않는다. 이것이 일반적인 역사 인식이고, 역사의 상식이기 때문이다.

◆ 반만년 건국의 역사는 살아있다

건국(建國) 60주년이라면 기존에 우리 배웠던 반만년 역사를 모두 부정하는 자기모순에 빠진다. 그럴 때 1948년 건국 이후의 역사만을 인정하게 되므로 혼란에 빠지게 된다.

역사가 없는 민족은 이 지구상에 없다. 우리는 민족공동체로서 면면히 이어온, 역사 인식을 가지고 국가관, 가치관에 따라 그 민족의 운명을 좌우하는 원동력을 만들어 간다.

반만년이란 역사의 흐름을 갑자기 '건국 60주년'으로 축소하는 것은, 바로 우리나라가 100년도 안 된 신생국가로 전락하게 된다.

우리의 당당한 역사는 고조선시대로부터, 고대 삼국시대(고구려, 신라, 백제), 통일신라와 발해시대, 중세 고려왕조시대, 근세 500년 조선시대, 대한제국시대, 일제식민통치시대, 대한민국임시정부시대, 미군정시대(1945~48년) 등, 이러한 우리 역사를 무시하고 백지화시킨 후, 1948년 이승만정부 수립 연도로부터 '건국 60년'으로 변경하다니 가슴을 치고 분통이 터질 일이다.

헌법 전문에 보면 "유구한 역사와 빛나는 우리 대한민국은, 삼일운동으로 건립한 대한민국 임시정부의 법통을 이어받아…"라는 문구가 있다. 60년 역사라면 유구한 역사라는 말은 모순이며, 삼일운동의 경우, 건국 이전에 발생한 문제이니 헌법 자체도 모순에 직면하게 된다.

◆ 건국 60주년은 역사 왜곡이다

현 정부와 대통령 국정연설과 관공서 공식문서에도 건국 60년이란 문구가 따라다닌다. 이것은 건국이 아니라 정부수립 60주년으로 고쳐 불러야 마땅하다.

일본은 자기들 건국의 역사를 기원전 660년으로 끌어 올려놓고 있다. 중국은 그들의 건국 역사를 기원전 9203년으로 끌어올려 놓고 1만 년 역사라고 자랑하고 있다.

우리의 역사는 고조선 건국을 기원전 2330년으로 따져 봐도 우리의 건국의 뿌리는 5천 년 동안 민족공동체 나라로 지금까지 이어온 것을 역사로 알고 있다.

우리는 일본과 중국이 역사를 왜곡하고 있다는 사실에 흥분하고 있다. 그렇지만 건국 60주년이란 주장은 우리 자신이 우리 역사를 왜곡하고 있는 게 아닌가, 반성할 차례이다.

많은 국민이 '건국 60주년'에 열을 올리는 정부를 못마땅하게 생각하는 이유는, 헌법에 명시된 국가의 정체성을, 이 나라의 주인인 국민의 의사도 묻지 않고, 정부가 일방적으로 변경해도 되는 것인가? 우리 국민이 그런 권한을 현 정부에 준 적이 있는가이다.

일제의 무단침략과 한민족말살정책으로 나라가 어려움을 겪었지만, 우리나라는 없어지지 않았고, 망하지도 않았다. 그래서 광복이요, 광복절이라 하지 않는가.

05 아닌 것은 아니라고 말해야 한다

2010-05-24

◆ 김중배의 "민(民)은 졸(卒)인가?"

우리 시대의 영원한 논객으로 언론인 김중배 선생은 군사정권시절 동아일보에 근무하며 글을 모아 엮은 '민초여, 새벽이 열린다', '민(民)은 졸(卒)인가', '하늘이여, 땅이여, 사람들이여' 등에서 독재정권에 줄기차게 항거하는 외침이 담겨있다.

그의 논설문에서 "아무리 글이 아름답고 매끄러워도 소용없다. 해(日)를 해라고 쓰고, 달(月)을 달이라고 써야만 명문이 된다"고 갈파한 예봉은 나의 영원한 마음의 스승이시다.

나 같은 졸필로서 지역 언론에 나가는 논설, 칼럼을 선생의 글과 비교될 수 없지만, 다만 '사회정의와 양심에 따라'라는 중심을 잡고 글을 쓰려고 노력하고 있다.

◆ 현대의 긴급한 핵심적 현안은 4대강 문제

오늘날 우리 사회의 가장 긴급한 핵심적 현안은 '4대강' 문제이다.

저 유명한 「남한강」의 시를 쓴 시인 신경림은 최근 어느 모임에서 "나는 이 정부가 대운하를 포기하고 '4대강 살리기'를 하겠다고 했을 때 안도했다. 그러나 내가 정말 어리석었다는 것을 고백하지 않을 수 없다. 현장에 가보고 나는 너무나 큰 충격에 휩싸였다. 거기에는 천벌을 받을 짓이 진행되고 있었다. 나는 이 일을 추진하는 측은 말할 것도 없고, 방관하고 있는 사람들도 천벌을 받을 것으로 확신한다."고 목메어 말을 이었다.

지금 맹렬한 속도로 파괴되는 강을 보면서 민감한 사람들은 낙담하는 정도가 아니라, 피눈물을 흘리고 있다. 수천, 수만 년 동안 산맥 사이를 굽이굽이 흐르며 들과 모래톱과 여울을 만들어, 인간을 포함한 무수한 생명이 새끼를 낳고 키우며, 즐겁게 생을 향유할 수 있는 터전을 마련해 주었던 우리의 강들이 참혹하게 파괴되고 있다.

가증스러운 것은 이 가공할 파괴 행위가 '4대강 살리기 사업' 혹은 '녹색 뉴딜사업'이라는 이름으로 행해지고 있다는 사실이다.

◆ 정의와 양심의 목소리를 조롱하는가

게다가 '4대강 사업'을 비판하거나 반대하는 사람들은 내용을 제대로 알지 못하고 있거나, 반대를 위해 반대를 일삼는 사람들이라는 것이다. 따져 보면 보수와 진보라는 정치적 당파와는 아무 상관이 없는 문제인데도, 그들은 장래를 우려하는 수많은 양심의 목소리들을 조롱하고 멸시할 뿐이다.

'4대강' 문제는 기본적으로 하천 생태계를 완전히 파괴함으로써, 강 유역을 따라 형성, 발달되어온 우리의 토착 민중문화의 근거지를 말살시킬 위험에 처해 있다. 정말 두려운 것은 조만간 닥칠 끔찍한 결과들이다. 이 난폭한 공사가 계속되고 인간생존을 위한 자연적 토대가 영원히 돌이킬 수 없는 지경이 된다면, 민족의 크나큰 위기가 아닌가. 종교계, 학계, 사회단체 등이 반대하는 4대강 프로젝트는 재검토되어야 한다. 지금 주류언론들이 철저히 외면하거나 왜곡된 정보를 전달하는 상황에서 그대로 침묵할 수는 없다. 우리라도 '아니면 아니라고 말해야 한다'. 달을 해라고 말할 수는 없다.

◆ 비겁한 지도자의 야만적 행위

6·2 지방선거가 10여 일 앞으로 다가왔다. 5대 풀뿌리 지역지도자를 선출하는 시기에, 정치인들이 지금 생각하고 고민하는 것은 진정 지역사회와 주민을 위한 것인가? 아니면 나를 위한 것인가? 지금 내가 하고 있는 말과 행동은 정의롭고 투명하고 적법한 일인가?

그리고 진정 누구를 위한 것인가를 끊임없이 자신에게 묻고 또 물어야 한다. "위대한 지도자가 없는 사회는 불행하다. 그러나 그 위대한 지도자를 기다리는 사회는 더 불행하다."고 했던가? 지도자를 잘못 선출하면 불신의 고민 속에서 설움의 눈물을 흘려야 하기 때문이다.

진정한 정치인은 자신을 뽑아준 지역의 유권자, 자신이 소속되어 있는 정당, 자신이 소속되어 있는 조직과 단체의 이해관계에서 과감하게 해방되어야 한다. 나는 왜 시장이 되려고 하는가? 나는 왜 도의원, 시의원이 되려는가? 가슴을 활짝 열고 소래산 정상에 올라 진지하게 고민할 수 있는가.

지도자로서의 책임과 역할, 그것이 얼마나 어렵고 중요한가를 솔직하게 생각해볼 필요가 있다.

옳은 것은 옳다 하고, 아닌 것은 아니라고 말해야 한다. 잘못을 보고 알면서도, 이를 모른 체하며 침묵하는 것은 진정한 우리의 지도자가 될 수 없다. 그것은 비겁한 지도자의 야만적 행위일 뿐이다. 사회정의를 위해서라면 양심으로 말하고, 용기 있게 행동해야 한다. 이번 지방

선거에서 이러한 지도자들이 발굴되어 선출되기를 진심으로 바라는
것이, 어디 필자만의 바람이겠는가?

06 효(孝)는
억지로 흉내만 내어도 좋다

2010-10-25

　'효도는 억지로 흉내만 내어도 좋다'는 말이 있다. 우리가 쓰는 언어 속에 깊은 지혜가 담긴 놀라운 말들을 만날 때가 많다. 모든 사람이 세상을 살아가는 지혜란 따지고 보면, "억지로 시늉하며 산다. 어쩔 수 없이 산다. 들어 보고 산다. 들어서 알고 산다. 되뇌어 보고 산다." 그런 것에 불과하다. 그렇다고 하여 크게 잘못이 아니다.

　그러나 통상적으로 우리가 배우기는 창의적이고 독창적이고 자주적으로 살아야 한다고 가르치고 주장한다. 하지만 그런 고급스러운 말은 한 세상 살다 보면 교과서에나 실어 두고 보관해야 할 말에 불과할 때가 많다.

　그런데 효도만큼은 '억지로 흉내만 내어도 좋다'라는 말에 공감하고 있는 것은 왜일까? 진심에서 우러난 효도라면 더할 나위 없겠지만 말이다.

　때는 고려 왕조시대에 있었던 이야기로 전해진다. 당시는 시골 백성이 임금님의 얼굴을 한번 보고 죽으면 한이 없겠다 하던 시절이었다. 이 시대에 나라 임금께서 지방 순행을 하시다가 어느 고을 읍내를 들린다는 방이 붙었다.

　이 소식은 칠순을 갓 넘긴 병든 노인에게 들러, 노인은 입에 붙은 말로 "임금님을 한번 보고 죽으면 더는 소원이 없겠다." 하면서 임금님이 오신다는 날을 날마다 헤고 있었다. 이 모습을 본 아들 내외는,

"여보! 우리가 아버님을 지게에 모시고 임금님을 뵙게 해드리면 어떨까?"

노인의 아들과 며느리는 지게를 잘 단장하여 임금님이 오시기 전날부터 아버지를 지게에 지고 읍내로 향했다. 100리 길. 10시간을 아버지를 지게에 지고 갔다. 아들은 임금님을 볼 수 있는 곳으로 옮겨 다니며 아버지의 소원을 풀어드렸다. 그러니 온몸에 땀은 흐르고 남의 눈에도 유별나게 보이기 마련. 이런 모습이 임금님의 눈에도 띄었다. 임금은 지게 진 젊은이, 지게에 탄 노인을 보고 웬 거동이냐고 물었다. 이에 아들이 자초지종을 아뢰었다.

"아아! 이런 효성이 있느냐! 큰 상을 주어라!"하여 아버님의 소원을 들어준 효자는 큰 상을 받았다는 이야기다.

그런데 그 옆 고을에 욕심 많은 불효자가 살았다. 놀부와 같은 그런 부류의 친구였다. 자기 아버지를 억지로 지게에 지고 임금님을 찾아 뵈었다.

임금님은 이 젊은이에게도 똑같은 질문을 했다. 불효자는 아버지의 소원을 풀어드리기 위해라며 준비된 대로 대답했다. 그러자 곁에서 그 고을 이방이 "임금님, 저놈은 가식입니다. 저놈은 큰상을 욕심내어 거짓으로 하는 짓입니다. 저 불효자는 상을 주시면 아니 됩니다."

그러나 임금님은 오히려 이방을 꾸짖으며 '아니다. 효도는 흉내만 내어도 좋은 것이다.' 하시며, 그 불효자에게도 큰 상을 내렸다는 이야기다.

하지만 우리는 이 이야기를 통하여 전통적 유교 윤리의 틀 속에서

효도가 얼마나 어렵다는 것을 깨닫게 된다. 임금이 내린 어명처럼 흉내만 내어도 좋은 것이 효도다. 가식으로 흉내를 내도록 노력하는 모습이라도 하나하나 쌓여서 효라는 산이 만들어지는 것이 아닐까 생각된다.

이제 21세기에는 효 문화를 우리의 생활화로 끌어와야 한다. 효는 어려운 것이 아니다. 부모님을, 어른을 기쁘게 하는 것이 효다. 편안하게 하는 것이 효다. 함께 하는 것이 효다. 더불어 가는 것이 효다. 어르신에 대한 무관심이 곧 불효의 시작이다. 노령부모를 골방으로 모시는 것은 효가 아니다. 광장으로 마당으로 어른을 나오게 하여 노소동락(老少同樂)하는 것이 효다.

그리고 어른 된 이는 아랫사람과 스스럼없이 소통하는 마당에 서 있으면, 이것이 효 문화마당이 되는 것이다. 그런데 현대에 와서 우리 사회에는 효 문화를 가로막는 요소들이 너무 많다.

첫째, 학교교육에서 인성교육의 부족과 입시 위주 교육 문제이다.

둘째, 맞벌이 부부의 증가로 인한 가정교육의 약화 문제이다.

셋째, 도시화에 따른 핵가족으로 인한 가족관계 붕괴 문제이다.

이것은 우리 교육에 인성교육이 증발해 버렸다는 이야기가 된다. 이제라도 먹고 입고 쌓아 모으는 이야기는 접어두고, 사람 사는 세상 이야기로, 향기가 나는 이야기로 바뀌어야 한다고 믿는다.

제발 제대로 된 효가 아니라도 좋다. 억지로라도 좋다. 시늉이라도 효 하는 세상을 만들자. 위와 아래 질서를 회복하여 정글의 법칙이 아닌 사람 사는 세상을 만들자. 흉내를 내서라도 경로효친의 어른을 존경하고, 부모를 공경하는 효 문화사회를 만들자는 것이 사회적 효 서비스이며, 우리의 효 문화운동이다.

07 가난한 할머니들의 아름다운 기부

2012-08-20

서울 영등포에 사는 송부금 할머니(69)는 최근 자신이 평생 저축해서 모은 돈 23억 원을 한국복지재단과 독거노인 등 빈곤층 주민들을 돕는 연탄은행에 선뜻 기부하여 주위를 놀라게 했다.

수원의 한 양로원에 살고 있는 김갑순 할머니(85)는 "돈이 없어서 병을 치료하지 못하는 사람이나 불우한 환경에서 사는 아이들을 위해 써달라"며 평생 고생해서 모은 돈 5천만 원을 KBS복지재단에 기부했다.

◆ 기부자는 모두 가난한 할머니들이었다

전북 남원에 사는 박순금 할머니(92)는 65세 이상 노인에게 매년 9만 원씩 지급되는 노령교통수당을 5년 동안 모은 50만 원을 "살날이 얼마 남지 않았는데 하나님 앞에 빈손으로 가기 부끄럽다"며 한일장신대학교에 발전기금으로 기증하여 보는 사람들을 부끄럽게 했다.

전남 광주의 이순례 할머니(84)는 가정 형편이 어려운 학생들을 돕고 싶다며 10억 원 상당의 땅을 전남대학교에 기부했다. 할머니의 기증서전달식에는 재산을 뜻있게 사용하고 싶다는 어머니의 기부 결정에 기쁜 마음으로 동의한 아들딸들이 함께하여 감동을 자아내었다.

기초생활수급대상자로 매월 48만 원의 보조금을 받아 25만 원은 월세로 내고 23만 원으로 어렵게 생활을 꾸려온 서울의 김화규 할머니(72)는 자신의 전 재산인 전세보증금 400만 원과 100만 원이 든 통장을 유산으로 사회복지공동모금회에 기부했다. 김 할머니는 "나처럼 혼자 사는 노인들이나 부모가 없는 아이들을 위해 쓰였으면 좋겠다"고 말했다.

김 할머니가 기부한 유산 중 저금 100만 원은 사실 할머니를 10년 넘게 돌봐온 동대문구청의 이춘자 주민생활지원과 복지서비스연계팀장의 돈이라고 한다. 꼭 500만 원을 채워서 기부하고 싶어 했던 김 할머니가 자신의 긴 머리카락이라도 팔아서 돈을 마련하겠다고 하자, 이춘자 팀장이 사재 100만 원을 보탰다는 것이다.

◆ 이 땅의 기부는 할머니들 뿐이란 말인가?

참으로 이 나라의 기부는 할머니들이 다하시는구나 싶어 낯이 뜨거워지고 세상에 나눌 수 없을 만큼 가난한 사람은 없구나 하는 탄식이 저절로 나오게 하는 미담이 아닐 수 없다. 그것도 이 일련의 기부들이 모 재벌총수가 경호원과 조폭을 동원하여 폭력을 행사한 사건으로 온 국민의 눈살을 찌푸리게 할 무렵 이루어진 일이라 그 감동은 더욱 컸다.

극단적으로 대비가 되는 두 가지 보도는 노블레스 오블리주의 의미를 새삼스레 되새기게 하는 계기도 되었다. 노블레스 오블리주의 현대적 의미는 '사회지도층의 도덕적 책무'라 할 수 있다.

과연 우리의 지도층의 염두에는 노블레스 오블리주라는 단어가 있기는 한 걸까. 재벌회장의 폭력사건에 대해 재계를 대표하는 어떤 이는 "아들이 맞고 와서 아버지가 때린 정도의 사건"이라며 "대기업 오너니까 더 도덕적이어야 한다는 것은 문제가 있다"고 했다.

아주 틀린 말은 아니다. 그러나 사회에 대해 별 책임질 일이 없는 할머니들도 이렇게 선행을 하는 마당에 백번 양보해도 사회지도층임이 틀림없는 재벌총수가 도덕적 책임은 고사하고 범죄를 저지르며 물의를 일으키는 것을 용납할 수는 없다.

◆ 기업의 소유주는 사회이다

이럴 때 떠올리게 되는 인물이 유일한 선생이다. 선생은 항일투쟁의 선봉에 섰던 독립투사였으며 해방 후의 그 어려웠던 시절에도 결코 정경유착을 하지 않았고 납세의 의무를 철저하게 지킨 참기업인이었다.

그는 "기업의 소유주는 사회이다. 단지 그 관리를 개인이 할 뿐"이라며 자신이 일군 기업을 사회에 환원하고 세상을 떠났다. 기업은 그에게 목적이 아니라 나눔을 위한 수단이었다. 그는 평생에 걸쳐 자신의 가치 판단기준은 국가, 교육, 기업, 가정의 순서라고 강조하고 실천했다. 진정한 노블레스 오블리주의 전범이 아닐 수 없다.

우리 사회의 모든 지도층 인사들이 유일한 선생을 본받을 수는 없겠지만 할머니들의 모범만큼이라도 본받기를 바란다면 너무 지나친 기대일까.

최근 누구나 참여할 수 있는 '1% 나눔 캠페인'은 개인이 나눌 수 있는 가장 작은 것을 상징하는 숫자이다. 월급이나 용돈 또는 생활비 가운데 부담 없이 나눌 수 있는 액수를 미리 지정하여 정기적으로 기부하는 운동이다. 백 분의 하나 정도는 바로 천 원 중에 십 원이다. 작은 참여가 큰 산을 이루고, 큰 내를 이루듯 말이다.

08 '한 도시 한 책 읽기' 독서 운동

2012-11-12

매년 가을은 독서의 계절이라 한다. 시흥시도 도서관마다 책 읽기 캠페인을 전개해 왔다. 전국적인 통계는 독서량은 늘지 않고, 오히려 독서인구가 여름보다도 줄고 있다고 한다.

독서가 정서 함양과 자기 계발에 매우 유익하다는 것을 모르는 사람은 없다. 그러나 어느새 읽는 문화(텍스트 문화)가 사라지고, 보는 문화(비주얼 문화)가 자리를 잡고 있다. 상상력과 창의력은 책 읽기를 통해 발전한다. 그런데 책 읽는 문화가 사라지고 있다. 이것은 상상력과 창의력이 실종되고 있다는 방증이다.

◆ 사람을 변화시키는 마법의 독서문화

필자가 청년 시절 함석헌의 『뜻으로 본 한국 역사』와 유달영의 『새 역사를 위하여』를 밤새워 읽으며 젊은 피를 끓게 하였다. 이 책은 내 일생의 정신세계를 세워준 지주였다고 본다.

그래서 책이란 사람을 변화시키는 마법 같은 존재이다. 책은 나를 성찰하게 하며, 나를 반성하게 하고, 세상의 유혹을 이기는 힘을 주었다. 그래서 책 속에 길이 있다는 것은 최고의 명언이다. 길도 보통 길이 아닌 지름길임을 새삼 깨닫게 한다. 나의 걸어온 생을 되돌아볼 때 공부를 포기하는 순간이, 인간을 포기하는 것으로 생각했었다. 그 힘든 날들에 책이라도 있었으니 그나마 견딜 수 있었다. 책마저 없었다면 나는 미쳐버렸을지도 모른다.

독서는 일희일비(一喜一悲) 하지 않는 담담한 마음과 끊임없이 배우는 삶의 자세를 만들어 주었다. 책 속에서 진정한 나를 배우고 성찰하고 겸허하게 배우는 법을 가르쳐 주었다.

책이 고맙다. 독서 하는 나 자신이 고맙다. 나에겐 책이 최고의 멘토이지만, 이제 노쇠한 눈의 피로가 독서마저 방해받고 있으니 안타깝다.

세계 최고의 부자인 빌 게이츠는 컴퓨터로 돈을 번 사람이다. 그가 단순히 돈만 많은 것이 아님은 세상이 다 안다. 누구보다 많은 기부를 했고, 교육에도 관심이 많다. 그가 세운 미래학교는 얼마나 교육에 대한 그의 철학이 바르고 확고한지를 보여준다. 그가 돈을 벌고, 기부를 하고, 또 교육과 같은 공적 기여를 하기까지 그의 뒤에는 독서가 있었다.

그는 "오늘의 나를 있게 한 것은 우리 마을의 도서관이었다. 하버드 졸업장보다 소중한 것이 독서 하는 습관이었다."라고 자신이 밝혔듯이 그는 독서광이다. 그가 지금도 변치 않고 실천하는 것이 두 가지다. 첫째, 오수(午睡)라고 한다. 낮에 10분 정도의 조각 잠을 잔다는 것이다. 그리고 두 번째는 독서이다. 아무리 바빠도 하루 한 시간 이상은 반드시 책을 읽는다고 한다.

지금 우리는 1년 동안 몇 권의 책을 읽고 살까? 작년 문광부의 '국민 독서 실태조사'에서 10명 중 4명은 1년에 1권의 책도 읽지 않는 것으로 나타나 우리 사회의 부끄러운 단면을 보여주고 있다. 역시 TV 시청과 인터넷이 장애요인으로 나타나 있다.

◆ 한 사회를 변화시킬 독서 운동

책 읽는 문화가 중요하다. 책 한 권이 한 사회를 변화시킬 수 있을까? 책 한 권이 한 사회를 변화시킬 마중물이 될 수 있다는 믿음에서 출발한 문화운동이 '한 도시 한 책 읽기(one book one city)' 운동이다. 이 운동이 시작된 곳은 미국의 도시 시카고였다.

공공도서관에서 시작된 이후 시카고는 '한 책, 한 시카고'라는 이름으로 하퍼 리가 쓴 책 『앵무새 죽이기』를 시민들이 같이 읽는 도서로 선정하여 독서 운동을 전개하였다.

이 책은 타인, 타 집단, 타 민족에 대한 배려와 관용을 골자로 한 『앵무새 죽이기』가 시카고 정부와 언론, 시민사회단체의 지원과 참여로 시카고 시민들에게 점차 읽히기 시작했다. 그 결과 시카고는 미국 내 어느 도시보다 인종차별이 가장 적은 도시로 성장하게 된 배경을 가지고 있다.

이 운동을 우리나라의 원주시가 '한 도시 한 책 읽기' 운동으로 9년째 지속하고 있다. 선정 도서로서 '꿈의 도시 꾸리찌바'를 약 10만 명이 읽으면서 원주시가 '우리 원주도 꾸리찌바처럼 살자'는 시민 민원에 시달리고 있다. 지금 원주시의 슬로건은 '클린시티, 그린시티'로 바뀌기도 했다.

가까운 인천시 부평구에서도 '한 도시 한 책 읽기' 운동으로 『완득이』(산곡동), 『삼십 년 후에 쓰는 반성문』(부평5동) 읽기를 진행 중이다. 천고마비 독서의 계절에 우리 시에서도 '시흥시 한 책 읽기' 운동을 제안한다.

우리는 지금 읽는 문화가 사라지고 있다. TV를 켜고, 컴퓨터를 켜고, 각종 기능이 내장된 휴대폰을 켜고 있다. 온통 영상이다. 즉, 보는 문화가 지배하는 세상에서 살아간다. 영상은 동일한 문화, 동일한 생각을 낳는다. 보는 문화가 지배하는 세상은 성찰과 비판을 사라지게 한다. 그러나 책은 다르다. 독서는 생각을 하게 만들고, 지혜와 지식의 보고로서 사람과 사회를 성찰하게 한다.

책을 읽지 않는 사회는 품격 있는 사회, 지속가능한 사회가 될 수 없다. 아무리 높은 경제성장을 기록해도 그것이 그 사회의 품격을 말해 주지 않는다.

이제 시흥시민의 책 읽는 문화가 시흥을 변화시키는 폭발적 원동력이 되기를 진심으로 바라는 바다.

09 지방선거,
정당공천폐지는 시민의 요구

2013-07-22

◆ **내년 6·4 지방선거, 11개월 남아**

주민을 위한 주민에 의한 실질적 지방자치는 지방선거에 달려 있다. 현행 지방선거제도의 모순을 지적해온 본지로서는 내년 6·4 지방선거를 11개월 앞두고 여야 모두 기초선거 정당공천제를 본격 폐지하는 쪽으로 가닥이 잡혀가는 모습을 보면서 쌍수를 들어 환영한다.

시흥지역에서는 벌써 시장, 시의원, 도의원선거에 출마하려는 지역 정치인(?)들의 꿈틀거림이 감지되고 있다. 지역을 위해 헌신하겠다는 좋은 일꾼들이 많이 등장한다면 지역을 위해 얼마나 바람직한 일이겠는가 말이다. 그러나 그런 인물은 잘 보이지 않는 것 같아 안타깝다.

지금까지의 '정당공천제'는 말이 정당공천제도이지 사실은 중앙집권적 정당 체제하에서 해당 지역 '국회의원 1인 공천제도' 또는 소수 정당 엘리트 공천독점제이다. 우리 지역 주민 일꾼을 뽑는 기초지방선거에서 지역주민의 후보 선택권을 부정하는 악법에 해당한다.

첫째로 지방선거의 '정당공천제'는 온갖 공천비리와 추악한 정치부패의 온상으로 지목되어 왔다. 공천을 둘러싸고 거액의 검은 돈이 오가고 온갖 파렴치한 로비와 과잉 충성이 난무하는 것은 이미 알려진 어제오늘의 일이 아니다.

이제는 돈과 연줄에 좌우되는 금권정치, 연줄정치를 종식시켜야 할 때가 되었다. 공천을 둘러싼 온갖 비리와 정치부패를 척결하기 위해서만이라도 '정당공천제'는 반드시 폐지되어 청산해야 지방자치가 산다.

◆ 정당공천제는 지방정치부패의 온상

둘째로 지방선거의 '정당공천제'는 지방자치와 지역정치를 중앙정치권에 예속시키는 핵심 고리에 해당한다. 시흥지역주민의 일꾼이어야 할 기초단체장과 기초의원은 국회의원 및 중앙정치권 줄서기 정치, 눈치 보기, 수발들기에 급급할 수밖에 없게 된다. 지방자치에 대한 중앙집중 정당정치와 국회의원의 간섭, 통제가 심각한 문제가 되고 있는 것이 엄연한 현실로 알고 있다. 지방선거는 '정당공천제' 때문에 지역정치는 중앙집권적 정당 체제에 예속되어 있다. 지역민에 의한 지역민을 위한 지역정치가 가로막혀 숨 막힐 지경이다. 정당공천제 폐지는 지방자치와 지역정치를 바로 세우기 위한 최우선 과제로 꼽는다.

셋째로 지방선거 '정당공천제'는 시민과 모든 지역민이 실질적 주권자이지, 중앙권력의 일방적 통치대상이 아니다. 현대 지방자치시대에는 스스로 일상적 참여와 자치의 주체로 되는 실질적 지방분권과 진정한 주민자치를 당당히 열어가야 한다.

이제까지의 우리의 '정당공천제'는 낡고 병든 중앙집권-지방예속 정치체제의 밑뿌리로서 실질적 지방분권화를 가로막고 있다. 뿐만 아니라 지방자치의 본질인 주민자치권을 원천적으로 부정하고 있다. 실질적 지방분권과 주민자치시대를 앞당기기 위해서는 먼저 정당공천제를 내년 6·4 지방선거부터라도 폐지해야 마땅하다.

◆ 민생본위, 민생정치, 민생자치는 정당공천폐지에서부터

넷째로 지역주민과 시민의 실질적 참여와 자치를 보장하는 지방분권과 주민자치가 유명무실하다면 지역의 경제와 민생문제는 사실상 뒷전으로 밀릴 수밖에 없을 것이다. 국정운영·국가발전의 중앙집권체제로는 지역경제와 민생을 살리기 어렵다. 그것은 이미 역사적 한계에 부딪쳤고 유효성을 상실한지 오래다. 지역경제와 민생을 살리기 위해서는 모든 지역민이 실질적 주권자로서 중앙권력의 일방적 통치대상에서 벗어나 스스로 참여와 자치의 주체로 되어야 한다. 그것은 무엇보다도 지방선거 '정당공천 폐지'로부터 시작되어야 한다.

요컨대 정당공천폐지는 중앙집권-지방예속의 사슬을 끊고 진정한 풀뿌리민주주의와 실질적 국민주권을 실현하기 위해, 민생본위의 민생정치와 민생자치로 나아가기 위해, 흔들리는 지역 경제불황에 빠진 민생을 살리기 위해 반드시 이루어야 할 우선적 핵심과제이다.

지금 국민의 80% 이상이 '정당공천' 폐지를 지지하고 있다. 전국 방방곡곡에서 지역민의 자치역량이 성장해 왔고, 시흥시민의 정치의식이 예사롭지 않다. '정당공천'은 주권자로서 모든 지역민의 실질적 참여와 자치를 제한시키는 것이다. 그 폐해가 실로 심각하다는 것을 유권자들은 잘 알고 있다.

지방선거 '정당공천' 폐지는 거역할 수 없는 국민적 요구이며, 시흥지역과 나라를 살리는 대의의 길이다. 지방의 중앙예속과 거대한 정치부패의 고리를 끊고 지역정치와 지방자치를 바로 세워 지역민생과 시민자치를 살려야 한다. 내년 6·4 지방선거로부터 새로운 지방분권 국가의 첫걸음을 시흥시민과 함께 지켜보고자 한다.

10 치매 없는 노년을 살고 싶다

2014-02-10

◆ 치매는 가족 비극의 씨앗인가?

가끔 회의차 요양원들을 방문해 보면 많은 분이 치매환자이시다. "○○○동은 어떻게 가느냐? 오늘이 무슨 요일이냐? 몇 밤 자면 월요일이냐? 내가 왜 여기에 있냐? 밥 줘~ 배고파!" 등등을 물으실 때면 측은지심이 앞선다. 노령에 접어든 나의 장차 모습으로 보이기 때문이다.

며칠 전 또래 친구들과 "건강이 해마다 다르다"며 건망증 이야기가 치매 이야기로 번지면 다들 심란하고 어두워진다. 우리에게 닥칠 수도 있는 가까운 미래니까 말이다. 나 역시 치매가 두렵다.

치매라는 것이 노령에서 자연적으로 일어나는 무의식이라는 저 깊은 우물물을 길어 올리는 것 같아서다. 나의 통제를 벗어나 "보이고 싶지 않은 나"를 드러낼 수 있다는 생각을 하면 아찔하다 치매는 인간이 헤어나기 어려운 늪이다.

자신은 물론 자신과 전 생애를 통해 결속했던 가족과 친지, 그 모든 것들을 깡그리 망각하는 것이다. 거기에다 스스로 정상적인 판단을 내리거나 사고(思考)를 하지 못해 종국에는 삶을 백지상태로 되돌리고 만다. 인간으로서의 이성이나 감성은 물론 어떤 주관이나 가치판단도 존재하지 않는다. 그래서 많은 사람은 치매를 죽음보다 더 두려워하나 보다.

흔히 '긴 병에 효자 없다'고 한 대표적인 예가 바로 치매다. 처음에는 가족의 도리로 정성을 다 하지만 수발의 기간이 길어짐에 따라 가족들의 스트레스는 극에 달하게 된다.

이로 인해 보호자의 신체적, 정신적, 경제적 부담감은 더욱 크다. 그래서 치매는 '가족 비극의 씨앗'이라 부르기도 한다. 환자 개인은 물론 가족에게 엄청난 시련이자 고통을 주기 때문이다. 그래서 그 고통이 이제 개인이 아닌 사회의 것으로 변하고 있다.

◆ 치매 3다(多) 예방과 3불(不) 예방법

통계에 의하면 전국 치매환자 수는 지난해 기준으로 57만 6,000명에 달하지만, 정부의 특별등급으로 수용되는 인원은 5만 명에 불과하다니 남은 치매환자들은 어찌하면 좋은가?

앞으로 10년 후에는 치매노인 100만 명 시대가 온단다. 1인당 연간 진료비는 2,000만 원이나 들게 된다는 것이다. 이로 인한 개인과 사회. 경제적 비용은 2010년 8조 7천억 원에서, 2020년에 19조 원, 2030년에 39조 원, 2050년에는 135조 원 등 기하급수적으로 늘어난다고 밝히고 있다.(분당 서울대병원) 앞으로 나라의 경제가 노인치매로 인해 거덜이 날 지경이 될 것이다.

필자는 사회복지, 노인복지, 노령사회문제, 효문화(경로효친)문제를 칼럼으로 10여 년 동안 거론하면서, 가장 큰 문제에 부디 친 것은 '노인치매의 대안'이었다. 이에 관해 관심을 집중하며 고민해 왔다. 이 치매는 세계적 선진국에서도 고령사회에서 피할 수 없는 정책과제로 등장하여, 가까운 일본이나 서구사회의 고민거리 중에 하나로 보인다.

치매를 연구한 전문가들은 노화로 인해 손상된 치매 질환은 다시 소생이 불가능하므로, 치매 예방이나, 초기 때 증상을 지연시키는 방법 밖에는 없다고 말한다.

각종 문헌을 보면 즉 치매 3다(多) 예방법을 전문가들이 주장하고 있다.

① 많이 읽어라

　　TV보다 하루 1시간 이상 독서, 신문읽기가 효과적이다.

② 많이 씹어라

　　식사 때 30번씩 꼭꼭 씹어 먹어야 노화된 뇌가 자극된다.

③ 많이 걸어라

　　꾸준한 신체적 운동은 치매 발병 확률을 낮춘다고 한다.

또한 치매 3불(不) 예방법이다.

① 생활 습관병을 없애라

　　고혈압, 당뇨, 혈관성 질환,비만은 치매의 지름길이다.

② 지나친 음주, 흡연을 피해라

　　과다음주와 흡연은 뇌세포를 파괴한다.

③ 노인성 우울증을 경계해라

　　치매와 우울증은 불가분의 관계가 있다고 한다.

◆ 경로사상 강한 지역이 치매예방효과 연구

노인대국 일본에서 노인치매를 평생 연구한 오이겐 박사는 그의 저서 『치매노인은 무엇을 보고 있는가』에서, 도쿄와 오키나와, 그리고 미국의 노인들을 비교한 연구 결과를 보면 같은 치매라도 사는 생활환경에 따라 차이가 두드러진다.

오키나와 한 농촌마을의 65세 이상 708명을 조사한 결과 명백한 노인성 치매는 27명(4%)이었다. 이 비율은 대도시인 도쿄와 같았다. 그러나 치매에 따른 '주변 증상'은 현격한 차이가 났다. 오키나와 농촌의 치매 노인은 우울증, 망상, 환각 증세가 전혀 없었다. 도쿄의 경우 절반 정도가 주변 증상을 나타냈다. 20%는 우울증이었다.

미국은 치매 노인의 25~50%가 우울증을 겪고 있었다. 연구진은 오키나와가 경로사상이 강하고 노인들이 주변 생활환경의 정성스러운 간호와 노인이 존중받는 지역이라는 점에 주목했다. 결국은 다른 사람과의 따스한 '인간관계'와 정겨운 편안함, 안정감이 우울증을 물리치고 치매 증상을 지연시키며 약화시켰다는 증명이 된다고 하겠다.

효문화사상은 쓰러져가는 가족공동체를 살리며, 또한 노인치매를 예방하고 지연시키는 유일한 길이 될 수 있다는 것이다. 우리의 노인들에게 치매를 예방하는 것이, 곧 효도 중의 효도라는 것을 다시 한번 인식하게 된다. 치매 없는 가정, 치매 없는 마을, 치매 없는 도시에서 행복한 황혼을 맞이하고 싶은 것이 우리 모두의 바람이다.

11 요즘 우리 사회에 큰 어른이 그립다

2014-04-14

◆ 어른은 사회의 거울이며 본보기

원래 어른들의 삶과 행위는 아직 사리(事理)를 분명하게 판단하지 못하는 미성년자가 세상을 익혀나가는 과정에서 만나게 되는 중요한 규준(規準)이였다. 어른은 대접받는 사람이 아니라 '정당한 도리'의 집행자이자 세상을 판단하는 척도였던 것이다. 그렇기 때문에 어른에게는 옳은 것을 보고 기뻐하며, 그렇지 못한 것에 대해서는 준엄한 꾸짖음을 내려야 하는 책무가 부여됐다.

주변에 어른이 있어야 잘못하는 사람에게는 바른 말도 하고, 종아리라도 때려서 올바른 길을 가도록 충고할 터인데, 바른 말 하는 어른이 없으니 사회가 점점 혼탁해지는 것이다.

바른 말을 해도 이해관계에 얽히지 않고, 중심(中心)에 서서 어느 한쪽에 치우치지 말아야 한다. 어른이 자신의 생각과 이익에 반(反)해서 어느 한쪽에 치우친다면, 올바른 충고가 아니다. 가까운 사람일수록 잘한 것은 잘한 것이고, 잘못한 것은 분명히 잘못되었다고 지적해야 한다. 지적을 해도 너무 감정에 치우쳐 충고하면 상대의 감정만 상하고 적을 만들기 쉽다. 어른은 이 사회의 거울이요. 본보기다. 그래서 어른은 어른다워야 하는데, 어른들 스스로가 어른 대접 받기를 포기하는 것 같다.

돈만 있으면 뭐든지 할 수 있다는 황금만능의 시대, 돈이 최고라는 이 천박한 사고방식을 어른들이 잘못 가르쳤기 때문에 늙어서는 자신이 자식들한테까지 돈 때문에 설움 받고, 결국에는 자살로 생을 마감하는 노인들을 우리는 많이 보아 왔다.

◆ 부끄럽고 초라한 무례(無禮)한 모습들

일찍이 중국인들조차 우리나라를 가리켜 '동방에서 가장 예의가 바른 나라(東方禮義之國)'라고 했다. 헌데 이 정신은 다 어디로 가고 세상이 이렇게 험악해져 간단 말인가?

어디를 가도 어르신의 배려와 존중의 모습은 보이지 않고 젊은이들의 세상이다. 어른들 역시 잘못된 것을 지적하지도 못한다. 잘못 말했다가는 망신만 당하고 젊은이들에게 맞기까지 하기 때문이다. 어른은 어른대로 젊은이는 젊은이대로 인격도 도둑맞고 양심도 도둑맞고 그래서 이제는 올바른 인격과 양심을 찾기가 어렵다. 비인격자, 양심불량자가 판을 치고 있지만, 문제는 자기가 하는 행위에 대해서 부끄러워 할 줄 모르는데 더 큰 문제가 있다.

참어른은 무엇보다 정도를 걷는 것이 정말 중요한 것 같다. 어른들이 어른다운 대접을 받기 위해서는 다음 세대들에게 약점 잡히는 일을 절대 하지 말아야 한다. 모든 면에서 모범을 보이면서, 그 값진 삶의 경험담을 후배들에게 잘 교육하여 돈보다 윤리와 도덕이 우선하는 사회를 건설하는 데 앞장섰을 때 어른이 제대로 대접받고, 우리 대한민국도 굳건한 반석 위에 똑바로 세울 수 있을 것이다.

어른부터 어떻게 살다가 어떻게 죽는 것이 정말 값진 인생인지, 죽은 후에 세상 사람들이 자신을 참 훌륭한 어른이었다고 칭송하는 소리를 들을 것인가! 아니면, 그 영감 평소 돈만 알고, 이웃 한번 돌아보지 않더니 잘 죽었다고 비웃는 소리를 들을 것인가!

◆ 우리 시대의 참어른은 없는가?

항상 힘 있는 자, 가진 자가 말썽인데, 정치인, 재벌, 지도층에 있는 분들부터 좀 겸손하고, 솔직할 수 있도록 어른들이 올바른 충고를 해야 한다. 힘없는 자, 갖지 못한 자에게는 힘과 용기를 줄 수 있는 참어른들이 많이 나왔으면 좋겠다.

요즘 국정원 간첩 조작사건, 개인정보 유출사건, 부실한 사회안전망 복지혜택 문제, 지방선거후보자 정당공천 문제, 사법부의 수사판결 공정성 문제, 언론의 편 가르기 문제, 편파 부당한 황제노역사건, 무익한 남북냉전 대치 문제, 기타 등등을 보면서 우리 사회에 큰어른이 없음을 실감하며 정신문화적으로 엄청난 국가적 손실이 나고 있음을 볼 수 있다.

평소 나의 정신적 스승이었던 함석헌 선생, 성철스님, 법정스님, 김수환 추기경, 한경직 목사, 리영희 선생… 이미 작고하신 큰어른들이 무척 그리운 시대에 살고 있다.

그런데 어른들에게는 이런 외형적 성취와 별개로 또 다른 '결실'이 있다. 인간으로서의 성숙도(成熟度)와 인품(人品)일 것이다.

설익은 성공과 탐욕이 판치는 이 시대에 깊은 인품으로 우리의 고개를 숙이게 만드는 인물은 많지가 않다. 몇 안 되어 사라져가는 그 '희귀종(?)'을 우리는 '어른'이라고 부른다.

이 어른들의 국가적, 사회적 책임과 역할이 아쉬운 시대에 우리는 더욱 참어른이 그리워진다.

12 인성교육의 뿌리는 IQ가 아니라 EQ

2014-10-27

◆ 지능지수(IQ)와 감성지수(EQ)

전 세계적으로 커다란 문제를 일으키고 있는 현대교육의 문제점은 무엇인가에 대해 많은 이론이 있을 수 있다. 그것은 지식 위주의 교육만이 능사인양 열심히 IQ 교육만 시켜온 모든 교육자와 자식을 가진 모든 부모에게 커다란 충격을 주고 있다.

어느 교육학 교수는 우리나라가 국제화에 뒤진 가장 큰 원인은 교육의 불합리에서 찾을 수 있다고 단언한다. 학교뿐 아니라 가정과 사회에서 모든 교육을 IQ 위주의 교육만을 해왔기 때문에 개인주의, 이기주의에 물들어서 남을 배려할 줄 모르고, 더불어 살아가는 공동체 의식이 부족하기 때문이 아닐까. 우리나라 입시 위주의 교육이 성적순으로 인간을 평가하는 도구로 사용된다면 교육이 도리어 사람을 망치는 꼴이기 때문이다.

그동안 나의 제자들을 생각할 때 공부를 잘 해 명문학교에 진학한 학생들일수록 스승의 날에 찾아오기는 고사하고 전화 안부나 감사 편지도 없었다. 그러나 오히려 공부도 못하고 매를 맞으며 배웠던 보통의 학교를 겨우 나온 제자들은 더 따뜻한 교류가 이루어지는 것을 본다.

옛 어른들이 생각이 난다. "잘 키워서 성공한 자식이 꼭 효도하는 것은 아니다. 못난 소나무가 고향 선산을 지킨다"는 이 말은 우리의 교육이 뭔가 크게 잘못되고 있음을 직감하게 된다.

최근에 교육계에도 일부 교육자들은 새로운 교육의 혁신을 시도하려는 움직임이 살아나고 있다. 수능시험이 얼마 남지 않은 이때, 어린 청소년들을 점수로 줄을 세워 스트레스를 주고, 이것이 인생의 전부인양 닦달받는 수험생들에게, 이 교육제도를 만든 우리 어른들은 부끄러워해야 한다.

◆ 성공이나 행복은 성적순이 아니다

지금까지는 지능지수, IQ(Intelligence Quotient)가 높은 것이 제일인 줄로만 알았다. 그래서 머리 좋은 사람, 공부 잘하는 사람, 성적 높은 사람이 제일인 것으로 인식하였다. 그러나 학문이 발전하게 되면서 최근에 이르러 지능지수가 높은 것보다 더 중요한 것이 감성지수, EQ(Emotional Quotient)가 높은 것이 훨씬 더 중요하다는 사실이 밝혀졌다. 머리 좋은 사람이 성공하고 행복하게 되는 것이 아니라, 가슴이 따뜻하고 훈훈한 사람이 성공하며 행복한 삶을 누리게 된다는 것이다.

믿을만한 연구 결과에 의하면 지능지수, IQ가 높은 것이 그 사람의 성공이나 행복에 기여하는 정도는 불과 20%에 지나지 않는다는 사실이 밝혀졌다. 나머지 80%는 감성지수, EQ가 결정한다는 것이다. EQ에 대한 인식이 이렇게 새로워지면서 웬만한 부모들은 자녀들의 EQ를 높이는 데에 관심을 같게 되었다.

EQ는 1990년 예일대학의 피터 새로비(Peter Salovey) 교수가 EQ에 관한 논문을 발표하면서 알려지기 시작하였다. 그 후 10년도 지나기 전에 세계적인 관심사로 대두되면서 교육에 대한 혁명적인 변화를 일으켜 오고 있다. 그런 변화의 대표적인 경우가 예일대학이 속한 지자체에서 일어난 변화의 경우이다.

그 시에는 중·고등학생들의 마약, 가출, 교내폭력으로 도시가 만신창이가 되어있었다. 이에 시 교육청에서 교육관계자들이 모여 깊은 토론을 거친 후, 그간에 성적 위주로 교육하던 교육 방침을 바꾸었다. 3년간을 기간으로 정하여 학생들의 인성(人性), 곧 EQ를 높이는 교육에 집중키로 합의하였다. 그리고는 3년간 시 전체의 중고등학교들이 학생들의 EQ 높이기에 모든 교육내용을 집중하였다.

◆ EQ 인성강화교육이 아이들을 살린다

그 결과 3년 후 3가지 변화가 두드러지게 나타났다. 교내폭력이 삼분의 일로 줄었고, 마약이 절반 이하로 줄어들었으며, 가출하는 건수가 대폭으로 줄었다. 이런 결과를 발표하게 되자 이 사례를 많은 도시, 많은 나라에서 적용하게 되어 선진국들의 교육계에 큰 변화를 가져오게 되었다.

우리나라에서도 진작부터 EQ교육 인성강화교육에 대한 논의는 많았으나, 아직까지 교실에서 교육에 적용하는 데까지 이르지는 못하고 있다. 이제는 파격적인 조치로 학생들의 인성교육강화 즉, EQ향상교육에 전력을 다할 때가 되었다.

보통의 생각으로는 지능지수가 높은 사람들이 성공할 것 같지만, 실제는 감성지수가 높은 사람, 다시 말해 '인간성이 좋고, 가슴이 따뜻한 사람'이 성공률이 높고, 또 그런 사람들이 자신과 가정이 행복하게 사는 비율이 높다는 통계이다.

그런데 한 가지 다행스러운 것은 지능지수는 부모로부터 타고나는 것이기에 본인이 고칠 수는 없다. 지능지수, 'IQ'가 낮은 사람은 자신의 노력과 환경의 영향으로 어느 정도 높일 수는 있으나 근본적으로 향상시키는 데는 어렵다. 그러나 감성지수 곧 'EQ'는 본인의 노력과 주위의 도움으로 향상시킬 수 있고 변화시킬 수 있다는 점이다.

교육은 원래 국가나 경제계가 요구하는 사람을 만들어 바치는 '인간 생산 공정(人間生産工程)'이 아니며, 벼나 사과처럼 적절하게 비료를 주면서 열매를 많이 맺게 하는 재배에 비유하는 '인간재배과정(人間栽培過程)'이 아니다. 사람을 사람으로 일깨워 사람이 되게 하는 인격적 각성과 전인적 인성교육(全人的 人性教育)에 두어야 할 때가 되었다.

13 웰다잉(well dying)을 준비하는 사람들

2014-12-01

◆ 웰다잉이 없다면 웰에이징도 없다

금년도 마지막 한 달을 남겨놓고 저물어가고 있다. 가장 잊을 수 없는 것은 '후아유 강사교육(아름다운 마무리, 죽음준비교육)'이었다. 지금도 후속 공부모임의 웰다잉 연구회가 지속되고 있어 노년들의 새로운 세계에 눈을 뜨게한 계기가 되었다.

모두가 죽음을 맞지만 죽음에 대해 이야기 하는 것에 익숙하지 않은 것이 우리의 문화인데, 백세 시대를 맞아 건강한 삶과 함께 삶의 아름다운 마무리에 대한 관심이 높아지고 있다.

미국과 유럽에서는 60년대부터, 일본에서는 70년대부터 죽음교육이 보급되어 현재 죽음준비교육이 초·중·고교와 대학의 정규 커리큘럼에 포함되어 있을 정도로 일반화 되어 있다는 것이다. 제2의 인생의 목표를 찾지 못하고 방황하는 은퇴자들에게 죽음 준비 교육을 꼭 권하고 싶다. 죽음 교육을 통해 인생의 의미를 다시 깨달아 삶의 만족도가 상승하고 죽음에 대한 불안이 해소된다. 죽음에 대한 생각과 공부는 은퇴 후 삶의 목적을 찾아가는 중요한 계기가 될 것이다. 이런 점에서 행복한 노년 설계의 끝은 '죽음에 대한 계획'이라고 말할 수 있다. 어떻게 죽을지에 대한 웰다잉(well dying) 계획이 없다면, 어떻게

살 것인지에 대한 웰에이징(well aging: 품위 있게 늙어가기)도 완성되지
못할 것이다.

웰다잉(well dying)이란 아름답고 품위 있게 인생을 마무리하고 죽
음을 맞이하는 것이라면, 잘 죽기 위해서는 잘 살아야 한다. 진정한 웰
빙의 완성은 웰다잉으로 이어질 수 있기 때문이다.

◆ 일본영화 《엔딩노트(ending note)》

얼마 전 국내에서 상영된 일본영화 가운데 《엔딩노트》라는 다큐멘
터리 가 있었다, 영화 속에서 40년간이나 직장생활에 충실한 남성이
퇴직하여 제2의 인생을 준비하려고 나선다.

그러나 우연히 받은 건강검진에서 암 5기 진단으로 사형선고를 받
게 되고 충격에 빠진다.

그때 그는 얼마 남지 않은 인생의 마지막 시간 동안 가족을 위해 무
엇을 할 수 있을까 고민하면서 자신의 엔딩노트를 쓰는 장면이 나온
다. 이 영화 상영 이후 일본에선 엔딩노트 쓰기가 크게 유해했는데, 엔
딩노트란 한마디로 말해 '죽기 직전에 자기가 해야 할 일을 적은 노트'
를 말한다. 가족들에게 좋은 추억을 남겨주기 위해 무슨 일을 하고, 앞
으로도 오랫동안 살아야 할 가족들의 재정적 뒷받침을 어떻게 할 것
이며, 또 친구들과는 어떻게 작별할 것인가를 써보는 것이다. 이런 점
에서 엔딩노트는 죽기 전에 하고 싶은 일들의 목록을 적어보는 '버킷
리스트(bucket list)'와도 비슷하다. 엔딩노트와 버킷리스트 작성은 자
신의 죽음을 후회 없이 맞도록 도와주고 가족들에게 좋은 추억을 남
기도록 한다는 점에서 인생의 끝자락에서 한번 정리해볼 필요가 있는
방법이라 하겠다.

◆ 죽을 때 후회하는 25가지

일본의 호스피스 전문의 오츠 슈이치가 저술한 책 『죽을 때 후회하는 25가지』가 출판되어 일본과 한국에서 100만 권이 넘게 팔려나가 베스트셀러가 되었다. 죽음의 문턱에서 남긴 말들을 정리한 내용이다. '진짜 하고 싶은 일을 하면서 꿈을 이루려고 노력했더라면, 평소 여가 생활을 즐기면서 가보고 싶은 곳으로 여행을 떠났더라면, 사랑하는 가족과 친구들에게 나의 마음을 글이나 말로 표현했더라면, 좀 더 겸손하게 인생을 살았더라면, 건강을 소중하게 여겼더라면, 신의 가르침을 미리 알았더라면, 죽도록 일만 하지 않았더라면….'

지금 말기 환자들이 말하는 인생의 후회거리는 우리가 당장 실천에 옮길 수 있는 작은 행동들이다. 죽을 때 이런 후회하지 않는 인생을 사는 것이 바로 '웰에이징(will aging)'이 아닌가?

사람은 죽을 때 가장 솔직해지고 진실한 마음을 갖는다. 인생의 후반전에 돌입한 노년들에게 말기 환자들이 말하는 삶의 경고들을 살아생전에 마음속에 새겨보는 것은 어떠할까?

후아유 강사교육은 인생이라는 시간이 한 번밖에 없다는 걸 새삼 느낄 수 있는 소중한 죽음준비교육이었다. 내가 숨 쉬고 있다는 사실을 현재처럼 느낀 건 참으로 감사할 일이라고 생각한다. 인생의 소중함은 인생이 끝날 무렵에 느끼게 된다고 했던가.

아름다운 마무리 교육은 지금 내가 죽는다고 가정하고 지나온 삶을 돌아보며 남은 인생을 더욱 소중하고 보람차게 만드는 인생 성찰의 시간이었다.

살아있는가? '제2의 인생'을 다시 생각해보겠는가? 죽음을 잊지 않는 한 지금이 그 시간이 될 것이다.

14 미래는 마을공동체가 희망이다

2015-04-13

◆ 마을이 세계를 구한다

지난 1월 인도 남부의 뱅갈로 지방을 두 번째 생태순례여행으로 다녀왔다. 인도의 대표적인 국부로 칭송받는 간디의 조국을 알고 싶었다.

'10개의 나라를 여행하는 것 보다 인도 하나를 여행하라'고 여행가들이 말하듯, 국민 대다수가 빈부의 격차로 어렵게 살지만 그래도 행복한 나라로 보였다.

내가 애독하는 책 중에 한 권이 인도의 마하트마 간디가 쓴 『마을이 세계를 구한다』는 책이다. 인도에는 70만 개나 되는 마을이 있다고 한다. 이들 마을이 인도의 희망이요, 세계의 희망이라고 간디는 주장한다. 간디는 생각하기를 '도시화 되고 기계화에 대량생산화 되는 것이 좋은 것만이 아니다. 그런 방향으로만 세계가 나가다가는 결국 재앙에 이르게 된다'고 경고하기도 했다.

현대 문명의 병든 모습을 보면 간디의 말이 범상치 않음을 느끼게 된다. 그래서 간디는 도시화, 기계화의 대안으로 주민자치가 이뤄지고 자립하며, 독립성과 민주주의적 합의 제도를 갖춘 마을이 그 대안임을 주장하고 있다.

1830년대에 인도 총독으로 있었던 찰스 메트칼프(Baron Metcalfe)

가 인도의 마을공동체를 다음같이 묘사하였다.

"마을공동체는 거의 자족적이고 외부에 대해 거의 독립적인 작은 공화국이다. 그들은 다른 어떤 것도 존속하지 못하는 곳에서 존속한다. 각각이 분리된 작은 국가인 이 마을공동체들의 연맹은 그들의 행복과 자유와 독립의 상당 부분을 누리는 데 크게 도움이 된다."

◆ 마을의 목표가 분명해야 한다

우리 선조들은 오랜 세월 동안 마을을 이루고 평생을 마을에 몸담고 살아왔다. 나라가 있기 전에 마을이 있었고, 겨레가 있기 전에 마을이 먼저 있었다. 선조들은 마을공동체를 일컬어 '두레(품앗이)'라 하였다. 그래서 두레박이라는 말이 마을공동체 두레에서 함께 쓰던 바가지를 일컫는 말이었고, 마을공동체인 두레가 무너져 가면서 사람들의 마음이 강퍅해지기 시작하였고, 서로가 믿지 못하는 불신사회가 되는 게 아닌가.

그러기에 우리 사회에서 시급히 해결하여야 할 일들이 많지만, 그중의 하나가 공동체의 회복, 곧 마을의 회복이다. 최근 들어 시흥시에서도 마을의 중요성에 대한 인식이 점차 높아져 마을의 재발견, 마을의 복원, 마을 살리기, 마을 만들기, 마을 가꾸기 등의 말이 지자체와 주민 간에 높아지고 있는 점은 퍽 다행스러운 일이다. 그러나 제대로 된 마을이 이루어지려면 다섯 가지 목표를 세우고 시작하여야 한다.

첫째, 서로 돕고 더불어 사는 공동체정신이 살아 있는 마을이어야 한다.

둘째, 경제적인 생활안정과 자급자족이 가능한 자립의 마을이 되어야 한다.

셋째, 마을의 문제를 주민 스스로 해결하는 주민자치공동체를 이루어야 한다.

넷째, 항상 교육과 소통으로 학습능력을 키우는 평생학습의 마을이 되어야 한다.

다섯째, 노소동락의 가치관과 열린 마음으로 경로효친 문화를 이루어야 한다.

◆ 간디가 일러준 마을공동체 기본원칙

바람직한 마을을 만들어 나가려면, 주민들의 자발적인 참여가 이루어질 때만이 '마을 만들기'는 가능하다. 마하트마 간디는 마을다운 마을이 이루어지기 위하여 갖추어야 할 기본원칙들을 일러 주고 있다.

첫째는 마을 최고의 중심은 사람이어야 한다. 모든 인간은 행복을 누리고 행복할 권리가 있다. 자신의 능력에 맞는 일을 하며, 의식주를 해결하는 당당한 삶을 누리도록 해야 한다.

둘째는 마을 사람들은 모두가 평등한 기회를 가져야 한다. 마을공동체의 경제적 이상은 평등한 분배이다. 경제적 평등이 평화로운 마을, 평화로운 세계로 나가는 지름길이다.

셋째는 이웃과 사회에 봉사하는 생활철학을 가져야 한다. 이웃에 봉사하는 일은 온 세계에 봉사하는 일이며, 온 세상을 자신의 가족같이 여기고 헌신 봉사하는 사람이다.

넷째는 마을은 자급자족의 경제생활이 보장되어야 한다. 마을은 생명유지에 필요한 것을 자급자족할 수 있어야 가장 이상적이다. 외부의 간섭 없이 생존과 평화를 누려야 한다.

다섯째는 자발적으로 이루지는 협동이다. 마을은 협동에 의하여 그 이상을 실현한다. 협동을 통하여 공동의 선을 실현하며, 협동은 반드시 자발적인 참여를 바탕으로 이루어야 한다.

여섯째는 교육과 협의를 통한 소통이다. 마을 사람들은 모든 정보와 지식이 공유되어야 한다. 투명한 공개와 개방, 활발한 토론과 대화, 회의를 통한 합의가 마을공동체 요체이다.

우리는 지금까지 관(官) 주도의 '마을 만들기'의 실패를 거울삼아 민간 스스로의 참여와 거버넌스 체제에 의한 마을 만들기는 이미 간디가 일러준 대로 방향 전환이 절실하다 하겠다.

15 노령이 되니 좋은 점도 많다

◆ 노년의 삶은 '자유함'이다

노년 시기에서의 한 해는 한 살 이상의 의미가 있다. 고령의 나이는 인생의 넓이와 깊이가 달라지기 때문이다. 누구나 늙는 것은 싫어하지만 그것은 자연의 섭리이기 때문에 거스를 수가 없다. 특히 지금과 같은 고령화사회에는 나이 듦에 대한 자기 나름의 해석을 할 수 있어야 한다. 말하자면 나이 먹음에 대한 의미를 스스로 깨달을 수 있어야 한다는 뜻이다.

그런데 노년도 차분하게 살아보면 좋은 점도 많다는 것을 알게 된다. 시간이 지나면서 노년생활에 적응하면 젊었을 때는 몰랐던 '삶의 묘미'를 발견하게 된다. 그래서 노년도 살만하다는 것을 알게 된다.

첫째로 뭐니 뭐니 해도 노년의 삶은 '자유(自由)' 함이다. 생각해보자. 사람이 그 어디에도 매이지 않고 자유스럽다는 것은 사실 놀라운 일이 아닌가. 어깨를 짓누르던 직장에서의 책무도 없고, 어떤 일을 반드시 해야 하는 압박감도 없다. 남에게 폐가 안 되고 해가 되는 일이 아니라면 그게 무엇이든 간섭 없이 마음대로다.

실정법을 어기지 않는 한 무서울 것도 없다. 일체의 부담스러운 '관계'에서의 해방은 또 어떤가. 경조사에도 자식을 대신 보내면 된다. 보기 싫은 것을 안 볼 수 있는 자유도, 듣기 싫은 것은 안 듣는 자유도, 먹기 싫은 것은(억지 술잔 등) 안 먹어도 되는 자유. 이 모두가 늙음이 가져다주는 선물이다.

한 번 이 자유의 맛을 알게 되면 현역으로 돌아갈 생각은 싹 가신다. '굴레'를 다시 쓸 생각은 전혀 없기 때문이다. 자유란 그렇게 좋은 것이다. 그러나 자유가 방종이 아니라는 사실도 알고 있어야 한다.

◆ 노년인생의 여유로운 삶은 '넉넉함'이다

그다음이 '여유'다. 여유(餘裕)는 매사에서 물질이나 시간, 공간이 넉넉해서 남음이 있는 상태다. 자유가 있으니 느긋해지고 느긋해지니 여유가 생기는 것이다. 총총걸음으로 뛰다시피 살던 현역 때를 생각하면 노년의 여유는 더 뜻이 깊어진다. 웰빙이나 힐링도 '여유'만 있으면 해결이다. 사실 현대인은 인류가 탄생한 이래 가장 쫓기는 생활을 하고 있다고 말할 수 있다. 인간이 만든 법, 제도, 기계적인 시스템이 한데 얽혀 사람들을 쪼고 있다.

여유의 가장 큰 장점은 경쟁을 안 하는 것이다. 경쟁은 무서운 것이고 거기에서 생긴 스트레스는 사람을 소모하고 퇴화시킨다. 경쟁의 틀에서 자유 할 수 있는 사람은 많지 않다. 그러나 노년이 되면 그 무서운 경쟁에서 물러설 수 있다. 비로소 '여유'가 무엇인지를 깨닫게 된다. 모두가 미친 듯이 뛰어갈 때 혼자서 천천히, 여유 있게 걷는다는 것은 특혜이기도 하다. 그게 바로 행복이고 축복이다. 돈을 벌기 위해 아웅다웅하고, 승진하려고 동료의 어깨를 발로 밟아야 했으며, 마음에도 없는 아첨은 또 얼마나 했는가.

그러나 노인이 되면 그 모든 부조리에서 해방된다. 비로소 자기가 좋아하고, 하고 싶던 일을 마음껏 할 수 있게 되며, 여기에는 이해타산이 없다. 내 경우는 책 읽기와 신문칼럼 쓰기, 그리고 소속된 사회단체와 협동조합을 돌보는 일이다. 지금 나는 누구의 어떤 간섭도 없이 마음껏 내가 좋아하는 일들을 하고 있다.

◆ '어르신'으로 대접받을 수 있는 노년

관망(觀望)은 형세를 바라본다는 뜻이다. 세상 돌아가는 형편을 꿰뚫고 앉아있다는 의미다.

어찌 철없는 젊은이가 노인들의 지혜의 눈을 당할 수 있겠는가. '늙은이'가 되어 눈도 귀도 어두운 것 같지만 그들은 9부 능선에 올라 세상을 정확히 관망하는 속 깊은 사람들임을 알아야 한다. 그건 살아온 경륜이 가져다준 지혜이기 때문에 젊은이들에겐 없는 전문성이기도 하다. 본래 우리의 전통사회는 '노인들'을 어르신으로 우대하던 가부장적인 사회였다. 비로소 최근에야 우리 사회는 노인들을 어르신이라고 부르면서 지하철이라도 그냥 태워 주는 혜택을 베풀고 있다. 사회적인 '노인복지'의 시스템이 크게 부족한 것은 사실이지만 나라를 일으켜 세운 '땀 흘린 세대'를 배려하려는 움직임이 있는 것만은 사실이다. 좋은 일이고 다행한 일이다. 노인들을, 그것도 어려운 처지에 있는 노인들을 배려하는 사회라면 그건 아주 좋은 징조다. 미흡하다 해도 '대우받는 존재'가 된다는 것은 좋은 일이 아닌가. 노년들을 배려해야하는 것은 모든 사람이 똑같이 노년이 되기 때문이다.

하여간 노년이 되니 좋은 점도 이렇게 많다. 나는 젊어 봤다. 늙어보면 좋은 점도 많다는 것을 알게 될 것이다. "노년을 두려워하지 말라! 기쁘고 즐겁게 맞이하자."

16 효(孝)교육은 인성(人性)교육의 근본

2016-09-14

◆ 전통적 추석 문화는 효 문화였다

추석 명절이 다가왔다. 이 중추절과 효 문화는 일맥상통한다. 고향의 부모를 찾아 인사드리고, 조상의 성묘와 차례를 올리는 것은 전통적인 효 문화였다. 이 효 전통이 서서히 무너져 가면서 자녀들의 인성교육문제가 심각하게 필요성이 대두되었다.

그간 우리는 급격한 산업사회의 성장 속에 경제 발전과 함께 교육 발전은 세계 교육사에서 그 유래를 찾아보기 어려울 정도로 발전과 성장하여 왔다. 그 요인으로는 학생들의 높은 경쟁심과 향학열, 학부모들의 헌신적인 교육열과 교사들의 질적인 향상이 교육의 전반적인 부분에서 성장을 지속적으로 이룩하여 왔다고 본다.

이 같은 발전은 1950년대 이후 산업화된 사회의 환경적 변화와 경제적 풍요에서 자녀의 성공적인 삶과 자신들의 못 배운 한(恨)을, 자식 성공을 위해 교육에 투자한 학부모님들의 노력으로 이룩된 것은 부정하기 어렵다.

그러나 모두 지적 능력 향상과 학력 경쟁으로 교육정책이 치중되는 사이, 인간의 내면적 인성(人性)인 인격(人格)과 성품(性品)이 소외되고, 성적(成績)의 만족을 위해 가계의 과다한 지출도 아끼지 않았다. 이런 현실은 우리 전통문화인 효(孝)를 통한 인간백행(人間百行)의 기본이 되는 근본적 교육보다 입시 위주의 교육 악순환이 되풀이되고 있다.

개인과 가정, 국가의 미래 투자는 교육이다. 우리의 교육은 유아교육부터 효, 예절 교육으로 정서와 행동의 성장에서 많은 영향을 준다는 사실을 알고 있지만, 인성과 자아 발견보다는 지나친 입시경쟁에서 이기주의가 팽배해 청소년 시기에도 바른 자아(自我)가 형성되지 못하고 있다.

◆ HYO(효)는 Harmony of Young & Old

학생들이 행복한 학교생활과 가정에서 사교육비 감소는 학생을 위한 교육정책과 학부모의 교육에 대한 신뢰가 우선되어야 한다. 그 순위의 우선은 정기적인 효, 예절 및 인성교육의 실천으로 전체적인 영역의 행동이 균형 있게 발달 되어, 건전한 인성을 소유한 학생을 많이 길러져야 한다.

효(孝)라 하면 어른들의 존경과 보은 공경, 순종 등 '올리사랑'에 대한 강요로만 인식되어 다소 거부감은 있을 수 있었다. 이제는 '내리사랑'이라 하여 아랫사람들에 대한 배려, 아름다운 자연과 이를 보존하기 위한 환경사랑, 나라사랑, 이웃사랑, 나의 부모 및 이웃어른에 대한 예의 등은 인간의 기본적인 행동이다.

효의 표기는 HYO로 뜻을 풀이하면 'Harmony of Young & Old'로서 나이 든 세대와 젊음 세대, 자연과 환경, 가정과 이웃 사회와 국가가 서로 조화를 이루기 위한 한국의 문화성을 깊게 담고 있다. 이에 효, 예절, 인성교육을 위해 순종, 공경, 친애 등의 예화를 들려주며 정기적이고 장기적으로 영아, 유아 시절부터 '효, 예절 생활화 실천교육'

실시는 건전한 인성발달에 큰 영향을 미친다. 인성의 발달은 성적(成績)향상으로 이어지는 학업성취도 평가에서도 좋은 결과가 나타난다.

◆ 효·예절실천교육의 생활화

청소년은 스스로 생각하며 배울 수 있도록 교육해야 일정한 윤리·도덕 원칙에 따라서 행위로 나타난다. 이는 인성이 발달 된 청소년은 실력이 향상된다는 말이다.

이를 위해 효와 인성의 발달을 위한 다양한 효·예절실천교육으로 스스로 학습·자기주도적 학습·몰입학습이 학교 성적의 향상은 물론이고 원하는 상급학교 진학의 성과가 교육정책에도 반영되어야 한다. 학부모가 기대하며 학생들이 갈망하는 실력향상을 위해서 학습 욕구를 충족시키고 만족감을 높여주는 '효·예절실천교육의 생활화'가 아동·청소년에서 시작되어, 효문화운동이 시민운동으로 전개되어야 한다.

건전한 인성교육을 위해서는 단기간의 홍보나 강의식의 교육으로는 습관화를 가져올 수 없다. 이제부터는 정기적이고 장기적인 효·예절실천교육의 생활화가 교실에서는 선생님의 존경, 가정에서는 부모님의 공경과 친구 간의 우정으로, 개인적인 생활에서 함께하는 삶으로 정착되어야 한다.

'효·예절실천교육의 생활화'를 통한 건전한 인성을 갖출 때, 청소년의 변화는 성적 향상과 바른 태도로 발전될 것이다. 또한 가정의 사교육비 절감과 청소년의 비행, 범죄 등 반인륜적인 사건도 감소 되는 높은 교육효과를 기대할 수 있을 것이다.

17 탈피(脫皮)하지 못하면 죽는다

2017-01-23

◆ 뱀에게 탈피는 생존이다

독일 대문호 괴테(Johann Wolfgang von Goethe)의 작품 중에 "탈피 (脫皮)하지 못하는 뱀은 죽는다."는 말이 있다. 뱀은 매년 한 번씩 껍질 을 벗는다. 껍질을 벗으며 성장하게 된다.

그런데 무슨 연유가 있어 껍질을 벗지 못하게 되면 자신의 껍질에 갇혀 죽게 된다. 뱀이 독이 있는 먹이를 먹었거나 피부가 상하게 되었 을 경우 껍질을 벗지 못하고 자신의 껍질에 갇혀 죽는다는 것이다.

어린 시절 능곡마을에 살면서 산으로 들로 다니노라면 곳곳에서 뱀 이 벗어 놓은 껍질을 볼 수 있었다. 오늘을 사는 우리에게도 비슷한 경우를 생각하게 된다. 물론 뱀처럼 피부의 껍질을 벗는 것이 아니다. 마음의 껍질, 습관의 껍질, 고정관념의 껍질이다.

그러기에 지난 한 해를 보내고 2017년 새해를 맞는 자리에서 먼저 '시흥시민'들은 할 일이 있다. 껍질을 벗는 뱀처럼 구습을 벗고 새로워 지는 것이다. 남의 탓을 하지 말고, 모두가 내 탓이라 하며 껍질을 벗 고 새로워지고자 노력하는 것이다.

◆ 뱀은 살아남기 위해 껍질을 벗는다

그의 껍질은 대단히 단단해 정기적으로 벗지 못하면 자기 껍질에 갇혀 죽기 때문에 뱀에게 '껍질 벗기'는 생존에 직결되는 중요한 문제다.

그래서 살아남고 더 건강한 몸으로 살아가기 위해 자신의 껍질을 벗어던진다.

이는 사람들에게도 마찬가지이다. 사노라면 정신적으로나 습관적으로나 타성에 젖어 자신의 사고방식과 습관에 갇히게 된다. 그럴 때마다 스스로 결단하여 마치 뱀이 껍질을 벗듯 자신을 새롭게 하여야 한다. 그렇게 하지 못하고 습관에 젖어 자신 속에 갇혀 있게 되면, 본질을 잊게 되고 정신적, 체질적으로 자신의 틀 안에 갇혀 망하는 길로 가게 된다.

지금 우리 사회를 보면 이 말이 정확하게 맞는다. 박근혜 대통령은 좋은 대통령이냐 나쁜 대통령이냐를 떠나 한 시대의 마감이다. 박정희 대통령 시절에서부터 시작된 한 시대가 박 대통령으로 마감을 하게 된다. 박 대통령의 비극은 껍질을 벗어야 할 때에 벗지 못한 뱀의 비극과 같다. 대통령 자신과 대통령을 둘러싼 인사들이 구습에 젖어, 자신들의 이해관계와 타성 안에서 껍질을 벗어야 할 때에 벗지 못하였기에 겪는 비극이다. 그 때문에 나라 전체가 뿌리째 흔들리고 있는 것이다.

종교인들도 '껍질 벗기'에 나서야 시흥시민의 새로운 정유년(丁酉年)은 뱀의 '껍질 벗기'에 해당한다. 지난해를 보내며 그간 몸과 영혼에 깃들어 있던 그릇된 습관, 생각, 허물을 벗어버리자는 것이다.

세월이 가고 나이가 들어가면서 우리가 품고 있었던 고정관념이나 가치관에서 끊임없이 벗어날 수 있어야 한다. 그렇게 벗어나 새로워

지게 되면서 성장하게 되고 성숙하게 된다. 흔히 정치권에서 많이 등장하는 변화혁신(變化革新)이나 환골탈태(換骨奪胎)가 유사한 키워드가 아닌가 싶다.

◆ 송구영신(送舊迎新), 글자 그대로 묵은해를 보내고
　새해를 맞이하는 것이다

묵은해를 보낸다는 것은 그냥 보내는 것이 아니다. 지금까지 자신의 삶에 쌓였던 마음의 찌꺼기들, 자신을 주눅 들게 하던 상처들, 사람들과의 관계에서 응어리진 것들을 말끔히 벗어버리는 것이다.

그리고 새로운 마음, 새사람으로 한 해를 시작하는 것이다. 마치 뱀이 껍질을 벗듯이 묵은 날의 자신을 벗어버리는 것이다. 자신의 의지로 그렇게 다짐을 하고 결단을 하는 새해벽두가 되었으면 한다. 우선 날마다 개인적 명상 시간을 마련했으면 좋겠다. 자신에 대한 반성과 이웃에 대한 배려, 철학적이고 사색적인 명상은 자신을 새롭게 할 것이다. 이것이 우리의 껍질을 벗기 위한 첫 단추가 될 것 같다.

특히 최근 박사모와 같은 '박 대통령 탄핵 반대'를 주장하며 지지하는 세력은 자주 종교적 제의를 끌어들이고 있다. 물론 개신교, 더 넓게 그리스도교 성직자와 신도마다 현 시국을 바라보는 입장은 다를 수 있다. 그러나 이들은 보란 듯이 대형 십자가까지 끌고 나왔다.

대통령을 예수에 빗댄다거나, 십자가를 앞세워 대통령을 부당하게 정치적 박해를 받는 사람으로 포장하는 행위는 분명 잘못이다. 종교적인 관점에서 배도요, 신성모독이다.

주최 측은 이들의 행위가 '기독교를 대표하는 행위가 아니다.'라고 하지만, 오해의 소지가 많다 하겠다.

종교를 갖는 건 자유다. 그러나 그 신앙을 현실에 함부로 끌어들여서는 안 된다. 성서가 쓰인 맥락을 면밀히 고찰하고, 현 시대에 올바른 예를 찾아 적용하는 게 신앙인 본연의 자세다. 집회에 등장한 대형 십자가는 그리스도교 신성에 반하는, 신성모독(神聖冒瀆) 행위다. 교단, 교파를 초월해 그리스도교 계가 십자가를 모독한 행위를 엄정 질타하고, 여기에 가담한 어리석은 목회자들은 새로이 껍질 벗기(脫皮)에 나서 주기 바란다.

18 착한 목자(牧者)는 누구인가?

2018-09-10

◆ 『목민심서』에 비친 착한 목민관(牧民官)

고난의 일생을 산 정약용(사도 요한)은 『목민심서(牧民心書)』라는 저서를 통해 목민관이 지켜야 할 매뉴얼을 상세히 작성해 놓았다.

목민관을 목자라는 뜻으로 본다면 예수님은 착한 목자의 품격에 대해 천명하셨고, 다산은 착한 목민관의 품세를 아주 세세히 그림 그리듯 그려 놓았다. '대탐필렴(大貪必廉)'은 『목민심서』를 대표하는 정신이다.

욕심이 큰 사람은 반드시 청렴해야 한다는 뜻이다. 어찌 보면 '소탐대실(小貪大失)'이라는 사자성어가 삶에 경종을 울리는 의미라면 '대탐필렴'은 현실적 처세술의 비결쯤으로 여길 만도 하다.

『목민심서』의 '목민(牧民)'이란, 백성(民)을 잘 돌보아 편안하게 한다는 의미이다. 양을 치는 목자의 일도 목민과 다름이 없다.

목민관의 정의는 좁게 얘기하자면 지금의 기초단체장이랄 수 있지만, 넓은 의미로 따지자면 모든 단체의 지도자로도 볼 수 있다.

물론 고위 공직자를 비롯해 대통령까지도 포함되며 정치, 종교계, 문화계, 교육계를 망라한 모든 지도자 역시 그러하다. 다산연구소 박석무 이사장은 다산정신을 '공렴(公廉)'이라는 단 두 글자로 표현한다.

즉 '공정과 청렴'이란 뜻이다.

'공정과 청렴'은 모든 지도자가 당연히 갖추어야 할 소양이므로 이를 지켰다고 하여 큰 상을 받을 수는 없지만 만약 이 덕목을 어겼을 경우에는 그 어떠한 다른 훌륭한 자질이 있더라도, 그것을 상쇄할 수 없는 큰 대죄를 저지르는 것이라고 다산은 일갈한다.

"나는 착(善)한 목자다."

성서에 이런 내용이 나온다. 100마리 양의 비유 이야기에 이어 "나는 착한 목자다. 착한 목자는 양들을 위하여 자기 목숨을 내놓는다. 삯꾼은 목자가 아니고, 자기 양도 아니기 때문에, 이리가 오는 것을 보면 양들을 버리고 달아난다. 그러면 이리는 양들을 물어 가고 양 떼를 흩어지게 한다. 그는 삯꾼이어서 양들에게 관심이 없기 때문이다."(요한 10:11~13)라고 했다.

◆ 정약용의 애민사상

그 시대의 다산 정약용은 조선의 천재였다. 유학자이며 실학자인 그는 광암 이벽을 통해 서학(천주학)에 심취했다. 충분히 가톨릭에 관한 여러 서적을 탐독했고, 요한이란 세례명으로 영세를 받기까지 했다. 그의 명민한 머리로 교리를 연구했으니 예수의 일생 또한 잘 알았을 것이고, 성경도 분명히 읽었을 것이다. 그중에서도 착한 목자의 비유를 잘 알았을 것이라고 본다. 예수가 말씀한 '양을 위해 목숨을 바치는 착한 목자의 비유'가 그의 가슴에 가장 와닿았던 이야기는 아니었을까?

당시 조상제사 금지문제로 배교(背敎)를 했던 다른 양반층들처럼 그도 배교를 했다. 실정법으로 보면 어쩔 수 없는 선택이었다. 그의 비상한 재주를 익히 알던 정조의 배려로 유배형으로 생명을 유지했으나, 가톨릭 입장에서 보면 배교자임이 틀림없다. 만약에 그가 끝까지 믿음을 지켰다면 가톨릭으로서는 엄청난 보화를 얻는 결과겠지만 『목민심서』는 잃었을지 모른다. 그러나 일설에 의하면 묘를 이장(移葬)을 할 때 예수의 십자가상이 관 위에 있었다고도 한다. 겉으로는 배교자이지만 속으로는 신앙의 자세를 유지한 건 아닌지 추측을 해본다. 아무튼 그가 적극적으로 예수를 거부했을 근거는 없다. 왜냐하면 애민사상(愛民思想)이 남보다 투철했던 다산의 면모를 보면, 그도 충분히 접했을, "나는 착한 목자다."라고 하신 예수의 정신과 겹쳐 보이기 때문이다.

◆ '공정과 청렴' 그리고 '애민사상'

예수는 기득권층인 바리새인과 율법학자들을 삯꾼들이라며 가차 없이 비판했다. 성전 대사제들에 의해 온갖 불법과 탈법으로 복마전으로 변한 성전 앞뜰의 판을 둘러 엎기도 하신다. 그들의 이중적 태도와 위선에 대해서는 혹독한 욕도 마다하지 않았다.

현대의 종교계가 무도한 정권을 두 눈 질끈 감고 관망하거나 동조하며 적당히 타협하는 종교지도자들은, 양들이 죽건 말건 아무 사회적 책임감이 없던 게으른 삯꾼은 이미 목자가 아니다.

예수는 다산이 주창한 '공정과 청렴'을 훌쩍 뛰어넘어 약자를 위하여 죽는 '착한 목자'임을 선언했다. 모든 공직자와 각계 지도자들이 '공렴'을 가슴에 담고 예수처럼 착한 목자의 길을 갈 수만 있다면 우리 민초들은 시흥시장이 누구인지 알 필요도 없다.

부언하면 다산이 생각한 목민의 대상은 사회적 소외 계층으로 고아,

과부, 병자, 노약자 등, 예수가 그토록 가까이한 민초들과 동일하다. 그들을 향해 예수는 양을 위하여 목숨을 바치겠다고 하신다. 오늘의 공직자, 사회지도층, 종교지도자들은 예수와 다산의 '애민사상'을 다시 새겨보자 "나는 착한 목자다. 착한 목자는 양들을 위하여 자기 목숨을 내놓는다."

19 노인이
노인에게 하는 충언(忠言)

2019-04-22

◆ 삼일절에 성조기를 흔드는 노인들

지난 삼일절은 1919년 삼일독립만세를 전 국민이 외쳤던 100년을 기념하는 뜻깊은 날이면서 우리 임시정부가 세워진 해이기도 하다. 시흥시에서도 군자초등학교에서 대대적인 각종 행사가 진행되기도 하였다.

삼일절 100주년 관련 TV뉴스를 시청하다가 미국의 성조기를 흔드는 시위대를 보게 되었다. 대한독립 만세를 외쳐야 할 날에 남의 나라 국기인 성조기를 흔드는 사람들이 있다는 사실에 눈살을 찌푸리지 않을 수 없었다. 대한독립 만세를 외치면서 장렬히 옥중에서 산화했던 순국선열들에게 참으로 죄송스러운 일이다. 시위대에는 젊은이들도 간혹 보였지만 화면에 잡힌 성조기를 든 대부분의 사람은 노인들이었다. 필자도 같은 연령대인 노인의 한 사람으로서 이들에게 몇 가지 충언을 드리고자 한다.

우리 대한민국은 자유민주주의를 지향하는 민주공화국이라는 점을 상기하고 싶다. 기미독립선언서는 '대한민국이 독립국이며 주권은 국민에게 있음'을 선언하였다. 대한민국 헌법의 전문도 이러한 역사의 승계를 밝히고 있다.

대한민국의 국민은 누구든지 집회, 결사, 언론, 거주이전의 자유를 마음껏 누릴 수 있다. 물론 법치주의의 틀 안에서 그러하다. 대한민국의 독립선언을 축하하는 삼일절에 나서서 성조기를 흔드는 사람을 법으로 제재할 수는 없다. 성조기를 흔드는 시위대가 미리 신고한 경로를 따라 진행한다면 아무도 이를 막아서는 안 된다.

◆ 대한민국은 민주공화국

문제는 법에 저촉되지는 않는다 할지라도 불쾌하게 생각하는 사람들이 있다는 점이다. 필자는 삼일절에 성조기를 흔드는 화면을 본 그날 내내 불쾌한 감정을 억누를 수 없었다. 미국이 아무리 우리의 핵심 우방국이라 할지라도 민족의 독립을 기념하고 축하하는 행사에서 성조기를 흔드는 무분별함에 마음이 편치 않았다. 그들 나름대로 생각이 있어 삼일절에 성조기를 흔들었겠지만 이는 우리가 그토록 갈망하고 지키고자 하는 민족 독립의 대의를 모욕하는 행위가 분명하다.

얼마 전부터는 이 노인들은 아예 태극기와 성조기를 한 천에 하나로 프린트한 태극성조기를 들고 다니기 시작했다. 한국을 미국의 51번째 주로 편입시키자는 사람들이 가끔 있는데, 그러한 의미는 아닐 것이다. 아무리 대통령 탄핵에 대한 불만이 있어도 우리가 뽑은 국회의원 2/3 이상이 가결했고, 대법원 판결을 뒤집을 수는 없지 않은가? 법치국가에서 박 전 대통령의 삶이 애잔하고 그의 탄핵이 당혹스럽더라도 삼일절에 성조기를 휘두르는 짓은 하지 않았으면 좋겠다. 우리 역사를 보면 외세의 힘을 끌어들여 내부의 권력투쟁에 활용하는 사례들이 꽤 많이 있었다. 그리고 이것이 나라를 망치는 원인이 되었다는 부끄러운 역사를 보아왔다.

미국은 과거와 현재, 미래에 있어서 대한민국의 핵심 우방국으로 삼기에 적합한 나라이다. 미국은 대한민국 정부 수립과 한국전쟁, 전후 복구와 경제성장의 역사 과정에서 긍정적인 역할을 수행했다. 그러나 반면에 일본의 조선침략이나 남북분단, 전두환 정권의 성립과정에서는 부정적인 역할을 수행하기도 했다. 앞으로 미국이 어떤 우방으로 존재할 것인가는 우리하기에 달려 있다.

◆ 노인들이 공헌해야 할 중대한 영역

우방외교에서 주의할 점은 적대국가에서나 마찬가지로 우방국이라 할지라도 국가이익이 핵심이라는 사실이다. 한국이 미국의 이익에 부합되어야 미국의 우방이고, 미국이 한국의 이익에 부합되어야 한국의 우방이 되는 것이다. 이는 상식에 속한다고 하겠다.

삼일절에 성조기를 흔드는 일부 노인들의 심리상태에 대해 다양한 해석들이 나타나고 있다. 이런 행동에 대해 연구자들은 다양한 원인을 제시하였다. '생애사적 경험에 따른 박탈감, 자기부정의 감정이입, 박정희 숭배문화, 유교적 가치체계, 탄핵반대시위가 주는 카타르시스, 노인 소외의 분출, 패배의 기억으로 인한 공포감, 박탈감 극복을 위한 인정투쟁, 분노 치유 공간의 부재' 등이다. 이는 모두 일리가 있다.

그러나 이들이 공통적으로 지적하는 것은 어떠한 이유가 있다 할지라도 이것이 '노인혐오'라는 사회적 병증과 갈등으로 악화해서는 절대 안 된다는 점이다. 우리가 모두 함께 치유하고 함께 살아가야 할 공동체의 일원이기 때문이다.

이제는 실제로 한국사회를 위해 한국의 노인들이 공헌해야 할 중대한 영역이 있다. 즉, 시민사회단체에서의 '자원봉사'라는 영역이다. 극단적인 주장을 하는 정치단체나 관변단체는 피하는 것이 정신건강에 좋을 수 있다. 정치사회와 경제사회 사이에서 시민사회가 균형을 잡는 방안이 현실적으로 가장 바람직하다. 국가와 재벌 사이에서 민주와 정의와 평등을 실천하는 시민단체가 균형자 역할을 해주어야 한다. 예를 들어 YMCA나 경실련, 참여연대, 환경연합 그리고 기독교윤리실천운동(기윤실) 등이 그러한 사례에 속한다. 이들이 공공의 이익을 추구하는 만큼 시민들의 자원봉사가 있어야만 활발히 움직이게 될 것이다. 이것이 사회적 존경을 받는 노년들이 해야 할 일이지 않은가?

20 원숭이 사냥법이
주는 교훈

2020-06-08

◆ 원숭이의 욕심을 이용한 사냥법

수년 전 인도 콜카타 지방을 방문했을 때 재밌는 경험으로 가는 곳마다 원숭이들이 숲에서 뛰놀고, 사람에게 가까이 몰려와 손을 내미는 것이었다. 동물원에서나 볼 수 있는 원숭이와 코끼리도 야생에서 볼 수 있다는 것이 무척 신기했다.

원숭이는 영리하고 날랜 행동으로 포획하기가 어렵다고 한다. 그런데 아프리카 원주민들은 '욕심이 많은 원숭이의 특성'을 이용해 쉽게 사냥을 한다는 글이 있다. 원숭이의 손이 간신히 들어갈 만한 입구가 좁은 항아리나 나무에 구멍을 파서 안에 원숭이가 좋아하는 견과류나 과일 등을 넣어 놓으면 원숭이들이 손을 넣어 꺼내려다 먹이를 움켜쥐게 되면 손이 입구에서 빠지지 않는데, 욕심 많은 원숭이들은 끝까지 음식을 놓지 않고 손을 빼지 못해 소리를 지를 때 다가가서 목줄로 쉽게 생포하면 된다고 한다.

먹이를 잔뜩 움켜쥔 원숭이는 아무리 기를 써봐도 그 구멍 속에서 손을 빼낼 수가 없는 것이다. 손을 펴고 먹이를 버리기만 하면 쉽게 빼내고 예전처럼 자유롭게 숲속을 누비며 살 수 있으련만 눈앞의 욕심 때문에 결국 사람들에게 붙잡히고 마는 것이다. 당장 눈앞의 작은 욕심을 자신의 목숨과 바꾸게 된다.

이 원숭이 사냥법은 인생 살아가는 데 좋은 교훈을 주고 있다. 성서에서는 '오직 각 사람이 시험을 받는 것은 자기 욕심에 끌려 미혹됨이니, 욕심이 잉태한즉 죄를 낳고 죄가 장성한즉 사망을 낳느니라.'(야고보서 1:14~15)고 가르치고 있다.

◆ 움켜쥔 손아귀를 놓아야 산다

원숭이가 구멍 속에서 발견한 것이 먹이가 아니라 돈이나 지식이었으면 어땠을까도 생각해본다. 원숭이들은 당장 먹을 것이 아닌 것을 위해 움켜쥐지 않았을 것이다.

사람도 마찬가지로 놓으면 살 수 있는 것을 욕심을 부려 화를 자초하는 경우가 있다. 내려놓으면 편할 것을!

원숭이를 비웃을 일이 아니다. 우리도 때때로 비슷한 어리석음을 저지르고 있다. 아무것도 아닌 한 줌의 먹이를 손아귀에 움켜쥔 채 끝내 손을 펴지 않아 나락으로 구르는 경우를 참으로 많이 보게 된다. 마음의 시선을 조금만 하늘로 높이면 움켜쥔 손을 펼 수가 있을 텐데 불쌍해 보인다.

지금 우리 사회가 처한 총체적인 위기상황에서 아프리카 원숭이 사냥법은 시사하는 바가 크다. 욕심을 버리지 않으면 모든 것을 잃게 된다는 준엄한 역사적 사실을 직시해야 한다.

달콤한 기득권에 길들어서 가마솥 안에서 서서히 죽음을 향해 데워지는 줄 모르는 건 아닌지 각자가 되돌아 봐야 한다. 내로남불의 처신에도 불구하고 진영논리에 빠져 스스로 합리화시키고 자기최면을 걸고 있는 건 아닌지 점검해야 한다. 힘이 강한 시기에는 기세에 눌려

허물이 덮일 수 있겠지만 균형점을 잃는 순간부터 걷잡을 수 없는 반전을 맞게 될 것이다.

지금의 여대야소 냉랭한 아전인수 정국을 보면서 아직도 정신 못 차린 정치인들이 국민 앞에 하는 '욕심코미디'를 보여주고 있다. 지금 코로나19로 나라 전체가 위기 국면에서 전염병 확산 방지, 예방소독, 사회적 거리두기에 몸부림치고 있는데, 일부 몰지각한 젊은이들과 종교인들로 인해 집단감염이 아직도 지속되는 것은 개인적 집단적 욕심의 결과가 아닐까?

◆ 소탐대실, 작은 것을 탐하다 큰 것을 잃다

작금의 대통령의 국정농단 탄핵으로부터 조국 사태, 끊임없이 벌어지는 재벌총수들의 부정 의혹 재판, 반복되는 대형 화재 사건의 배경, 일본 위안부 운동과 정대협의 모 의원의 의혹 문제, N번방 성착취 사건, 각종 살인 강력 사건 등은 모두 내용을 분석해보면 욕심과 탐욕이 빚어진 결과가 아닌가?

옛 선조들은 소탐대실(小貪大失)을 마음에 경계하며 살았다. 소탐대실 뜻은 '작은 것을 탐하다가 큰 것을 잃는다'는 의미이다. 눈에 반짝이는 작은 이익이 좋아 보여 선택을 했는데, 그 작은 이익을 얻은 대신 느리지만 앞으로 더 큰 이익이 될 수 있는 것을 놓쳤을 때를 말한다.

우화에 '황금알을 낳는 거위' 얘기가 나온다. 매일 작은 황금알 하나씩을 낳아주는 거위보다, 커다란 황금덩이를 갖고 싶은 욕심에 오리의 배를 갈라놓고 보니 창자밖에 없었고, 죽은 오리는 황금알을 낳을 수 없다. 오리주인의 탐욕으로 인해 결국 손해를 본 것이다.

이제 짧은 인생길에 부질없는 욕심과 순간의 잘못된 선택으로 일생 동안 쌓아온 명예를 잃고 생명을 유지한들 무슨 소용이 있으랴!

목숨을 부지하고 싶거든 초심으로 돌아가 내가 가장 소중하게 아끼는 것을 겸허히 내려놔야 한다. 너나 할 것 없이 남 탓만 하지 말고, 내 탓을 해야 비참한 최후를 면할 수 있을 것이다. 똑똑한 국민이지만 군중심은 책임을 지지 않는다. 우리 스스로 냉정한 판단을 해야 한다. 화려한 수사(修辭)로 책임을 회피하지 말고, 소중하게 생각했던 기득권을 내려놓을 때 비로소 진정성이 인정되는 것이다. 매화는 매서운 추위에도 결코 향기를 팔지 않는다. "내 탓이오! 내 탓이오! 내 탓이로소이다!"라는 각성의 다짐이 아쉬울 뿐이다.

21 복지사각지대가 없는 도시를 꿈꾸며

2020-11-09

◆ 행복한 복지도시란?

2020년 코로나 정국에서 힘들게 버티고 있는 시흥시의 서민들, 즉 고령 홀몸 노인, 장애인, 고아, 실직자, 10대 가장, 편부모 가정, 환자, 학교 밖 청소년 등… 이들이 다시 비상하는 시흥시민사회가 되기를 바라는 간절한 마음이다.

공직자들의 소극적인 행정업무처리로 이들이 피해를 보는 사례는 당연히 없어야 한다. 시민들을 적극적으로 보호하고, 지켜주고, 사랑하는 공무원 사회가 되기를 고대하는 마음이다.

학교를 떠나는 '학교 밖 청소년'들이 늘어나고 있다고 한다. 지금 이 순간에도 길거리에서 헤매고 있는 청소년들, 돌봄 부족으로 고생하는 청소년들을 다 함께 품고 살아가는 사회를 만들어야 한다. 그래서 학교 밖 청소년들도(학교를 떠난 중퇴자) 꿈을 잃지 않고 살아가는 '행복한 복지도시' 시흥시를 조성해 나가야 할 책임이 있다. 이들 모두가 우리의 아들, 딸이고, 우리의 형제, 자매들이기 때문이다.

시흥시는 공무원들의 안일하고 소극적인 행정으로 시민들에게 피해를 주는 각종 행위근절과 책상머리 숫자에만 골몰하는 탁상행정, 복지부동 공무원의 행정처리 자세, 기타 관 주도 중심의 행정관행을 개혁하려는 노력을 해왔다. 앞으로도 시민을 위한 시민 편의 행정이 되도록 시흥시민들의 많은 지적과 검토, 제안, 건의, 개선을 촉구해야 할 것 같다.

잘먹고 잘사는 계층보다는, 쪽방에서 오늘 내일을 기약할 수 없는 골방이나 임대 쪽방 노인 계층들도 우리 시흥시민이라는 것을 잊지 말아야 한다. 선거철에만 찾아오는 날파리 같은 지방정치인들은 없어야 한다.

◆ 인천 '라면형제' 참변의 교훈

얼마 전에 있었던 인천 '라면형제'의 참변, 왜 관련 기관들은 막지 못했을까? 3번의 아동학대 신고, 6차례의 기회, 아동 관련 기관들의 엇갈린 의견 등 모두 알았지만 아무도 나서지 않았다.

지금까지 정부기관과 공공 행정기관으로부터 보조금을 받거나 도움을 받고 운영하는 모든 아동 관련 보호기관과 상담기관들이 적극적으로 대처하고 보호했더라면 하는 아쉬움이 앞선다. 앞으로는 소극적으로 대처하지 않도록 제도적인 감사와 관심이 필요할 때이다.

노인보호 관련 기관, 상담 취업 기관도 마찬가지이다. 산만하게 흩어져 있는 관련 기관들의 통폐합, 불필요한 인원, 보수 관리 체계를 돌아봐야 할 때이다. 노인취업상담 관련 기관들이 여기저기에 많이 널려 있지만, 실적은 기대에 못 미친다. 외부에서 찾아오는 상담보다는 직원들이 직접 나서서 구인, 구직처도 발굴하고, 전화도 하고, 홍보도 하고, 안내도 하고, 광고도 해야 하는데, 하지 않고 가만히 앉아있어도 월급 받는 데에는 문제가 없기 때문일까?

말 많은 일률적이고 통합적인 돌봄정책에서 벗어나 개인별 환경을 세밀히 분석해서 "아이는 국가가 키운다"라는 관련 기관 복지 담당자들의 근무자세, 책임감, 세밀한 대책이 필요하다. 왜냐하면, 그들은 그 일을 하기 위해서 일하는 사람들이기 때문이다.

우리가 여기에서 되돌아봐야 할 시급한 문제는, 관련 기관들 사이의 의견 소통이 원활하지 못하다는 것이다. 또한 시민들의 사회안전을 담당하는 기관의 역할과 이들의 연계 시스템에 대대적인 점검과 절대적인 개선이 필요하지 않을까 생각한다.

◆ 아이들이 행복해야 시민 모두가 행복하다

지금은 코로나로 인하여 학교 문을 걸어 잠그고, 학교에 가지 못하고, 집에서 비대면으로 학습하는 학생들의 학습지도에서 파생된 문제들, 생활지도, 안전지도, 부모와의 소통, 연락체계 개선 등이 긴급히 개선되어야 한다. 물론 모두가 힘든 시기이지만 교사들이 조금만 더 미세한 부분까지 관심과 사랑을 주었더라면 사전에 참변을 막을 수도 있었다는 사실이다. 누구도 부인하지 못할 사각지대가 있었는데 말이다.

우리 시흥시도 제 역할을 다하도록 사회안전망과 미흡하게 대처했던 기관들의 연계 시스템에 대해서 확실하게 점검하고, 취약계층 아동들에 대한 실태 전수조사와 분리·보호조치 강화 개선을 법으로 규정해야 한다. 말만 거창한 돌봄제도 사각지대를 다시 점검하여 실효성이 작동되도록 법제화해서 책임 한계도 분명하게 하고, 또 다시 '라면형제' 같은 일이 발생하지 않도록 사회안전망을 돌아봐야 한다.

지금은 코로나 정국이기는 하지만, 어려운 아이들을 고려해 학교 급식실을 개방하고, 아이들이 급식을 먹고 늦게까지 공부할 수 있는 긴

급돌봄제도를 확장해야 한다.

꼭 필요한 취약계층 학생들이 밥이라도 굶지 않고, 부모를 기다리는 학교환경을 개선해야 한다. 교육부나 교육청도 너무 지나친 간섭과 통제만 하지 말고, 일선 학교장에게 적당한 자율성을 부여하고 조언하고, 도와주는 행정지도로 가야 한다. 시흥의 자라나는 청소년·어린이들이 행복해야 우리 시민들도 모두 행복해질 것이다.

22 삼불효(三不孝)와 노인복지

2020-12-07

◆ 노인복지, 정부와 사회가 나서야

미래사회를 노인복지정책의 기반 위에 세워져야 복지사회가 가능하게 될 것이라는 전문가들의 분석이 나왔다. 노인이 행복한 사회는 모두가 행복하기 때문일 것이다.

전 세계에서 고령화 속도가 가장 빠르게 진행되고 있는 것이 우리나라다. 그렇지만 가난하고 병든 노인들을 위한 사회안전망은 가족 해체 등으로 오히려 무너져 내리고 있다. 노인복지 정책이 선진국에 비해 기껏해야 지하철 교통비와 선별 경로연금과 저소득층 노인에게 수급비 지급 등이 고작이다. 더구나 코로나19로 노인들의 생계생활조차 위험수위에 도달할 지경이다.

이 때문에 황혼의 나이에 가족과 주위의 학대로 가슴에 멍이 든 채 힘겹게 살아가고 있는 노인들이 해마다 늘어나고 있다. 감춰지고 알려지지 않은 노인학대 사례는 이보다 엄청나다는 분석까지 나오고 있다. 어쩌다 이 땅의 노인들이 이렇게 힘든 삶을 살아가게 되었는지 안타깝다. 사례로서 K노인학대예방센터에 신고된 노인 학대가 203건에 이른다. 이 중 63%인 128건이 학대 사례로 판정을 받아 해마다 학대의 정도가 심해지고 있다. 특히 저소득 노인층이 많은 지리적 특성을 지니고 있는 이 지자체는 타 지역에 비해 더욱 극심해지고 있는 양상이다.

노인들을 정서적 신체적 경제적 학대에 더 이상 방치해서는 우리 사회가 건강해질 수 없다. '동방에 예의의 나라'로 일컬어졌던 나라에서 노인을 학대하는 패륜 범죄가 더 이상 늘어나게 만들어서는 삶이 기쁨이 아니라 재앙이 될 것이다.

◆ 효경(孝經)에 나오는 삼불효(三不孝)

전통사회에서 자식이나 가족이 지켜왔던 '삼불효(三不孝)'나 '오불효(五不孝)'와 같은 덕목은 급속한 산업화와 핵가족화로 더 이상 지켜지기 어려워졌다. 이제는 정부와 사회가 나서서 노인부양의 공백을 '노인복지'로 채워 나가야 한다. 단순히 개별적 가정의 노인부양의 책임으로 돌리지 말고, 국가와 사회가 최소한의 생존권을 보장할 수 있는 법적 제도적 장치를 서둘러 확충해야 한다. 노인요양복지 제도를 마련했다고 손을 놓고 있을 일이 아니다. 외롭고 비참하게 살아가고 있는 노인들이 가족 이외로부터 도움을 받을 수 있도록 자치단체와 지역사회가 지원 네트워크를 더욱 넓혀 나가는 것이 중요하다.

변화가 극심한 현대사회를 살아가면서 우리 모두가 꼭 잊어서는 안 될 것은 '부모의 은혜'라는 것이다. 나를 낳아 길러주시고, 공부시켜 이만큼이나마 된 것은 전적으로 부모의 따뜻한 사랑의 결과라는 것을 부정할 사람은 아무도 없다. 이러한 부모의 은혜를 간직하고 부모를 기쁘게 해드리고, 편안하게, 즐겁게 해드리겠다는 마음자세가 바로 효도하는 마음이다.

이러한 효심(孝心)을 실행하는 것이 효도(孝道)라 한다. 그래서 옛 어른들이 가르친 고전에도 '자식이 효도하면 어버이는 즐겁고, 집안이 화목하여 모든 일이 잘 이루어진다.'(『명심보감』), '사람이 행하는 것 중에 효보다 더 큰 것이 없다'(『효경』), '네 부모를 공경하라. 이것이 약속 있는 첫 계명이니, 네가 잘되고 장수하리라'(『성서』)라고 써 있다.

삼불효(三不孝)는 효경에 나오는 말로서 자식 된 자가 부모에게 불효하는 대표적인 세 가지를 든 것이다. 우리 사회에 만연된 '불효'의 내용은 필설로 다 표현하기 어렵지만 3가지로 요약된다.

◆ 효심의 바탕은 사랑·배려·예절·감사

첫째, 자식의 못된 행실이 부모의 명예를 실추시키고 욕을 먹게 하는 일이다.

부모의 잘잘못도 자식에게 영향을 줄수 있지만, 자식의 잘못된 행실은 여지없이 부모에게 떨어진다. 자식이란 부모가 낳아서 성장할 때까지 키우고 가르칠 의무가 부여되었기 때문이다.

그러므로 자식의 일거수일투족은 부모에게 책임이 지워지므로, 자식의 행실이 바르지 못한 건 바로 부모에게 큰 불효를 저지르는 행위가 된다는 말이다.

둘째, 부모가 늙고 가난한데도, 직업을 갖지 아니하고 빈둥거리며 놀면, 부모를 봉양할 능력을 잃게 되고 가문을 패가시키는 결과를 낳는다.

부모의 소망을 풀어주지 못하여 결국 불효가 된다는 것이다. 부모는 늘 자식이 가문을 지키고 국가와 사회의 기둥이 되기를 바라는 마음이며, 성실히 노력하여 출세하기를 갈구하는 것이다. 그런 부모의 간절한 소망을 성취하기 위해 정성과 노력을 다하지 않으면, 그게 다 효도를 다하지 못한 불효가 된다.

셋째, 결혼을 거부하거나 결혼을 했어도 자식을 두지 않아 장차 조상들의 제사를 끊게 하는 일이다.

부모는 죽은 뒤에도 자식들이 자신의 죽은 날을 기억하고 추모하는 뜻에서 제사 모시기를 기뻐한다. 조상은 사후에도 영원토록 후손들이 번창하기를 바라며, 후손들의 안녕과 영화를 위해 혼신이나마 그들 곁에서 보살핌을 다하려 한다. 그런데도 자식이 없어 대를 끊는다면, 가문은 멸망하고 생존가치를 부여받을 수 없으니, 그 또한 불효란 것이다.

이 삼불효란, 위에서 열거한 세 가지를 뜻하지만, 효도는 곧 보은(報恩)이다. 자신을 낳아 키워주고, 가르침을 받아 존재한다는 그 은혜를 기리고, 당연히 그에 보답한다는 의미이다. 그런 보답이야말로 이 세상 어느 것보다 '사랑', '예절', '배려', '감사'가 바탕이 되어야 하겠다.

위의 4가지 항목을 바탕으로 우리의 노인복지정책이 이루어져야 3불효를 막을 수 있지 않을까?

23 건강수명 늘리는
슬기로운 노년생활

2021-06-14

◆ 기대수명보다 건강수명을 위해

요즘은 100세 장수시대라는 말이 흔하다. 정말 그런 거 같다. 이제는 60세를 노인으로 부르면 눈총을 받게 될 정도다. 주변을 보면 100세 이상인 어르신도 적잖게 있다.

세계에서 가장 빠른 속도로 고령화가 진행되고 있는 대한민국, 그만큼 노인인구가 늘고 있다. 이와 함께 경제적인 어려움이나 건강문제로 고생하는 노인들도 함께 늘고 있는 것이 현실이다.

노인들이 100세 장수하는 것은 축복이겠으나, 무력한 와병 중에 100세를 산다고 한들 고통뿐이다. 그래서 그냥 오래 사는 것이 아니라, 건강하고 활기차게 노년을 보낼 수 있도록 하는 과제를 안고 있다.

우리가 태어나서 죽을 때까지의 전체 기간을 기대수명이라고 한다면, 이 중에서 질병이나 장애로 병원에 입원하고 케어를 받는 시간을 뺀 나머지 기간을 '건강수명'이라고 한다. 쉽게 말해서 삶 중에 건강하게 살아온 기간이다.

기대수명과 건강수명과의 차이가 적으면 적을수록, 아픈 기간이 적다는 얘기인데, 우리나라 사람들은 살면서 10년 이상을 병원 신세 지면서 고생한다고 한다. 지난 2000년부터 세계보건기구가 세계 각국 건강수명을 발표하고 있는데, 전체 수명과 건강수명의 격차는 좀처럼 줄지 않고 있다.

2018년 기준 우리나라 평균 기대수명은 82.7살, 건강수명은 70.4살로 나타났다. 12년 정도가 차이 나는 것이다. 평균 10년 이상을 질병에 시달리고 있으며, 이는 결국 육체적, 정신적으로 건강하지 못한 노년으로 이어지는 것이다.

◆ 건강장수의 길은 무엇인가?

10여 년 이상을 옆에서 가깝게 지켜보았던 존경하는 어르신 송사(松史) 배갑제(한국효도회 이사장) 선생은 올해 1월 94세의 나이로 별세하기 전까지도 인천 부평에서 종로 사무실까지 출퇴근을 하면서 꼿꼿한 자세로 사셨던 우리 시대의 마지막 선비로 추앙받아 마땅한 분이다.

20권이 넘는 저서를 남겼으며, 또한 서예가로서 전국에서 얼마 안 되는 송사 선생의 명필은 과거 추사 김정희 선생을 비길만한 대가로 유명하다.

평생 한국의 효 문화 확산을 위해 외친 한학자, 유학자였다. 사무실로 찾아뵐 때마다 선생은 집필과 지필묵을 놓지 않았고, 이 이름 없는 선비에게서 많은 것을 듣고 배웠다. 시흥효도회『노년의 삶을 찾아서』 출판기념회 때마다 여섯 번이나 시흥에 와서 '인간의 근본인 효'의 정신을 일깨워 주신 선각자였다.

필자 역시 우리나라에서 정한 노인 기준을 넘어선 지 오래다. 늙어가고 있지만 아직 마음은 젊기에 일도 하고, 글도 쓰고, 전 같지 않지만 책도 계속 읽고 있다. 생각해보면 늙어가는 것이 그렇게 슬퍼할 일만은 아닌 거 같다. 청년기의 철없던 시절을 지나 중년기의 고달픈 시절을 거쳐, 지금은 그나마 마음 편한 노년기를 맞았으니 말이다.

오래 사는 게 중요한 것이 아니라, 건강하게 보람을 느끼며, 즐겁고 가치있게 사는 게 중요한 일이다. 병들어 돌아다니지도 못하고 병석에 오래 있게 된다면 행복감이나 삶의 질은 불행의 늪으로 빠질 것이다.

병원이나 요양원 침대에 누워 생명연장을 위해 산소마스크를 달고 사는 것은 없어야 한다고 다짐했다. 이제부터 나 자신의 건강은 내가 책임져야겠다는 생각이 들었던 것은 오래되었으나, 실천에 옮긴 것은 수년 전 밖에 안 되었다. 이제는 새로운 각오로 그동안 축적한 '자연건강법'을 실천하는 것만이 내 건강을 지키는 길이 되었다.

◆ 자연건강법으로 건강수명연장

매일 아침 건강을 위해 우리 부부는 거실의 요 위에 누워 힘 안 드는 운동으로 시작한다. 일어나자마자 따듯한 물 두 컵씩을 마시고 '생활참선'(명상기도, 3단계 심신이완)을 30분 동안 한다. 또한 니시 자연건강법을 응용한 '100회 운동법'을 구상하여 1시간 동안 실천하고 있는 것이 첫 일과이다.

나의 일자리는 아주 작은 '사회적기업 협동조합'에 아침마다 출근한다. '함께 더불어' 사는 노인들의 일자리를 만들고, 사회적 효를 실천하는 건강한 기업을 만들기 위해 '맘(몸+마음)' 치유프로그램을 운영한다.

노인치매 예방을 위한 건강식품 '효잠'도 개발됐으나 비대면 코로나로 어려움을 극복하는 데 사력을 다하고 있다. 그동안 하고 싶었던 일을 하는 것에 보람을 찾고 있는 것이다.

　은퇴 후에 자기가 좋아하는 일을 찾아 열심히 하고 보람을 느낀다면 정말 노령기가 인생의 황금기인지도 모르겠다. "건강 비결은 일을 좋아하는 것이며, 일하려고 노력하면 늙지 않는다."는 말을 본 적이 있다.

　가장 바람직한 일은 건강하게 장수하는 것이다. 나의 기대수명이 100세를 장수한다면 나의 정신과 노력을 건강관리에 쏟아야겠다. 큰 욕심 부리지 말고 '9988234(99살까지 88하게 살다가 2일 앓고 3일 후 4[死] 죽는다)'가 소망이 되었다.

24 노년기에
홀로 사는 훈련

2021-07-12

◆ 홀몸 노인, 독거노인시대

우리의 삶은 언젠가 '마지막 그날'이 오기 마련이다. 그 누구도 피할 수 없는 미래다.

다행히 지금 70~80+살까지 기근과 질병의 공포를 견디며 잘살아 왔다고 하지만, 노년의 생활고와 질병은 과거 무슨 일을 했는지 상관 없이, 예고 없이 닥치기 마련이다.

때로는 소리 없이 우울증, 알츠하이머, 치매 등의 정신건강 및 인지 능력의 장애를 일으킬 수 있다. 즉 언제든지 노인들은 행동장애, 인지 장애를 겪을 수 있다는 사실이다. 그런 점에서 자기 삶에 대한 예측과 준비는 항상 필요하다. 모든 것은 한순간에 일어날 수 있는 변수로 나타난다. 이로 인한 노년층의 빈곤, 스트레스 등과 관련된 불행지수가 높아질 것이다.

사실, 우리는 어느 날 배우자 중 한쪽이 병원으로부터 갑자기 시한부 인생을 선고받을 때가 있을 것이고, 아니면 예기치 않게 치명적인 낙상 사고를 당할 수도 있으며 아침에 일어나다가 뇌출혈로 쓰러질 가능성도 존재한다.

현재 내 주변에도 혼자 사는 '홀몸 노인', '독거노인(獨居老人)' 시대가 열리고 있다. 같이 살던 부부 두 사람 중 누군가 먼저 세상을 떠나기 마련이다. 노년 부부가 같이 떠날 수는 없다. 누군가가 먼저 떠난다. 그래서 홀로 사는 연습을 미리 하자는 것이다. 이제 노인들은 혼자 사는 훈련을 해야 하고 특히 남자 노인들은 음식 만들기 프로그램에 참여하는 등, 부인을 잃었을 때 자립할 것을 염두에 두고 준비에 들어간 친구들도 있다.

더구나 현시대의 생애주기는 트리플 시대로 요약된다. 30년 배우고, 30년 일하고, 30년 이상의 노년기를 살아야 한다는 뜻이다. 노년기 30년을 어떻게 보내느냐에 따라 행·불행이 달려 있기 때문이다.

◆ 홀로서기 연습 독립선언

이런 불행한 일을 당했을 때를 대비해 남은 자(者)로서 어떻게 살아갈 것인가? 우리가 늙어가는 길목에서 어떻게 생존(?)해야 할지를 말하고 싶다.

늙으면 무슨 일이든지 받아들일 수 있는 단단한 마음을 유지하기가 쉽지는 않겠지만, 적어도 노인의 자율성과 독립성을 유지하기 위해, 갑자기 배우자를 잃었을 때를 대비하여 '홀로 살기 훈련'을 위한 몇 가지를 찾아보면 다음과 같다.

첫째, 경제적 자립(自立)이다.

노인으로 살아가면서 불안 없이 '안전'을 유지하며 살아가는 것이 제일 중요하다.

특히 돈이 없으면 노후에 하루 보내기가 힘들어진다. 그중에서도 노후 생활비가 큰 문제다. 나이 들어 경제력이 바닥나면 빈곤감에 빠져

정신적 스트레스로 인한 불안은 절망적인 삶이 된다. 이에 노년을 위한 준비된 노후자금이 필요하다.

둘째, 배우자로 부터 독립이다.

기혼여성 중 80% 이상은 같은 나이의 남성보다 혼자 오래 살아갈 가능성이 높다. 평균수명이 길어지는 가운데 여성과 남성의 수명을 비교하면 여성이 대체로 5~10년 정도 더 살아가기 때문이다.

한국인의 평균수명이 81세, 여성만의 평균수명은 84.4세로 남편 없이 거의 90세 이상을 살아가야 한다.

그러니 아내는 남편이 살아있어도 미리 '혼자 사는 법'을 배워야 한다. 마음속으로는 이미 '남편으로부터 독립해야 한다'는 마음의 자세 말이다.

반면에 남편 또한 정신적, 정서적으로 아내로부터 독립해야 한다. 아내에게 "밥 줘, 옷 찾아줘!" 하면서 무작정 의존할 것이 아니다. 홀로 밥 챙겨 먹는 등, 홀로서기, 독립생활의 훈련이 필요하다.

셋째, 자식 의존에서 독립이다.

많은 사람이 자녀가 노후를 돌봐주겠지! 하고 착각에 빠지는 경우가 많다. 늘그막에 주머니를 채워 줄 자식들이 없다는 뜻이다. 자녀에게 결혼비용, 주택마련, 사업비용 등을 해주다 보면 노후대책은 어려워진다. 자식들 강요에 없는 돈, 있는 돈, 다 끌어다가 돌봐준다고 할 때 자칫하면 자식 잃고, 돈 잃고, 자기 생활을 잃게 된다. 세상에서 가장 부실한 보험은 '자식보험(子息保險)'이다. 자식들은 자기 자식들 부양에도 힘들어한다. 마음이 있어도 부모를 챙길 수 없는 사회경제구조니 그렇다.

넷째, 사회관계로부터 독립이다.

은퇴 후 늙으면 사회적 광장(廣場)에서 개인적 밀실로 들어가게 마련이다. 노년기로서 가족과 사회로부터 겉도는 것을 인정해야 한다. 물론 은퇴 이후는 새로운 인간관계 설정이 필요한 때다. 낯선 사람들과도 따뜻한 마음을 나누며 만남의 관계를 꽃피울 때다. 사랑과 인간애로서 다른 사람들, 가족, 친구, 이웃 동료들과 사회적 관계를 이어가며, 혼자 있어도 취미, 여가활동을 혼자 할 수 있는 방법을 개발해야 한다는 말이다. 이른바 '사회 속의 나, 홀로 나로서의 나 되기'가 필요하다.

우리 늙음의 인생도 다시 살펴보는 자기 성찰이 필요한 것 같다. 100세 시대, 아직 살아가야 할 날들이 많은 것 같아서 하는 말이다. 지금 행복하다면 불행이 언제 닥쳐올지를 대비하여 홀로 살기 연습을 더 해야 할 것 같다.

25 나에게 선물처럼 다가온 천연 콜라겐 '금화규'

2021-09-10

◆ 생명초, 황금해바라기 '금화규'

지난 4월 중에 옆집으로 이사 온 지인이 심어보라며 처음 접하는 '금화규' 라는 식물의 씨앗 한 주먹을 줬다. "꽃도 좋고 약용으로 전초를 쓸 수 있는 특용식물입니다." 꽃과 나무 가꾸기를 좋아하는 나로서는 더 없는 큰 선물이기에 기뻐 감사했다.

호기심이 동해 우선 인터넷에서 '금화규'를 찾아 재배법과 주요성분 및 효능에 관한 것부터 찾아보니, 이것은 그냥 식물이 아니라 우리나라에 최근에 알려진 보물 같은 희귀한 약초였다.

식물 콜라겐이 다량 함유돼 '미용차(茶)'로 인기가 많은 식물 금화규가 뒤늦게 나를 흥분시켰다. 진귀한 약용식물인 금화규는 일년생 초본식물로 황금해바라기, 야생부용 등으로 불리기도 한다. 예로부터 중국에서는 귀한 약재식물로 그 약용가치 때문에 1980년대 멸종된 것으로도 전해지기도 했지만, 종자가 재발견되고 새롭게 건강식품으로서 각광을 받고 있었다.

내한성과 내열성을 고루 갖추며 습기가 많은 알칼리성 토양이나 척박한 토지에도 잘 자란다.

『동의보감』과 『본초강목』에 따르면 금화규는 독이 없으며 열을 식히고, 해독해 인체에 쌓이는 습열을 제거한다. 또한 혈압을 낮추고 양기를 북돋고 신장을 보신하며 면역력을 높이는 효능이 있다고 전한다. 또한 해열·해독, 장운동을 돕고, 소염·진통의 효과가 있으며 피로해소와 혈압을 낮추는 효능도 있어 '장수초'라고도 불린다. 장기간 복용하면 발기부전, 조루, 성욕 저하 등의 질병을 치료하는 것으로 보고돼 식물 비아그라로 불리기도 하며, 특히 식물성 콜라겐이 다량 함유돼있는 식물로 '미용차'로 각광을 받는다는 것이었다.

아울러 꽃에 풍부하게 함유된 플라보노이드는 진통, 항뇌결혈과 구강궤양 등의 치료에 효능이 있다는 연구결과도 있으며, 혈액순환 개선 및 항산화, 항피로, 노화방지, 항암 등의 효능이 있고, 특히 3고(고혈압, 고지혈, 고혈당)를 내리게 한다는 연구 결과도 있어 놀라웠다.

◆ 조금은 생소한 금화규 재배

우선 보물 같은 씨앗을 두 시간 불린 후 물수건에 싸서 한 주가 지나니 바로 하얀 뿌리가 나기 시작하였다. 준비했던 상토를 5㎝ 포트 위에 싹이 난 씨앗 2개씩 심으니 450개 정도 되었다. 물론 이런 씨 뿌림은 다른 채소나 꽃씨들도 같은 방식이니 어려울 것이 없었다. 물을 흠뻑 주고 습기 증발을 막기 위해 그늘막을 씌워 두었다. 3일이 지나니 속 떡잎이 갈라지기 시작했다. 본잎이 나기 시작하더니 매일 아침저녁 2차례 물주기 1주일 만에 3~5㎝ 정도 크는 것을 보고 이 식물은 성장이 빠르구나 싶었다.

5월 10일부터 효도회 농장 주변에 노인들과 함께 금화규묘를 60㎝ 간격으로 심기 시작하여 3일 만에 약 400여 주를 심었다. 농장 입구와 양옆과 주차장 옆에는 큰 화분에도 심었다. 규모가 커지니 매일 같이 아침에 물 주기가 큰일이었다. 물이 부족하면 잎 전체가 늘어져 "나 목말라." 소리치는 것 같았다. 금화규는 아욱과의 일년생 초본 식물이다. 높이는 약 1.5~2m 정도이며, 잎은 어긋나기 하며 잎자루는 길고 잎 모양은 다섯으로 갈라져 어른 손바닥 더 크고 실하게 자랐다.

6월에 들어서는 가뭄에도 1m 이상 싱싱하게 잘 자랐다. 꽃은 7월 하순부터 피기 시작하여 9월 현재까지 피고 있다. 아침에 농장에 들를 때마다 황금빛 금화규 꽃에 취한다. 어른 손바닥만 한 꽃잎들이 활짝 웃으며 반기는 이 꽃은 불과 4~5시간만 지나면 오므라들기 시작하여 떨어진다. 예로부터 절세의 아름다움은 오래 가지 못하고 단명이라 했던가?

◆ 마시고 바르는 재미 금화규 황금차

하루 석 잔의 천연차를 마시는 것이 건강에 좋다는 연구 결과 덕분에 요즘 매일 아침에 차 한 잔씩 하는 분들이 늘고 있다. 우리 몸의 영양소를 식물에서 자연스럽게 섭취하는 방식이 선호되면서 생겨난 트렌드로 보인다.

최근 주목받고 있는 '금화규'란 식물은 꽃은 물론이고 줄기부터 잎과 뿌리, 씨앗까지 모두 건강에 도움이 되는 약용식물이다. 필자는 매일 아침에 일어나자마자 큰 물컵(400㎖) 두 개에 건조한 금화규 꽃을 3개씩을 넣고 따뜻한 물을 부어 3분이 지난 후 아내와 같이 마신다. 반쯤 마신 후 다시 물을 부어놓고 점심때 마시고, 남은 것은 저녁 식후에 마신다.

여기서 중요한 것은 마신 후 남는 꽃 건더기다. 이 황금차가 천연 식물 콜라겐이 듬뿍 들어 있어, 두 개를 건져 입에 넣으면 미끈한 미역

줄거리를 씹는 감각과 목으로 넘어가는 기분은 상상 이상으로 부드럽다.

손바닥에 놓고 문지르면 미끌한 콜라겐 젤처럼 된 것을 얼굴이나 손등에 바르면 천연 식물성 콜라겐을 흡수한 피부는 젊은 피부로 노화를 방지할 수 있다니, 신기한 식물이다.

최근 국립안동대학교 원예·생약융합학부 정진부 교수 연구팀은 '금화규가 세포모델에서 외부 유해인자를 포식하고 면역조절 인자를 분비해 면역 활성을 유도하는 선천성 면역세포인 대식세포를 활성화한다.'는 것을 연구 확인했다. 이 연구 결과를 기반으로 특허를 출원(출원 10-2021-0037089)했고 기업에 기술을 이전하여 사업화를 진행 중이라 한다.

안동대교수 연구팀은 금화규를 활용한 건강기능성 식품 사업화를 적극 추진 중에 있다니 반가운 일이다.

금년 우리 농장에서 받은 금화규 씨앗을 필요한 분들에게 몇 알씩이라도 분양하여 화단이나 화분에 심어 아름다운 꽃도 감상하고 약용으로 사용하여 모두 건강했으면 좋겠다. 특히 취약계층의 노년들에게 '금화규 나눔'의 기회가 되었으면 좋겠다. 어딜 가나 황금빛 금화규를 볼 수 있는 향토자원으로 '금화규 황금도시' 시흥시도 꿈꾸어 본다.

26 인도 여행에서 처음 만났었던 보물 '모링가'

2022-04-22

'10개국 여행보다 인도 한 나라를 보는 것이 훨씬 유익하다'는 여행자들의 리뷰를 보면서, 수년 전 '제10회 세계 인도생태공동체 순례단'의 일원으로 인도에 방문할 기회가 있었다. 버킷리스트 여행지역이었기에 빠르게 결정하고 2주간의 여정에 올랐다.

우리는 한국의 선교사 부부가 개척한 남인도 고원지대 힌드프르 지역의 원주민 농촌마을개발센터 '생명누리공동체'의 작은 기적들의 현장을 볼 수 있었다.

우리가 방문 중에 ' 지속가능한 생태마을 개발모델' 국제 심포지엄이 있었고, 각종 축제가 열려 인류문화유산을 볼 수 있어 감탄했다. 인류의 미래라는 '오르빌 공동체'는 인류의 일체성을 실현하기 위해 세계 각국에서 정치와 종교, 국적을 초월하여 평화의 조화 속에서 살 수 있는 국제적 실험 마을이었다.

◆ 여행 중에 대수롭지 않게 지나간 나무

마지막 일정은 '우띠식물원' 견학이었다. 각종 세계의 식물이 많지만 더운 나라이기 때문인지 우리나라처럼 온실시설은 없었다. 대공원 안에 종류별로 심겨진 각종 수목은 하늘을 가렸다.

그중에 20m가 넘는 큰 나무에 연노란 꽃이 피고 잎은 아카시아 잎 줄기에 달린 작은 잎과 흡사했던 나무, 식물원 안내자가 인도가 원산인 '모링가(moringa)' 설명하는데 이때는 흘려들었다. 인도인들이 가장 많이 음식에 이용하는 나무라는 것만 듣고 헤어졌다.

나는 어려서부터 시골 마을에서 농사하는 집안에서 태어나 그런지 모르겠으나 나무와 숲, 꽃피는 자연을 좋아한다. 그래서 집을 옮길 때 작고 허술하더라도 나만의 정원을 갖고 싶었다. 잔디와 바위, 나무, 계절 따라 피는 꽃, 작은 연못을 고집하며 가꿔왔다.

작년부터는 콜라겐 성분이 많은 '금화규'라는 약용식물을 이웃들과 나누고 공유하기 시작했다. 효도회 농장 주변에도 심어 관상용, 약용으로 많은 사람에게 관심의 대상이 된 꽃이다.

이렇게 식물들에 관심을 갖고 살던 중 지난해 10월, 인터넷 검색 중에 '인도산 모링가'라는 판매 글이 눈에 띄었다. 순간 수년 전 방문한 인도의 식물원에서 설명 들었던 그 나무인가 하는 기억과 함께 자료를 찾아 모으기 시작했다.

알아보니 여행 중에 들었던 설명들이 새록새록 떠오르면서 좋은 효과들을 많이 알게 되었다. 한국에는 6년 전부터 조금씩 알려지기 시작한 모양이다. 이 좋은 식물을 좀 더 빨리 접할 수도 있었는데 원산지 인도에서 직접 설명까지 듣고도 까맣게 잊고 있던 나 자신을 자책하기도 했다.

◆ 기적의 나무, 생명의 나무

보통 열대·아열대 지역에서 자라는 생명의 나무 '모링가'는 지구상에서 인간에게 필요한 영양성분이 가장 많이 들어있는 식물로 미국국

립보건원(NIHO)에서 2007년 그해의 식물로 선정되기도 했었다. 모링가는 원산지인 북부 인도 지방에서 많이 재배되며 태국, 필리핀, 캄보디아, 베트남 등 아시아 지역과 아프리카, 남아메리카 등에도 널리 퍼져있다.

인도 문헌에 보면 이 식물은 4000여 년 전부터 약 300가지의 질병을 치료하고 예방하는 데 쓰인 것으로 알려져 '자연의 비타민', '불로장생의 나무' 등의 별명을 갖고 있다. 세계에서 영양성분이 가장 풍부한 나무로 '기적의 나무'라고도 불린다.

모링가 나무는 당뇨와 고혈압, 변비, 빈혈, 골다공증 같은 질병을 다스리고 간 기능 및 성 기능 강화, 항암효과 등이 있다고 인도 전통 의학 서적인 '아유르베다'에 기록돼 있다.

특히 모링가는 비타민C가 오렌지의 7배, 비타민B2가 정어리의 50배, 비타민E가 브로콜리의 11배, 철분이 시금치의 25배, 칼슘이 우유의 4배에 달해 이미 각국에서 모링가나무 활용법에 대한 연구가 활발하여 세계가 주목하고 있는 식품이다.

국내에서도 여러 지자체에서 모링가 활용방안에 대해 연구 중이며 모링가의 활용도는 무궁무진해 비누, 팩, 가래떡, 밥, 주스, 칼국수, 수제비, 빵, 어묵, 화장품, 모링가 환, 모링가 차 등 다양하게 추진되고 있는 것으로 알려져 있다.

이 식물은 아열대 식물로서 우리나라 노지에서는 일부 남부지방을 제외하고는 겨울을 지내기 어렵다. 겨울에도 실내 또는 온실에서 섭씨 5도 이상이 유지되어야 한다.

어렵게 구한 종자를 올해 봄에 온실에 심어 묘목을 기르기 위해 준비 중이다. 이 나무를 큰 화분에 심어 겨울에만 안에 들여놓고 밖에서 기르며 왕성하게 자라는 나뭇잎을 따서 각종 식용으로 활용하고 정보를 나눌 수 있으면 좋겠다.

　우리 시흥지역에도 이 좋은 모링가가 널리 알려져 다들 관심을 가졌으면 하는 바람이다.

27 꿀벌이 없는 세상에는 인류도 없다

2022-07-22

정원에 벌이 사라지고 있다

내가 사는 작은 전원주택의 조그만 정원에는 이른 봄부터 여름, 가을까지 피고 지는 수목의 꽃 잔치가 벌어진다. 그러나 있어야 할 벌과 나비가 보이지 않는다.

왜성사과나무에는 작년에 사과가 18개가 열렸으나 올해는 6개, 모과나무는 작년에 주먹보다 크게 12개가 열렸으나 올해에는 살구만 한 사이즈로 4개가 달렸다.

손톱만 한 미물 곤충, 하지만 이중 농작물의 70% 이상을 번식하게 해주는 생태계의 거물 꿀벌이 있다. 꿀벌이 없는 세상? 그런 건 존재하지 않는다. "꿀벌이 없으면 4년 이내에 인류도 사라진다."는 말이 있을 정도니까 말이다.

그런데 그것이 실제로 일어나고 있는 것일까? 전라, 경상 등 남부지방을 중심으로 '꿀벌 실종사건'이 발생하고 있다. 농림축산식품부는 지난겨울에 폐사한 꿀벌이 78억 마리에 달한다고 밝혔다. 사체도 없이 벌통이 텅텅 빈 사례가 잇따른다. 폐사 대신 실종이라는 말이 세간에 오르내리는 이유다.

꿀벌이 없으면 인류의 식량도 사라지기에 가장 '대체 불가능'한 종으로 꼽힌 것이다. 현재 농작물의 1/3이 곤충의 꽃가루받이 활동으로 열매를 맺는데, 그 역할을 하는 곤충의 80%가 꿀벌이다. 유엔 식량농업기구에 따르면 세계 100대 작물 중 71%가 꿀벌에 의존한다. 사과, 복숭아, 호박, 당근, 아몬드 등이 영향을 많이 받는 작물로 꼽힌다. 꿀벌이 사라지면 꿀만 없어지는 게 아니다.

◆ 꿀벌 멸종 시 한 해에 142만 명 굶어

한창 일해야 하는 여름철 일벌의 수명은 40~50일이다. 1초에 200번 날갯짓을 하며, 5㎞ 밖까지 날아가고 하루 1만 개의 꽃송이를 찾는다. 그렇게 꿀벌 한 마리가 평생 모으는 꿀의 양이 찻숟가락 반쯤인 5g이다. 우리가 먹는 꿀 1㎏은 꿀벌들이 무려 560만 송이의 꽃을 돌아다니며 단물을 모은 결과이다. 무던히도 부지런히 일해서 사람들에게 꿀을 주고 있다.

농촌진흥청 조사 결과 올 1~2월 전국에서 77억 마리 이상의 꿀벌이 사라졌다고 한다. 4,159개 농가의 38만9,045개의 벌통에서 피해가 났다 한다. 북쪽으로 확산 중이다. 2007년 미국에서 발생한 이후 남미, 유럽으로 점차 퍼진 벌떼 폐사를 떠올리게 한다. 당시 미국에서는 1년 사이 벌집의 1/3에 해당하는 300억 마리가 실종되며 일순간에 벌집이 텅 비는 현상을 가리키는 '군집 붕괴'라는 신조어를 낳았다.

원인은 무엇일까? 농촌진흥청은 해충, 살충제, 이상기후 등이 작용한 것으로 분석했다. 꿀벌에 기생하는 천적 해충인 응애가 급증해 일부 양봉 농가에서 살충제를 많이 뿌린 데다 겨울 날씨까지 따뜻해지면서 꿀벌의 생존환경이 열악해졌다는 것이다.

하지만 이 역시 추론일 뿐이다. 지구의 문명, 산업, 환경이 급변하는 상황에서 인간의 어떤 개입이 꿀벌의 생존에 영향을 끼쳤는지 세심히 따져볼 필요가 있다.

유의할 것은 꿀벌이 위험에 처할수록 사람 사는 세상도 위기가 닥쳐온다는 사실이다. 꿀벌이 멸종되면 한 해에 142만 명이 굶어 죽는다는 연구도 있다. 그건 시작에 불과할지도 모른다.

경북대 생태환경대학 박종균 교수는 "꿀벌이 사라져 식물의 화분 매개 역할을 하지 못하게 되면 식물이 열매를 맺지 못해 사라지게 된다"며 "자연히 식물을 먹이로 삼는 초식동물이 사라지고 분해생물과 미생물도 도미노처럼 연쇄적 영향을 받게 될 것"이라고 했다. 이렇게 되면 식량 고갈과 사막화 현상이 발생해 인간의 생존도 위협받게 된다는 것이다. 무서운 이야기이다.

◆ 미래농업의 식품산업, 생물소재 산업연구

지금은 새로운 양봉 소득원의 발굴이 절실한 실정이다. 이에 양봉산물 가운데 로열젤리가 식품첨가물이나 의약품의 원료로 상용화되거나 프로폴리스가 치약 및 화장품의 첨가물로 개발되기도 한다. 특히 봉독의 경우 국외에서는 이미 추출물을 이용한 관절염 치료제가 개발되어 대체 의약품으로 활용되고 있으며 우리나라 역시 이러한 연구를 추진하고 있다.

그동안 국내 양봉산업은 벌꿀, 로열젤리, 봉독, 프로폴리스 등을 통해 농가 소득에 기여하거나 국민 건강에 기여한 바가 큼에도 불구하고 정부 지원으로부터 소외됐었던 것이 사실이다. 하지만 이제부터라도 양봉산업의 유·무형적 자산가치의 재평가함으로써 정부의 정책적 배려가 이루어져야 할 것이다. 또한, 꿀벌을 소중하게 보존하려는 국민 모두의 관심 역시 필요하다. 이를 통해 우리 농업이 미래의 고부가 식품산업으로, 생물소재산업으로, 자연환경을 지키는 농업으로 발전하게 되기를 기대해 본다.

시흥**자치신문**

최
영
철

●

崔
永
哲

1968년 제물포고등학교를 나와
1971년 서울대학교 지구과학과 2년 중퇴하였고
1992년 건국대학교 정치외교학과를,
1995년 연세대학교 행정대학원을 마치고
2000년 건국대학교 대학원(행정학박사)을 졸업하였다.
2018년 한국방송통신대학교 영어영문학과를 졸업하였다.

1997년 국방정신교육원 행정사무관으로 퇴직하였고
1998년부터 건국대, 장안대, 순천향대 강사와 국방대 초빙교수,
대한민국재향군인회 안보교수로 일했다.
2008년부터 (주)GKTM 이사, 대한상공회의소 전문위원, 그리고
시흥YMCA 이사로 봉사하기도 했다.
2013년에는 (사)한국정책포럼 회장을 역임했다.
현재는 시흥자치신문 칼럼니스트, 시흥문화원 고문, 21C자치경
영연구소 대표로 활동하고 있다.

저서로는 『풀뿌리 언론과 푸른 자치나무』(2018), 『당신은 희망
입니다』(공저, 2016), 『한국의 예산과 정책』(공저, 2002) 등이 있
으며, 논문으로는 《한국 국민연금관리체계의 발전방향》(2000),
《한국 환경행정조직의 발전방향》(1994) 등이 있다.

01 대한민국임시정부 수립과 도산 안창호

삼일운동이 일어나고 대한민국 임시정부가 수립된 지 올해로 100 주년이 되었다. 1919년 거족적인 삼일독립만세운동에 힘입어 수립된 대한민국 임시정부는 온 민족의 비원이 서린 희망의 빛이었다. 불과 한 달 사이에 세 개의 임시정부가 장소를 달리하여 존재를 선포한다.

3월 21일 러시아령 연해주 블라디보스토크에서 최초로 임시정부 수립을 알리는 깃발이 휘날렸다. 대한국민의회가 발표한 임시정부 요인 명단은 대통령에 손병희, 국무총리에 이승만, 내무총장에 안창호가 눈길을 끈다.

4월 11일에는 두 번째로 중국 상해에서 임시정부가 출범한다. 상해 임시정부는 신한청년당의 참여와 그들의 초청으로 상해에 모인 북간도, 연해주의 독립운동가들이 서울의 삼일운동 주도 세력과 연계, 협력하는 가운데 결성된 정부조직이었다. 의정원 의장엔 이동녕, 국무원 국무총리에 이승만, 내무총장에 안창호, 외무총장에 김규식, 외무차장에는 현순 등 비교적 폭넓은 인재가 등용되었다.

◆ 세 임시정부의 통합이 당면 과제

4월 23일 세칭 '한성정부'라고 불렸던 서울의 임시정부가 제일 나중에 발족을 선포한다. 한성정부는 삼일운동조직의 13도 대표들이 국민 대회를 열어 수립하였다는 점에서 존재감이 있었다. 정부요인의 면면을 보면, 집정관 총재에 이승만, 국무총리 총재에 이동휘, 내무부 총장에 이동녕, 노동부 총변에는 안창호를 임명했다.

특기할 점은 안창호 선생이 서열이 낮은 노동부 총변에 내정됐다는 사실이다. 이 부분은 차후 임시정부 통합과정에서 하나의 사건으로 곡절을 겪게 된다.

정작 문제는 연이어 출범한 세 개의 임시정부가 각개 약진을 하다 보면 군소 독립운동단체로 전락할 수 있다는 점이었다. 삼일독립운동이 결실을 채 맺기도 전에 지리멸렬해진다면 큰 낭패가 아닐 수 없었다.

이때, 1919년 3월 말을 전후하여 상해에 있는 현순을 위시한 애국청년들이 빠른 행보를 보인다. 먼저 미국에서 활동하던 도산 선생에게 속히 상해로 올 것을 요청하는 급전을 보냈다. 도산은 전보를 받자 지체하지 않고 샌프란시스코를 출항, 호주와 홍콩을 거쳐 50일간의 장정 끝에 5월 25일 상해에 도착한다.

상해에 입성했을 때에는 이미 상해임시정부가 수립되어 도산 선생은 내무총장으로 선임된 상태였다. 대부분 신한청년당 동지인 임시정부 차장들은 그를 열렬히 환영했다. 하지만 다른 총장 등 정부요인들이 대부분 부임하지 않아 아직은 유명무실한 조직에 불과했다.

도산 선생은 상황을 직시하고 직책을 수락하는 조건으로 3개 임시정부의 통합에 적극 동의해 줄 것을 요구한다. 도산 선생은 통일된 민주공화제 정부를 이끌어 나가기에 가장 적합한 인사였다. 또한 재정 문제의 어려움을 해결해 줄 수 있는 적임자이기도 했다.

6월 28일 상해임시정부 내무총장 겸 국무총리 대리로 정식 취임하자 바로 도산은 미국에서 가져온 2만 5천 달러를 내놓고 임시정부 청사부터 마련했다. 그리고 총장들이 모두 취임할 때까지 차장들이 총장대리를 수행하도록 지시했다. 이후 도산은 기회가 있을 때마다 임시정부 통합의 필요성과 당위성을 강조하고 역설했다. 마침내 9월 11일 임시정부의 통합이 성사되고 신헌법과 신내각을 공포함으로써 하나로 통일된 대한민국 임시정부가 탄생하기에 이른다.

◆ 도산의 멸사봉공 희생정신 본받아야

이는 정녕 도산 안창호 선생의 집념과 정성, 멸사봉공의 희생정신이 빚어낸 기적과도 같은 것이었다. 무엇보다 내각의 말석인 노동국 총판 자리를 마다하지 않고 받아들여 이루어진 쾌거였다. 나중에 정부 요인들이 노동국 총판을 장관급인 농무 총장으로 격상시키자는 제안을 내놓았지만 도산 선생은 갈등 야기의 소지가 있다며 이를 단호히 거절했다.

관련 역사자료를 보면, 조국 독립의 대의를 위해 아낌없이 자신을 희생한 민족지도자의 고결한 풍모를 읽을 수 있어 한없이 자랑스럽다. 대한민국 임시정부 수립 100주년을 맞아 기념해야 할 독립유공자들이 적지 않지만 그중에서 한 분을 꼽으라 한다면 단연 도산 안창호 선생이 아닐까 생각한다.

02 대문호 괴테의 가정 이야기

2019-05-10

"왕이든 농부이든 가정에서 평화를 찾지 못하는 사람은 어디에서도 행복을 찾을 수 없다." 대문호 괴테의 자기 고백이다. 요한 볼프강 폰 괴테(1749~1832)는 독일 프랑크푸르트 암마인에서 태어났다. 귀족 가문은 아니었지만 넉넉한 중산층의 교양 있는 부모 덕분에 교육의 혜택을 듬뿍 받으며 자랐다. 어려서부터 문학과 예술을 가까이 접할 수 있어 8세에 시를 짓고 13세에 첫 시집을 내기도 했다. 두 남동생이 어린 나이에 죽어 괴테를 한때 우울하게 만들기도 했지만 누이동생 마르게리타가 귀엽고 예쁘게 자라서 죽을 때까지 사이가 좋았다고 한다.

"아버지는 존경하지만 매우 엄격하고 까다로운 분이라 어린 나에게는 늘 무섭고 어려웠어요. 그렇지만 책임감이 강하고 약속을 반드시 지키시는 멋진 분이셨지요. 어머니는 현모양처의 미덕을 지니셨으며 나에게 자상함을 일깨워주신 분이었지요."라고 괴테는 훗날 회고했다.

별다른 점이라면 아버지가 문학적 소양이 깊어 아들 괴테가 글을 잘 쓰기를 내심 소망했다는 사실이다. 다행히 괴테도 글쓰기에 흥미를 보였고 작문학교에서 높은 성적을 받아오곤 했다. 그때마다 아버지는 흡족한 나머지, 괴테에게 푸짐한 용돈과 함께 칭찬을 아끼지 않았다고 한다.

프랑스와의 전쟁으로 독일 프로이센이 점령되었을 때의 일이다. 프랑스군 사령관 토랑 백작이 괴테의 집에 머문 적이 있었다. 괴테 아버지는 토랑 백작을 싫어했지만 괴테는 그를 통해 프랑스어를 배울 심산으로 어머니와 함께 아버지를 설득했다.

자식을 이기는 부모가 없다고 아버지는 아들의 간청에 따라 토랑 백작에게 친절히 대했고, 이에 감복한 백작은 괴테가 프랑스어를 교습할 수 있도록 허용했다. 2년에 걸쳐 프랑스어를 수학하던 중 16세가 되어 괴테는 부친의 권유로 라이프치히 대학에 들어가 법률을 공부하였고, 졸업 후 프랑스로 유학을 떠나게 된다.

이때 프랑스에 와있던 토랑 백작은 그가 유학생활을 하는 동안 많은 도움을 주었다고 한다. 유학을 마치고 고향으로 돌아와 변호사 개업을 하였지만 괴테의 관심은 법률이 아니라 이미 문학 쪽으로 기울어져 있었다.

이때부터 괴테는 여러 문인과 교류하면서 독서에 전념하며 시와 희곡 등을 습작하게 된다. 그의 나이 25세 되던 1774년, 「젊은 베르테르의 슬픔」을 발표하여 하루아침에 스타덤에 오르는 행운이 일어난다. 이 소설을 읽고 감탄해 마지않던 바이마르공국 아우구스트 공작은 괴테에게 국정의 주요 업무를 맡아달라고 요청한다.

이듬해 괴테는 프랑크푸르트를 떠나 제2의 고향이 될 바이마르로 발길을 향한다. 인구 6천여 명에 불과한 작은 공국이지만 행정경험이 없는 괴테에게는 도전이자 기회이기도 했다. 아버지의 엄밀한 유전자에 더하여 법률을 전공한 덕에 공직수행은 성공적이었다.

하지만 괴테의 심중에는 문학을 향한 뜨거운 피가 용솟음치고 있었다. '나는 날개를 가지고 있으나 날 수 없는 운명이구나.'하며 자탄하기 일쑤였다. 급기야 괴테는 바이마르 생활 10년 만에 도망치듯 혼자 여행을 떠난다. 유명한 괴테의 이탈리아 여행이 시작된 것이다.

3년여의 여행 끝에 1788년 여름 바이마르로 돌아온 괴테는 새로운 문학 인생을 시작한다. 이탈리아의 고전 예술품을 직접 보고 터득한 특유의 고전적이며 낭만적인 예술관을 선보였다. 그를 이해하지 못한 옛 친구들은 그를 경원시하거나 결별을 선언하여 긴 고독의 시간을 보내기도 했다. 그래도 바이마르공국의 아우구스트 공작과는 서로 친구 같이 여겨 말년까지 각별하게 지냈다고 한다.

괴테의 결혼은 57세가 되던 해, 16세 연하의 여인 크리스티아네와 이루어진다. 그녀와 동거한 지 18년이 지난 1806년의 일이었다. 그녀에게서 아들 하나를 얻은 것은 행운이었다. 아내는 결혼 9년 만에 병사하고 만다.

괴테는 여성 편력이 화려했지만 가정을 끝까지 지켰다. 임종 시 그의 곁을 지킨 가족은 과부가 된 며느리와 세 손자 손녀 모두 4명이었다. 괴테가 남긴 유산은 평소 잘 보살펴 준 며느리에게 물려주었다.

괴테는 아내와 아들을 먼저 잃은 슬픔을 딛고 필생의 대작, 「파우스트」를 죽기 한 해 전인 82세에 완성했다. 마지막 눈을 감으면서 며느리에게 '이제 마음껏 살라'고 당부했다. 이어 "좀 더 빛을, 좀 더 빛을…" 되뇌며 거장의 일생은 막을 내린다.

03 행복한 '건강 도시' 구축의 비전

2019-06-14

민선 7기 새 시정부가 출범한 지도 1년이 다가온다. '행복한 변화, 새로운 시흥'이란 기치 아래 출범한 시정부는 5대 시정목표와 88개 공약과제를 발표하고 시민이 주인 되는 시흥을 만들겠다고 약속했다. 아울러 따뜻하고 안전한 시흥, 새롭게 혁신하는 시흥, 미래를 열어가는 시흥, 자연과 함께하는 시흥의 청사진을 선보였다. 1년이 지난 지금 과연 시민들은 어떤 생각과 평가를 내리고 있을까 궁금해진다.

◆ 우리 시의 역점 사업은 무엇인가

올 초 시당국은 기획보도자료 형식으로 시민이 새로운 시흥을 체감할 수 있도록 다양한 정책을 추진할 것이라고 발표했다. 내용인즉슨, 출범 초의 5대 시정목표에 따라 각각 시민참여도시, 복지안전도시, 균형발전의 경제도시, 평생교육과 문화관광도시, 지속가능한 생태 및 건강도시를 지향 목표로 설정하고 실행계획으로 25개 과제를 제시하고 있다.

시민의 한 사람으로서 느끼는 바는 여러 정책 중에서 무엇이 선행적인 역점사업인지 파악하기 어렵다는 점이다. 통상 시정구호는 도시가 추구하는 최우선적 정책방향을 상징적으로 나타낸다. 이런 면에서 우리 시의 시정구호는 변화와 혁신의 의지는 강하게 표현되고 있지만, 변화의 방향성은 명확하게 감지되지 않는다. 따라서 5대 시정목표를 통해서 구체적인 도시비전을 파악할 수 있다. 시정목표 간 또는 정책 간의 중요도나 우선순위를 판단하는 데 다소 어려움이 존재한다.

대체로 시정구호와 시정목표, 실천과제는 상호 연계성과 함께 위계 구조(hierachy)를 갖는 것이 보통이다. 만약 등가성의 목표와 과제들을 단순히 나열해 놓은 것이라면 정책형성과정에서 전략적 기획단계를 면밀히 검토하지 않았다고 볼 수 있다.

전략적 기획(strategic planning)이란 새로운 환경에 맞게 정책의 우선순위를 정하고 조직의 비전을 설계하는 일련의 작업이다. SWOT분석이 동원되고 선택과 집중의 원리가 원용되기도 한다.

이렇게 정해진 선순위의 정책과제는 중점시책 또는 역점사업이란 이름으로 시민들에게 알려지며 시민의 참여와 지지를 이끌어낸다. 만일 역점사업 없이 모든 사업이 균등한 가치와 힘으로 각개약진을 도모한다면 협업 부재로 시너지효과를 내기 어렵고 또한 한정된 자원의 전략적, 효율적 배분도 기대하기 어려울 것이다.

비교 관점에서, 직전 시정부의 시정구호인 '미래를 키우는 생명도시 시흥'에 대해서는 어떤 평가를 내릴 수 있을까. 이미 다른 칼럼에서 기술했듯이, 생명도시라는 비전가치를 명시했다는 점에서는 긍정적이지만 모호한 개념규정과 미비한 실행계획 때문에 다분히 구호에 머문 느낌이 든다는 점을 지적할 수 있다.

그럼에도 불구하고 생명도시란 조직비전은 정책집행의 구심가치로 그 역할을 수행했다고 본다. 현재 우리 시의 시정목표와 제도적 환경을 고려할 때 현 정부의 도시비전은 무엇이라고 말할 수 있을까 상상해 본다. 생태자연과 평생교육, 첨단바이오기술이 융합된 행복한 '건강도시' 시흥이라는 그림을 떠올려본다.

'시흥시 건강도시 기본조례'에도 나와 있듯이 세계보건기구(WHO)는 건강도시를 정의하기를, 도시의 물리적, 사회적, 환경적 여건을 창의적이고 지속적으로 개발해 나가는 가운데 개인의 잠재능력을 최대한 발휘하며 지역사회의 참여주체들이 상호 협력하며 시민의 건강과 삶의 질을 향상시키기 위하여 지속적으로 노력해 나가는 도시라고 설명하고 있다.

◆ 자연과 교육, 첨단기술이 융합된 도시

우리 시가 갖고 있는 도시의 물리적 여건인 주택, 교통, 스마트시티 등 하드웨어 인프라와 사회적 여건인 교육문화와 지역사회개발, 공동체 활성화 등 소프트웨어 측면, 그리고 환경적 여건인 갯골생태자원, 호조벌 등 천혜의 자연조건을 생각할 때 시흥이야말로 행복한 건강도시로서의 면모를 충분히 지니고 있다고 본다. 다만 내만갯골의 퇴적 및 침식 과다, 장곡골프장의 강렬한 야광 및 주변 생태계의 파괴 등 문제점은 반드시 개선해야 할 과제임을 지적하고 싶다.

04 시흥 갯골과 소래습지의 상생 전략

2019-10-11

시흥갯골과 바로 인접한 소래습지는 모두 연안습지의 원형을 보존하고 있다. 희귀 생물이 서식하고 있고 주변 환경도 쾌적하고 광활하여 관광객이 많이 찾는 명소이기도 하다. 독특한 내만갯벌과 옛 소래 염전 터에 공원이 조성되었다는 공통점이 있다. 지금은 흔적뿐이지만 염전터와 소금창고를 기억하며 염전문화를 체험할 수 있는 추억의 장소로 각광받고 있다. 이처럼 한 뿌리의 다른 나뭇가지인 시흥갯골생태공원과 소래습지생태공원이 행정구역이 다르다는 이유로 각기 따로 관리 운영되고 있음은 안타까운 일이다.

◆ '습지 공동관리협약' 보완 발전 필요

자연환경은 본시 지리적으로 연결되어 있고 생태적으로도 영향을 주고받는 공생의 관계를 유지한다. 따라서 종합적이고 체계적인 환경 관리의 부재는 비효율성을 초래하고 보존 및 활용가치를 높이는 데도 한계를 드러낸다. 지난 2013년에 인천광역시장과 시흥시장, 인천 남동구청장이 체결한 '소래습지생태공원과 시흥갯골습지의 공동관리협약'은 이러한 현실인식에 바탕을 두고 관련 지자체들이 이루어낸 획기적 성과였음이 분명하다. 역사적 의미가 담긴 협약 요지를 소개하면 다음과 같다.

첫째, 소래습지와 시흥갯골습지는 지리적, 생태적, 문화적 동질성과 환경가치를 공유하고 있음에도 불구하고 행정소속이 달라 별개로 관리 운영되고 있다. 이에 공동운영을 통한 비전 제시와 보존 및 활용방안의 수립을 위해 함께 협력할 것을 다짐한다.

둘째, 각 행정주체는 습지지역의 공동 관리를 위해 관계 공무원, 의제21, 환경단체로 워킹그룹을 구성하여 연구조사 등을 진행한다.

셋째, 환경과 생태에 대한 공동 모니터링을 실시하여 매년 정기적인 발표회를 갖는다.

넷째, 생물다양성 유지와 멸종위기종의 보호를 위해 필요한 사업비 확보에 공동 노력한다.

이 협약에 따라 매년 습지보존 및 활용을 위한 워킹그룹 활동이 진행되어 왔다. 다만 워킹그룹의 한 축인 관계 공무원의 참여가 미흡하고 민간차원의 교류에 머무르는 한계를 노정하고 있다는 점이 아쉽다. 옛 '의제21'의 발전적 조직인 지속가능발전협의회와 환경단체들이 주도하고 있어 고무적이나 예산과 정책수단을 보유한 행정력의 뒷받침이 부족하여 소기의 성과를 내기 어려운 측면이 없지 않다. 이점 보완 발전이 요청되는 대목이기도 하다.

올해도 지난 8월에 시흥·인천습지 보존 등을 위한 워킹그룹 토론회가 소래습지생태공원에서 열렸다. 토론회의 취지는 예전과 같이 두 습지의 공동 보존과 활용을 위한 사업개발에 주안을 두었다. 습지 보존 등을 위한 공동노력이 더욱 필요하다는 점에 공통된 목소리를 낸 것은 작지 않은 소득이었다. 가칭 '시흥·인천습지지역 공동관리위원회'를 구성하여 보전계획을 수립하자는 주장도 제기되었다. 나아가 시흥시의 갯골습지에 대한 적극적 자세를 요구하는 의견도 제시되었다.

시흥시는 갯골습지가 2012년 국가습지보호지역으로 지정된 직후 바로 턱밑에 장곡골프장 설립을 허가하는 우를 범한 바 있다. 2014년에는 '습지보호지역 관리위원회 구성 및 운영에 관한 조례'가 제정되었지만 아직까지 이를 구성하지 않고 있어 시흥갯골의 중장기적인 계획마저 수립하지 못하고 있는 실정이다.

◆ 국가정원 지정 위한 공동노력도 필요

끝으로 시흥갯골과 소래습지 보존 등을 위한 공동 협력에 대하여 다음 두 가지 사항을 제언하고자 한다. 첫째, 시흥시와 인천시 당국은 2012년 체결한 '습지지역 공동관리 협약서'의 정신에 입각하여 습지 보존과 환경개선을 위한 보다 진취적인 행정리더십을 발휘해야 한다. 워킹그룹의 공무원 참여를 확대하고 책임을 강화하는 적극행정을 보여야 할 것이다. 둘째, 시흥시와 인천시는 시흥갯골과 소래습지가 순천만 국가정원, 울산 태화강 국가정원에 이어 시흥갯골·소래습지 국가정원으로 지정받을 수 있도록 그 타당성과 실현가능성에 대해 진지한 검토와 토론이 수반되기를 기대해 본다.

05 리더십 키우는
감성과 스토리텔링

2020-03-10

'리더십이론의 정글'이란 말이 시사하듯 리더십에 관한 이론은 수도 없이 많다. 조직분야에서 리더의 존재가 그 만큼 중요하기 때문일 것이다. 리더는 조직의 목표달성은 물론 구성원의 관리에 있어서 핵심적 역할을 수행한다. 리더십이론의 발전사는 초기의 자질 및 특성이론에서 행태이론, 상황이론을 거쳐 현재의 리더십이론으로 진화되어 왔다. 현재의 리더십이론은 상황이론에 기반을 두고 감성을 적극 활용하는 경향성을 보인다.

◆ 합리성에 기초한 감성리더십 대두

전통적인 관점은 리더를 이성적인 존재로 간주하고 조직을 어떻게 합리적으로 잘 관리하여 최대의 성과를 얻느냐에 방점을 두었다. 따라서 능률 추구, 전략적 선택 등 객관적이고 분석적인 측면이 중시되었다. 간혹 카리스마와 같은 감성적 요소가 논의되기도 했지만 이를 본격적으로 조명한 것은 근래의 일이다. 지금은 감성경영, 감성리더십이란 용어가 낯설게 들리지 않는다. 그렇다고 합리적 사유의 가치가 감소된 것은 결코 아닐 것이다.

피들러(Fred Fiedler)의 상황이론은 리더와 구성원 간의 관계가 호의적이냐 아니냐를 가장 우선적인 지표로 삼았다는 점에서 감성 친화적이다. 상황이론을 토대로 전개된 변환적 리더십(transformational leadership)은 한 걸음 더 나아가 리더십의 관점을 리더보다 구성원 쪽에 두고, 구성원의 심리적 안녕, 정당하고 공정한 리더에 대한 신뢰, 성취동기, 인간적 배려 등 구성원의 감성적 측면에 주목했다.

심리적 안녕(PWB)에 대한 미국 심리학자 캐롤 리프(Carol Ryff)의 설명은 같은 맥락에서 퍽 흥미롭다. 주관적 안녕은 조직에의 적응을 도울 뿐 아니라, 이것이 높은 구성원일수록 회복탄력성(resilience)이 커서 어려움을 당해도 빨리 위기를 벗어나 일상의 건강함을 회복할 수 있다고 진단했다. 요컨대, 변환적 리더십은 감성적 요소인 심리적 안녕을 고양함으로써 조직에 대한 적응과 소속감을 강화하며 개인의 탄력성을 제고하고, 성공적인 노화와 원만한 관계의 형성에도 기여하는 효과가 크다는 것이다.

근자 군 리더십센터는 '밀레니얼세대 장병에 적합한 리더십 개발'이란 주제로 연구 프로젝트를 진행했다. 우리 군의 75%를 차지하는 밀레니얼세대(1985~2000년 출생자)의 특성을 파악하여 새로운 리더십 모델을 정립하고자 기획된 것이다. 기성세대의 사고와는 사뭇 다르게 그들이 강렬히 추구하는 개인주의적 성향, 수평적 의사소통의 욕구를 어떻게 군 특유의 공동체적 가치에 접목시킬 것인지가 당면 과제로 대두되었음을 의미한다.

◆ 효과적인 스토리텔링 소통법

해결방안을 강구해 보면 여러 가지 대안이 나올 수 있을 것이다. 우선적으로 고려해야 할 사항은 세대 간 차이를 가감 없이 인정하는 가운데 변화를 모색하는 일이다. 변화는 오래된 관행을 바꾸는 일이고 따라서 어느 정도의 저항과 고통은 수반되기 마련이다. 제한된 범위 안에서 참여적 리더십의 활용도 검토해 볼 수 있을 것이다. 또 의사전 달에 있어서 스토리텔링 방식을 사용하면 보다 수용적이고 긍정적인 소통 효과가 날 수 있다. 많은 경우, 사실과 의견을 건조한 말과 글로 전하는 것보다 감성의 옷을 입힌 스토리로 전달하면 그 효과는 배가 될 수 있다. 스토리는 듣는 사람을 편하게 하고 재미있게 하며 일방적 인 지시나 전달에 비해 상대에 대한 존중과 배려의 마음씨가 담겨 있 기 때문이다. 세대 간의 상호 이해와 조화는 군의 미래와 직결된 사안 인 만큼, 군은 지속적으로 효과적인 리더십 개발을 위해 힘쓸 것이다. 감성과 스토리텔링을 활용한 리더십 유형도 조직문화의 연관 속에서 모색되는 것임을 감안할 때, 리더십이론의 정글 속에 들어가 다양한 리더십모델을 섭렵하는 가운데 가장 자기에게 적합하며 실효적인 리 더십모형을 발굴해야 할 것이다.

06 소래산 마애불상이
보물인 이유

흔히 '소래산 마애불'로 불리는 마애보살입상은 산중턱 병풍바위 암벽에 얇은 선으로 음각된 보물 문화재이다. 고려 전기 작품으로 오랜 세월 풍화되고 마멸되어 얼핏 보면 형체를 알아보기 힘들 정도다. 보살상의 머리는 원통형 보관(寶冠)을 쓰고 있고 관의 양 옆으로 가느다란 관띠가 휘날리고 있다. 보관을 당초문(唐草紋)으로 장식한 예는 이 불상이 유일하다고 한다. 얼굴은 갸름하고 눈, 코, 입이 큼직큼직하며 양쪽 귀는 길게 늘어져 있다. 목에는 번뇌와 업(業)과 고(苦)를 나타내는 삼도(三道)가 굵은 선으로 각인되어 있다.

◆ 고려 전기 대중불교의 걸작

양 어깨를 감싼 법의(法衣)가 배에서부터 무릎까지 규칙적인 반원을 그리며 물결처럼 흘러내렸다. 가슴은 속옷을 묶은 띠 매듭이 선명하다. 손의 모양새를 말하는 수인(手印)은 오른손을 가슴에 올려 바깥을 향하게 하고 왼손은 배꼽 부위에서 손바닥을 위로 향하게 했다.

발은 연화 대좌 위에다 발뒤꿈치를 살짝 붙인 채 발끝을 부채꼴로 벌려 다소곳한 자세를 연출하고 있다. 고려시대는 큰 불상을 바위에 새기는 것이 유행이었다고 한다. 특히 원통형 보관과 통견식 법의는 고려 전기 석조 불상의 보편적 특징으로 알려져 있다. 소래산 마애보살입상은 오랜 풍화작용으로 선각의 원형이 다소 훼손되었지만 세련된 기법과 회화적 표현으로 2001년 보물 제1324호로 지정되었다.

한참을 서서 병풍바위 마애불상을 올려다보면 시대를 거슬러 떠오르는 상념이 감상객의 탐구심을 자극하기에 충분하다. 과연 누가 이렇게 깎아지른 절벽에 불상을 새긴 것일까. 분명 어느 불심 깊은 석공이 무엇을 간절히 염원하며 정성을 다하여 조각했을 것이다. 불상이 만들어진 시기와 장소가 역사적 맥락의 실마리가 될 것이고 불상의 주인공이 여래불이 아닌 보살이란 점도 흥미로운 대목으로 다가온다.

고려시대에 접어들면 신라의 귀족불교가 쇠퇴하고 불교문화가 대중 속에 널리 자리 잡게 된다. 시흥 소래산이 당시 고려의 수도인 개경과는 상당히 먼 지역에 위치해 있고 서민들의 발길이 용이한 곳에 서민 친화적인 보살상을 조성한 사실이 이를 입증하고도 남는다.

그 무렵 시흥지역은 개경 사람들을 위한 도자기 공급지로서 물류와 교통이 비교적 활발하던 곳이다. 중국인 도공들이 고려로 건너와 개경에서 아주 멀지 않은 시흥 방산동에 가마터를 만들어 정착했다. 방산대요는 한 때 융성했으나 사양길에 들어서자 동네 주민들조차 모를 정도로 은둔의 도요지로 묻혀 있다가 1999년이 되어서야 국가사적으로 지정 받게 된다.

고려의 불교문화는 대승불교의 전통을 이어받아 자리이타의 보살신앙이 중심을 이루었다. 보살은 부처의 자질을 갖추고 있지만 중생제도를 위해 성불을 미루고 중생과 고통을 나누는 보살행을 추구한다. 그만큼 서민들도 보살을 통하여 동체대비의 자비심을 공유하며 스스로 보살도를 닦는 것이다.

보살상은 대개 관을 쓰고 있거나 몸에 장신구를 걸치고 있다. 특히 지장보살은 천관(千冠)을 쓰고 가사를 입고 왼손에는 연꽃을 들고 오른손으로 시무외인(施無畏印)을 표시하는 경우가 많다. 지장보살에 의지하면 현세의 이익 외에도 불행하게 죽은 사람까지 구제한다는 믿음이 있어 종파를 초월하여 널리 숭앙되기도 했다.

◆ 고단한 일상에 희망의 등불

오늘도 소래산 마애보살입상은 지나가는 사람들의 발걸음을 잠시 멈추게 하고 고단한 일상에 힘겨워하는 그들에게 "그래도 늘 감사하고 더 사랑하세요!"라며 위로와 격려의 메시지를 전하고 있는 것만 같다. 또한 경제적 어려움과 역병 바이러스로 수고하는 시흥시민에게 "힘내시라!" 응원하며 희망과 용기의 에너지를 불어넣어 주는 것만 같다. 정녕 이곳을 찾는 모든 이들에게는 삶의 기쁨, 건강과 행복이 천년 바위처럼 무궁할 것이다.

07 하연과 하우명 부자의 충효 이야기

2020-07-17

소래산 중턱 남녘 기슭의 양지바른 곳에 하연과 하우명 부자 묘역이 있다. 바다로 난 서해안로를 따라 우람하게 터 잡은 정원 같은 묘역이다. 풍수로 보면 무인단좌형(武人端坐形)으로 인재와 부귀가 끊이지 않을 명당지로 손꼽히고 있다.

전설에 따르면, 하연(河演) 정승(1376~1453)이 별세하자 임금 세종이 크게 슬퍼한 나머지 특별히 지관에게 일러 길지를 물색하도록 하였다. 지관은 그곳이 명당인지 아닌지를 알아보기 위해 계란을 돌 위에 놓았는데 이튿날 새벽 병아리 소리가 들렸다고 한다. 지체없이 유택이 조성되었고 이곳에 진양(晉陽)하씨 후손들이 정착하면서 동네 이름도 계란마을이라 불려졌다.

◆ 조정에 충성, 부모에 효도

하연 정승은 고려 말 충신인 정몽주의 문인으로 21세에 벼슬길에 올랐다. 예조판서, 이조판서, 대제학, 좌의정, 영의정의 요직을 두루 거쳤다. 선생은 대제학으로 재임 중 성삼문, 박팽년, 최항, 강희맹 등 많은 인재를 발탁하였다.

의정부에서 봉직한 20여 년 동안은 명확한 공사 구분과 청렴성, 원칙에 어긋남이 없는 법 집행으로 역대 재상 중 유일하게 '승평수문(昇平守文)의 재상'이란 칭송을 받았다. 하연 선생은 황희, 허조와 함께 세종조의 명재상으로 일컬어지고 있다. 또한 선생은 바쁜 공무일정 중에도 매일 가묘(家廟)에 참배하는 것을 잊지 않았고 선친이 생전에 쓰던 유물들을 잘 보존하는 등 효도에도 부족함이 없었다.

한편, 하연 선생은 조선의 국시인 억불숭유책에 역행하는 처사에 대해서는 단호했다. 세종 5년 사헌부 대사헌으로 재직 시, 불교의 폐단을 비판하는 척불소(斥佛疏)를 올리는가 하면 당시 여러 불교 종파를 선교 양종과 36본산으로 통합 정비하는 일을 주도하기도 했다.

문종이 즉위하여 사찰 대자암(大慈庵)을 중수하려고 할 때도 이를 반대하는 상소를 올린 뒤 사직했다. 하연 선생은 유학의 본령인 충·효·예(忠·孝·禮)를 올곧게 실천한 조선 선비의 귀감이었다. 선생의 묘는 1986년 시흥시 향토유적 제3호로 지정된 바 있다.

하우명(河友明) 선생(1413~1493)은 하연 정승의 3남으로서 부친이 문종의 스승이란 연고로 관직에 등용되었다. 그는 아버지만큼 관운이 장구하지 못했다. 1444년 사헌부 감찰로 재직 시에 당직 근무 중 음주 귀가 사건으로 탄핵을 받기도 했다. 1449년 철원부사로 재부임 되고 연이어 첨지중추부사, 동지중추부사를 역임했다.

하지만 수양대군이 일으킨 계유정난을 겪으면서 관직을 버리고 시흥 신천으로 낙향한다. 세조로부터 두 번이나 출사를 종용 받지만 신병을 이유로 사양했다. 그 후 그는 줄곧 부모를 봉양하는데 여생을 바쳤다.

하우명 선생은 부친 하연이 말년에 치매로 고생할 때 정성껏 간병하였고 78세로 타계하자 상례를 치른 후 조석으로 제수를 직접 장만

하였다. 선생은 선친에게보다도 노모에 대한 효성이 더 지극했던 것
같다.

항상 손수 조리한 반찬으로 공양하였고 노모 또한 아들이 조리한 음
식이 아니면 들지 않았다고 한다. 특히 꿩의 간과 산새구이를 좋아하
셨는데 이를 구하기 위해 수풀 속에 들어가 그물을 치고 새를 잡기도
했다. 어머니가 병환으로 돌아가시자 선생은 식음을 전폐하다시피 애
통해하는 가운데 3년간의 시묘살이를 마쳤다.

◆ 하우명 효행담은 시흥시민의 긍지

선생은 어버이를 추모하는 마음이 지극하여 묘역에 영당을 짓고 직
접 그린 부모님 영정 앞에서 마치 살아있는 부모님을 대하듯 시봉하
였다. 선생의 효행은 고을에 널리 알려졌고 1473년 지방관아인 인
천부가 조정의 예조에 포상을 상신하였다. 나라에서는 선생의 효행
을 기리기 위해 정려각을 세우고 호역을 면제해주는 복호 조치를 내
린다.

소산서원의 하우명 효자정각은 1988년 시흥시 향토유적 제11호로
지정되었다. 우리 시의 전통문화 자산으로서 하연과 하우명 부자의
충효 이야기는 언제나 시흥시민의 긍지요 자부심이 아닐 수 없다.

08 시흥이 낳은
인선왕후와 장유 부녀

2020-08-21

인선(仁宣)왕후의 어릴 적 집안 살림은 넉넉하지 못했다. 가까운 갯벌에 직접 나가 게를 잡아 반찬을 만드는 일이 예사였다. 집터는 상양봉 북녘 기슭 비탈진 언덕 아래 바다와 들판이 한눈에 탁 트인 장곡동 안골마을이다. 그녀의 아버지 장유 선생은 조정에서 벼슬을 잃고 세장지가 있는 장곡동으로 내려와 12년을 살았다.

6년째 되던 해 둘째인 훗날의 인선왕후가 태어나는데 아버지는 딸을 손 안의 구슬처럼 아끼고 예뻐했다고 한다. 스스로 책벌레가 되겠다고 공언할 만큼 아버지는 많은 서책을 섭렵한 대학자였다. 그런 아버지의 모습을 보고 자란 연유로 그녀는 매사에 경솔하지 않았고 예절 바른 아이로 성장할 수 있었다.

◆ 훌륭한 부모 밑에 훌륭한 자녀

생가터 인근의 매꼴공원에 가보면 인선왕후의 좌상과 함께 그녀의 생애가 담긴 조형물들이 소담스럽게 배치되어 있다. 어느 날 한줄기 광채가 그녀의 어깨 위에서 빛났다고 한다. 1631년 14세의 나이에 인조의 둘째 아들 봉림대군과 백년가약을 맺게 된 것이다.

당시의 조선 조정은 안팎으로 어려운 시기였다. 1636년에 병자호

란이 일어났고 봉림대군과 인선왕후는 인질로 청나라에 끌려가 갖은 고초를 겪게 된다.

근 9년 만에 고국으로 돌아온 봉림대군은 친형인 소현세자가 돌연 사망하자 인조의 뒤를 이어 왕위에 오른다. 바로 효종대왕이다. 효종은 북벌계획을 세우고 청나라를 쳐 치욕을 갚겠다는 의지를 불태운다.

재위 10년 동안 전쟁준비와 군대양성에 전력을 기울였다. 인선왕후도 효종을 도와 이에 적극 동참했다. 왕실 내명부부터 옷차림을 검소하게 하고 음식 반찬을 절약하는 등 친히 모범을 보였다. 군량미를 모으기 위해 백성들이 쌀로 술을 빚지 못하도록 했다.

인선왕후는 기실 북벌계획의 가장 든든한 후원자였다. 어린 시절 상양봉 안골마을에서 갯벌 들판을 바라보며 호연지기를 키운 것도 한몫했을 것이다. 그리고 가난을 이겨낸 근검절약의 정신도 주효했으리라.

그러나 안타깝게도 조선몽(朝鮮夢) 북벌계획은 효종의 죽음으로 물거품이 되고 만다. 인선왕후는 아들인 현종이 정책을 이어가기를 바랐으나 뜻대로 되지 않았다. 정치에 직접 관여하려고도 했지만 역불급이었다. 왕후는 실망한 채로 지내다가 56세를 일기로 생을 마감하고 만다.

장유(張維) 선생(1587~1638)은 선친이 형조판서를 지낸 명문 자제로 1609년 광해군 1년 23세의 나이로 문과에 급제하여 벼슬길에 오른다. 승정원 주서(注書)로 전도양양한 관료의 첫발을 내디뎠다.

그런데 3년째 되던 해 예기치 않은 사건(김직재의 무옥)에 휘말려 관직에서 파직되고 만다. 황망 중에 한양에서 잠시 머물다가 선생은 세장지가 있는 시흥 장곡동으로 거처를 옮긴다. 이곳을 해장정사(海莊精

舍)라 이름 짓고 오로지 작시와 학문 연구에 정진하기로 마음먹는다.

이 무렵 선생은 조선에 소개된 중국 양명학에 천착하여 조선양명학의 기초를 닦는 업적을 이루어낸다. 선생의 명저 계곡만필(谿谷漫筆)에서 보듯이 성즉리(性卽理)의 주자학이 심즉리(心卽理)의 양명학으로 관점이 전환되어야 하는 소이를 흥미롭게 기술했다. 누구나 참마음인 양지(良知)를 본래 지니고 있으며 치양지(致良知)를 통하여 각자 성인의 경지에 오를 수 있다고 역설한다. 또 지행합일(知行合一)을 실천함으로써 자신과 사회를 긍정적으로 변화시킬 수 있다고 주장한다.

◆ 뜻이 있는 곳에 길이 있다

생각건대 선생은 굳게 믿었을 것이다. 뜻이 있는 곳에 반드시 길이 있다는 도리를. 마침내 길이 열리고 기회는 왔다. 1623년 36세의 나이였다. 광해군을 몰아내는 인조반정에 가담하여 성공을 거둔 것이다. 선생은 정사공신(靖社功臣)에 책봉되었다. 이후 승승장구하며 대사헌, 대사간, 대제학, 나주목사, 이조판서, 우의정 등을 역임하고 효종의 국구가 되어 신풍부원군(新豊府院君)에 봉해졌다. 서화와 문장에도 뛰어나 조선문학의 사대가(四大家)로 문명을 떨치기도 했다. 시흥이 낳은 걸출, 인선왕후와 장유 부녀의 이야기다.

09 시흥 양명학의 태동과 정제두 선생

2020-09-24

주자학과 양명학 그리고 강화학파 정제두. 학창시절 국사 시간에 여러 번 들어본 이름일 것이다. 정제두 선생(1649~1736)은 조선양명학을 체계적으로 집대성한 대유학자이다. 1689년 나이 41세 때 시흥 가래울 마을에 들어와 살았다. 한성부 반석방(지금의 서울 중구 순화동 부근)에서 태어나고 자란 선생이 어떻게 시흥지역과 인연을 맺게 되었고 또 이곳에서 20년을 살다 강화도로 이사한 까닭은 무엇일까 자못 궁금해지기도 한다.

선생은 할아버지가 우의정을 지내고 어머니는 호조판서의 딸로 잘 나가는 서인 명문가의 자제였지만, 그의 어린 시절은 불운이 그치지 않았다. 5살 때 아버지를 여의고 16세에 할아버지마저 세상을 떠났다. 17세에 맞이한 부인 윤씨도 6년 후에 죽고 뒤를 이어 어린 아들도 잃었다. 혹시나 기대했던 과거시험도 번번이 낙방했다.

형편이 이 지경인데 그래도 다행스러운 것은 그가 하루도 학문연구를 게을리 하지 않았다는 사실이다. 그즈음 그는 양명학에 매료되어 있었다. 당시 조선의 도학은 교조적인 주자학 일색이어서 양명학은 사문난적으로 취급되었다.

하지만 외주내양(外朱內陽)이란 말처럼 유학자들 중에는 겉으로는 주자학을 표방하나 속으로는 양명학에 경도된 학자들이 적지 않았다. 선생도 그 부류에 속했다. 23세 때 적은 글을 보면 그가 얼마나 양명학에 심취되어 있었는지를 짐작하기에 충분하다. "나는 양명학의 도가 간요하고 정미하여 마음 속 깊이 기뻐하고 있다. 그런데 도의 핵심인 양지체용(良知體用)이 자칫 임정종욕(任情從慾)에 흐를 경향성이 짙어 염려된다."고 언급할 정도였다.

선생의 문명이 높아지자 32세 때 영의정 김수항의 천거로 사포서 별제에 제수되지만 곧 사퇴하고 만다. 당시 선생의 병은 위중하였고 따라서 학문 연찬을 위해 촌음도 허비할 수 없었던 것이다. 다행히 병세가 회복되어 관직에 복귀해서 36세에 공조좌랑, 39세에 평택현감을 지냈다.

이듬해를 지나 그의 나이 41세 때, 반대세력의 기사환국으로 선생은 관직에서 물러난다. 안산 시흥 가래울 마을로 오게 된 것은 바로 이때의 일이다. 전화위복의 심정으로 이곳에서 장부의 일대사인연을 도모하기로 결심한 것이다. 아마도 선생은 시흥의 계곡 장유 선생과 안산의 성호 이익 선생을 떠올리면서 인근에 위치한 이곳을 물색하지 않았을까 추측해 본다. 장유 선생은 양명학 도입 초기 이를 능동적으로 받아들여 조선양명학의 터전을 닦는 데 공헌했다.

이익 선생도 전래된 서학의 수용가능성을 시사하며 부분적이나마 주자학에 대해 비판할 수 있는 여지를 남기는데 기여했다. 정제두 선생은 장유의 계곡집을 읽고 많은 가르침을 받았다고 술회하기도 했다. 시흥에 거주한 20년은 선생이 가장 왕성하고 치열하게 연구에 몰두하던 시기였다. 그의 역저인 '학변'과 '존언'도 이때에 씌어졌다. 그가 세우고자 한 조선양명학의 골격이 시흥에서 모습을 드러낸 것이다.

그가 시흥을 떠나 강화로 건너간 것은 하나의 사건이었다. 61세 만년에 강화도 오지로 이주하게 된 배경에 대해서 선생은 "장손이 요사하여 슬프기도 하고 선묘 가까운 곳에 살고 싶어 이사했다"고 전한다.

그런데 기이하게도 강화에 정착한 이후 운수가 대통하듯 선생의 명성은 더욱 높아졌고 제자들이 모여들어 강화학파가 형성됐고 관운도 크게 트여 나라를 위해 학문과 경륜을 펼치는 광영을 얻었다. 시흥에서 성장한 나무가 강화에서 탐스럽게 그 열매를 맺은 것이다. 맹자가 일찍이 주장했던 타고난 양지와 양능을 회복하여 내면의 힘, 인성을 키우고 이를 바탕으로 세상과 우주를 바르고 이롭게 가꾸자는 정제두 선생의 하곡사상은 철학의 빈곤이 우심한 오늘날 더 큰 울림으로 다가오는 것 같다.

시흥 양명학 태동의 주역인 장유 선생과 정제두 선생의 발자취를 더듬으면서 문득 옛 조사의 선시가 생각나 여기에 적어 본다.

이 산에서 소쩍하니 저 산에서 꾀꼴
화조성(花鳥聲) 웅혼한데 두견은 간데 없네
허공에 달이 뜨니 적막강산 그대로다

10 시흥 관무산
    망원정에 올라

2020-10-29

능곡마을 영모재공원을 지나 비탈진 오솔길을 따라 걸었다. 기 백보를 더 걸으면 관무산으로 향하는 능선이 나온다. 왼쪽 언덕배기에 큰 묘역이 있어서인지 숙연한 느낌이 드는 장소다. 잠깐 둘러보기로 하고 시 향토유적 4호인 류자신 선생 묘역으로 발걸음을 옮겼다.

선생의 묘소에서 정면으로 바라본 풍광은 과연 명불허전이었다. 탁 트인 공간 중앙으로 우람한 군자봉이 성큼 다가오는 착각이 들었다. 옥녀국부형으로 시흥지역에서 여덟 명당 중에 꼽힌다는 이 묘역은 광해군을 사위로 삼은 문양부원군의 영고성쇠가 오롯이 담겨 있는 듯 했다.

오솔길을 따라 고갯마루에 닿으니 갈림길 한켠에 이정표가 선명하다. 좌로 가면 관무산, 직진하면 사티골이다. 여기서도 잠시 한눈을 팔기로 하고 사티골을 향해 나아갔다. 사티골이란 이름이 특이하기도 하거니와 숲길 너머로 보이는 울긋불긋한 집들이 호기심을 유발했다.

숲속마을 아담한 별장을 상상하며 내리막길을 힘차게 달려갔다. 가까이서 들리는 기계소리가 귓전을 때렸다. 여기저기 산재한 공장에서 나오는 소음이었다. 아니 이런 산속 청정지역에 공장들이 있으리라고는 예상하지 못했다.

실망스런 기분을 뒤로하고 갈림길로 돌아와 관무산을 향했다. 동북

방향으로 꼬불꼬불 이어진 등산로를 좇아 걷고 오르기를 수없이 반복했다. 시간은 저녁을 몰고 오는 오후에 접어들었고 하늘은 비를 머금은 검은 구름이 위세를 더해갔다. 자연히 걸음 속도도 빨라졌다. 정상이 얼마나 남았는지 궁금했지만 동무 없는 산행의 외로움도 즐기기 나름이라고 생각했다. 산길은 가파르지 않아 숨찰 일이 없어 좋았다. 간간이 벤치가 놓여 있어 목을 축이는 휴식을 누리기도 했다.

어느덧 관무산 정상에 도착했다. '관무산 정상 219m'라고 새겨진 흰 표지석이 보였다. 그런데 좀 이상하다. 정상을 정복한 쾌감을 전혀 느낄 수가 없었다. 가는 방향을 제외하고는 삼방이 모두 시야를 가리는 나무숲이고 공터도 없고 벤치도 없다.

문득 여기 관무산 정상이 최종 목적지가 아닐 것이라는 생각이 머리를 스쳤다. 마침 물왕저수지 방면에서 걸어오는 등산객이 있어 종착지가 어디냐고 물어보았다. 곧 길이 끝나는 지점에 전망대가 있다는 대답이었다.

그럼 그렇지, 여느 산과는 달리 관무산 정상은 끝이 아니라 경유지에 불과했던 것이다.

200m쯤 더 걸었을까, 드디어 길은 멈추고 수직으로 내려앉은 절벽에서 조금 물러나 오두막집 모양의 망원정이 모습을 드러냈다. 정자에서 바라본 자연 풍광은 그야말로 별천지에 온 느낌이었다. 산 아래 펼쳐진 선녀탕 같은 비경은 신이 숨겨 놓은 한 폭의 그림이었다. 산과 구릉에 둘러싸여 옥색 의상을 걸치고 누워 있는 호수의 자태에 넋을 잃은 듯 했다.

시흥에 이런 절경이 있었구나 하고 찬찬히 살펴보니 물왕호수임이 분명했다. 영국 시인 워즈워드가 찬탄했던 알프스의 마기오르 호수가 떠올랐다. 이 호수를 보고 누이에게 보낸 편지에서 그는 "고혹적인 풍경들이 내 마음 속에 둥둥 떠다니는 지금, 내 평생 단 하루도 이 영상들로부터 행복을 얻지 못하고 지나가는 일은 결코 없을 것"이라고 장담했다.

그 후 마기오르 호수는 워즈워드의 기억 속에 살아남아 줄곧 그의 영혼을 정화시켜주었다고 한다. 물왕호수가 격조 있는 풍치지구로서 미구에 그 진가를 인정받을 날이 올 것이라 믿는다.

고개를 들어 호수 왼편을 바라보니 금빛 너울 광활한 가을들녘이 반갑게 인사를 한다. 300년 전 간척사업을 일으켜 바다를 뭍으로 바꾼 대역사의 현장, 호조벌이다. 농민들에겐 삶의 터전이었고 시민들에겐 일용한 양식을 제공받는 식량공급원이었다. 지금도 시흥시 농지의 대부분을 차지하는 호조벌에서 시흥의 쌀 브랜드 햇토미가 생산되고 있다. 또 시흥의 자랑스런 자연문화재로서 시민의 자긍심을 드높이고 있다.

그런데 수확기를 전후하여 호조벌 일각에서 자행되고 있는 불법 성토가 농민과 시민의 분노를 사고 있다는 소식이다. 농지보전과 환경보호 차원에서 단호하고 실효적인 조치가 이루어지기를 기대한다. 벼꽃은 매년 변함없이 피어야 하고 호조벌은 반드시 살아남아야 하기 때문이다.

11 갈 길 먼
문화도시 시흥

2020-11-26

"오직 한없이 가지고 싶은 것은 높은 문화의 힘이다. 문화의 힘은 우리 자신을 행복하게 하고 나아가서 남에게 행복을 주겠기 때문이다."

백범일지에 나오는 김구 선생의 명견이다. 그동안 우리 국민은 눈부신 경제성장을 일구어냈다. 세계사에서 유례가 없을 정도로 단시간에 산업화와 민주화를 연이어 달성했다. 이는 세계가 모두 찬탄하는 바이기도 하다.

문제는 산업화와 민주화를 넘어선 지금 앞으로 어디를 향해 가야 하는가를 두고 우왕좌왕하는 형국이 지속되고 있다는 데에 있다. 이는 우리가 이룩한 성과에도 불구하고 국민 대다수가 상응한 행복을 누리지 못하고 있고 국민행복지수가 턱없이 낮다는 사실과 관련된다.

◆ 산업화, 민주화 그리고 문화화

이런 문제 상황에서 김구 선생의 통찰은 우리에게 적지 않은 시사점을 던져주고 있다. 문화는 이미 국가경쟁력의 핵심요소로 등장했으며 대부분의 국가에서 문화예술분야에 대한 지원을 확대하는 경향을 보이고 있다. 지난 박근혜 정부 출범 당시 문화진흥을 국가비전으로 설정한 사례는 시기적으로 탁월한 선택이었다.

국정기조의 한 축으로서 문화융성과 국민행복 구호는 국민에게 신선한 충격으로 다가왔다. 비록 문화가 융성하는 단계로까지 나아가진 못했지만 출범 첫해인 2013년에 '문화기본법'이 제정되었다는 사실 하나만으로도 제도발전의 기틀을 마련했다고 볼 수 있다.

문화기본법에서 돋보이는 점은 인간다운 삶의 증진을 목표로 문화의 창조와 문화의 향유를 국민의 문화권으로 규정하고 있다는 점이다. 또 이를 보장하기 위해 각종 정책을 수립할 때에 문화적 관점에서 국민의 삶의 질에 미치는 영향을 평가하여 문화적 가치가 확산될 수 있도록 하고 있다는 점이다. 문화정책 수립 시에 전통문화의 보전과 활용을 적극적으로 고려하도록 요구하는 사항도 명기했다.

문화기본법이 정하는 문화의 정의를 살펴보면 문화란 문화예술, 생활양식, 공동체적 삶의 양식, 가치체계, 전통 및 신념 등을 포함하는 사회구성원의 고유한 정신적·지적·감성적 특성의 총체라고 밝히고 있다. 이 법의 제정으로 이제는 모든 도시가 문화도시의 성격을 태생적으로 갖게 되었다.

시흥시의 경우, 2013년을 기점으로 척박한 문화 불모지에 새 밭을 일구는 마중물 사업들이 선을 보이기 시작한다. '시흥 100년의 약속'이란 주제 아래 시의 정체성 확립, 도시브랜드 재검토가 진행되는 한편, '시흥아카데미' 프로젝트가 실행에 들어간 것도 이때의 일이다.

2015년에 이르러 '문화도시 시흥'을 도시비전으로 표방하였고, 2016년에는 '시흥 문화바라지2016'이란 구호로 가용자원을 총력 지원하기에 이른다. 시 문화분야 예산은 갑절로 증액되었고 시흥아카데미의 시민교양프로그램은 공전의 성황을 이루었다. 이 무렵 '시흥시 문화도시 육성 및 지원조례'가 제정되기도 했다.

이러한 작업들이 정책효과 면에서 시민과의 雙方向的 의사소통에 따른 맞춤형 프로그램으로 진행되고 비용효과 분석 등을 통한 피드백 과정을 충분히 거쳤는지는 별개의 사안으로 평가되어야 할 것이다.

◆ 문화도시형 문화특화지역 조성

2018년 시흥시가 문화체육관광부 공모사업인 문화도시형 문화특화지역 조성사업에 선정된 것은 이와 같은 노력들의 결실로 맺어진 쾌거라고 볼 수 있다.

2019년부터 2023년까지 총 37억여 원을 지원받아 예비문화도시를 거쳐 법정문화도시로 지정받을 수 있는 자격을 얻었다. 올해도 상반기에 문화체육관광부의 문화영향평가 대상사업으로 선정되어 고무적인 기대를 낳게 한다. 시의 열악한 문화예술 인프라가 개선되고 시민의 문화향유 기회가 확대되기를 바란다.

2023년 상반기에 준공될 것이라는 시흥문화원사 건립 소식도 시흥시민에게 단비 같은 뉴스가 아닐 수 없다. 갈길 먼 문화도시 시흥이지만 다함께 뜻을 모으고 힘을 합하면 시민이 행복한 문화도시 시흥의 꿈은 훨씬 앞당겨질 것이다.

12 생명도시 딛고 생태문화도시로

2021-02-26

시흥시의 문화특화지역 조성사업이 본격화되고 있다. 2018년 문화체육관광부 공모사업의 대상 도시로 선정된 이래, 5년에 걸쳐 총 37억여 원의 예산지원을 받아 추진 중인 사업이다.

지난해 11월 시흥문화도시포럼이 열린 데 이어 올해 2월에는 생태문화도시 조성을 위한 워킹그룹 구성에 착수했다. 지난해 7월 공개된 생태문화도시 홍보영상에서 시는 '문화도시육성 지원조례'와 '시흥문화비전 2030'을 토대로 지역문화진흥법이 정한 예비문화도시, 법정문화도시 지정 준비를 위해 만전을 기할 것이라고 밝혔다.

◆ 문화도시 조성은 선택 아닌 필수

시흥문화비전에 담긴 주요골자는 갯골생태공원 등 생태자원의 가치를 유지 발전시키고 문화재생을 통하여 반생태적인 이미지를 탈피하며 시민참여, 협업에 의한 시민주도형 문화도시를 조성한다는 구상이다. 다시 말하면 시민주도로 생태문화도시를 만들겠다는 것이다.

그동안 약한 고리로 정책 우선순위에서 다소 밀려나 있던 문화의 가치에 의미를 부여한 조치로서 고무적인 일이 아닐 수 없다. 생태문화도시란 브랜드 이름이 생명도시의 진전된 버전 같은 예감이 들어 행복한 변화, 새로운 시흥을 느끼게 한다.

지방자치의 현장에서 지방정부의 역할을 생각하면 크게 지역경제와 지역문화의 상생발전이라고 할 수 있다. 먹고 사는 문제와 문화생활의 향유는 시민행복의 핵심요소이기도 하다. 경제상황이 어려울 때는 지역경제 활성화에 역점을 두게 되고, 요즘처럼 코로나 블루 증상이 성행하거나 문화적 인프라가 취약한 경우에는 문화정책이 강조되는 경향이 있다.

주지하는 바와 같이 시흥시민이 체감하는 문화복지 수준은 낮은 편이다. 문화예술회관 같은 전문공연장 하나 없고 문화예술 인프라도 오십보 백보다. 시민 1인당 연평균 문화행사 참여 횟수를 보아도 2015년 기준 0.96회에 불과하다. 이는 전국 평균 1.3회에 많이 미달하는 수치이다.

올해 들어 시흥시가 50만 대도시로 진입한 처지에 이에 걸맞은 문화도시 기반 구축은 선택이 아닌 필수가 되었다. 다행히 직전의 시정부가 생명도시와 문화도시 구현에 행정적 노력을 경주한 만큼 정책 일관성에 따른 학습효과로 생태문화도시로의 발돋움은 비교적 수월해질 것으로 기대한다. 다만 정책의 시행착오나 부작용을 예방하는 차원에서 다음의 몇 가지 사항을 제언하고자 한다.

첫째, 문화의 개념이 원래 광범위한 내포를 지니기 때문에 기획단계에서부터 개념정의를 명확히 할 필요가 있다. 애매모호한 문화나 가치의 개념 사용은 목적성의 결여로 동기부여 동력이 떨어지고 실행조직의 구성에도 효율성이 저하되기 쉽다. 코로나상황에서는 방역과 보건위생도 문화복지에 포함될 수 있으며, 생태환경의 보존과 생태관광

활성화도 문화의 향유와 연결될 수 있다. 심지어 노동과 여가문제도 문화적 가치와 연관되는 것이다.

둘째, 문화는 사람의 정신적 가치를 고양시키는 특성상 관계와 연대성이 강조되곤 한다. 따라서 네트워크와 거버넌스의 원활한 작동 없이는 소기의 성과를 창출하기 어렵다. 특히 문화거버넌스에 있어서 행정과 전문가그룹, 시민과의 협업관계는 정책의 성패를 좌우한다. 전문가그룹의 흡수적 참여(co-optation)는 성공 가능성을 한층 높일 수 있다.

◆ 시민주도형 문화거버넌스가 관건

셋째, 시민주도를 위해서는 조직리더의 각별한 지휘관심이 필요하다. 시민과 행정 사이에서 매개 기능을 담당할 중간협의체로서 워킹그룹의 역할은 시민주도성 확보의 바로미터이다. 시민들의 다양한 의견을 수렴하여 행정과정에 반영해야 한다. 하지만 문화정책이 행정의 책임 아래 공모사업 형태로 추진되기 때문에 위탁자와 수탁자의 사이에서 시민이 소외될 가능성은 의외로 높다. 문화의 생산자와 수요자를 균형 있게 관리하고 주요 수요자인 시민이 문화도시 조성과정에서 주도적 역할을 수행할 수 있도록 문화거버넌스의 행정라인은 남다른 공복의식을 갖고 적극적인 위민행정을 실천해야 할 것이다.

13 6·25 전사에 빛나는
유엔군의 투혼

2021-06-25

6·25전쟁 발발 3일 만에 수도 서울이 함락되었다. 그 후 6개월이 지
난 1951년 1월 4일에는 다시 서울을 빼앗기는 1·4후퇴가 있었다. 낙
동강 방어선 전투와 인천상륙작전의 쾌거는 옛 이야기가 되어 갔다.
당시 유엔군은 후퇴를 거듭하여 평택과 삼척을 잇는 37도선 상에 최
후의 방어선을 구축하기에 이른다. 여기서 더 밀리면 유엔군이 한반
도에서 철수해야 하는 절체절명의 순간을 맞이해야 할 판이다. 미8군
사령관 워커 장군의 뒤를 이은 리지웨이 장군은 명성에 걸맞게 용맹
과 지략을 겸비한 탁월한 지휘관이었다.

◆ 리지웨이 장군의 활약과 전세 회복

항상 전투복 어깨 멜빵에 수류탄을 달고 전방 곳곳을 순찰하며 장병
들의 떨어진 사기를 북돋아 주었다. 그는 전세를 역전시킬 수 있는 반
격의 기회를 노리고 있었다. 적의 동태와 허점을 알아내기 위해 '울프
하운드(Wolfhound)작전'을 펼쳤고, 적의 인해(人海)전술에 맞서 번개
같은 타격과 화해(火海)전술을 구사하는 '선더볼트(Thunderbolt)작전'
을 성공적으로 수행했다.

마침내 1·4후퇴 후 69일 만에 유엔군과 국군은 수도를 재탈환하였

고 중공군을 38도선 이북으로 밀어붙였다. 리지웨이 장군의 출중한 전장리더십은 적의 기세를 제압하고 6·25전쟁의 흐름을 바꾸는 중요한 계기로 작용했다.

하지만 적들은 만만한 상대가 아니었다. 북쪽으로 퇴각한 중공군은 절치부심 전열을 재정비하고 '춘계대공세'란 이름의 대대적인 반격작전에 돌입한다. 4월 22일 서부전선인 파주 설마리에서 영국군과 치열한 접전을 벌였고, 중동부전선에서는 같은 날 국군 6사단이 방어하는 화천 사창리를 돌파하고 가평계곡으로 진격해 왔다.

중공군 20군의 공격목표는 전략 요충인 가평읍을 점령하여 경춘도로를 차단하고 동서울 방면으로의 진입을 용이하게 하자는 것이었다. 가평지역은 호주군, 캐나다군, 뉴질랜드군 등으로 구성된 예비대 성격의 영연방 27여단이 주둔하고 있었다.

중공군은 먼저 호주군 대대가 있는 가평 북면의 504고지를 공격했다. 이 부대는 이틀을 버티다가 후퇴하고 만다. 이제 677고지의 캐나다군 대대가 홀로 남았다. 병력수는 450여 명에 불과했다. 이들은 6,000여 명에 달하는 중공군에게 포위당하는 절박한 위기 속에서도 결코 물러서지 않았다. '우리에게 후퇴는 없다. 여기서 싸우다 명예롭게 죽을 뿐'이라는 중대장의 지휘에 따라 일치단결 행동했다. 심지어 접근하는 적들을 격퇴하기 위해 위험을 무릅쓰고 자신들의 진지 주변에 포탄을 퍼부어 달라고 요청하기도 했다.

결국 중공군은 4월 25일 가평 북쪽으로 철수하고 만다. 3일간에 걸친 캐나다군의 677고지 사수는 유엔군의 빛나는 투혼의 결과로 중공군의 남하를 저지하고 유엔군이 북한강 남쪽에 새로운 방어선을 구축할 수 있게 해주었다. 캐나다 참전용사 윌리엄 크라이슬러(William

Chrysler)는 당시 전투의 처절함을 다음과 같이 증언한다.

"낙하산으로 탄약과 식량을 보급받았고 우리는 용기백배해 고지를 사수했지요. 시체를 밟고 물밀듯 달려드는 중공군의 공격을 온몸으로 막아 냈어요!"

◆ 캐나다 참전용사의 헌신과 희생

해마다 4월이 되면 캐나다 전역에서 가평전투 기념식이 열린다. 올해로 가평전투 70주년이 되었다. 밴쿠버 랭리 수목원의 가평석(加平石), 위니펙의 가평공원, 매니토바의 가평 애비뉴 거리를 거닐며 오늘도 캐나다 시민들은 가평전투의 영웅들을 기릴 것이다.

한국에서도 가평군민을 중심으로 그들의 헌신과 희생에 감사하며 우정 어린 교류를 나누고 있다. 가평군은 캐나다 브램튼 시와 자매결연을 하였고, 캐나다 참전용사들은 가평중고교 학생들에게 장학금을 지원하고 있다.

한국전쟁 71주년을 맞아 태평양 건너 이역만리에서 목숨 걸고 싸워 이긴 캐나다 참전용사들께 다시 한번 감사의 마음을 전한다. 아울러 대한민국 국민으로서 이들의 고귀한 희생이 잊히지 않고 영원히 기억될 수 있도록 정성과 노력을 다할 것을 다짐해 본다.

14 지방관의 모델 제시한
   다산의『목민심서』

2021-07-23

　다산 정약용 선생(1762~1836)의 역작『목민심서』가 완성된 지 올해로 200주년이 되었다. 퇴계 이황과 율곡 이이와 함께 조선조 최고의 지성으로 꼽히는 다산 선생의 업적은 그의 생애만큼이나 드라마틱하고 의미심장하고 광대무변한 것이었다.

　21세에 급제해 19년간 관직생활을 하면서 정조의 두터운 신임을 받았고 조정의 요직을 두루 거치며 순조로운 출세가도를 달렸다. 사간원, 사헌부 관리를 거쳐 형조참의를 지냈고 경기도 암행어사로 나가서는 백성의 억울한 고통을 목도하고 수령의 부정을 찾아내 파직하기도 했다. 특히 곡산부사 시절의 직접 경험은 후일『목민심서』를 집필하는데 중요한 소재가 되었다.

　학문적 성취에도 힘을 기울여 다산은 성호 이익의 실학사상을 접한 뒤 명분과 논쟁에만 집착하는 정통유학에 회의를 품고 실사구시의 실학에 눈을 뜨게 된다.

◆ 생사의 갈림길에서도 태도일관

　이즈음 다산은 문화충격적인 서학과 운명적인 조우를 하게 되는데, 최초로 천주교 영세를 받은 이승훈이 그의 매형이었고 독실한 신자였던 황사영, 이벽, 정철상 등이 가까운 친인척 간이었다.

영민했던 다산은 서학을 통하여 새로운 과학적 지식 등을 습득하면서도 종교로서의 천주학에 대해서는 일정한 거리를 두는 신중함을 견지했다. 이는 훗날 신유사옥에서 처형을 면하고 감형되는 행운의 한 수로 작용한다.

다산에게 정조의 죽음은 그의 운명을 가르는 청천벽력과도 같은 것이었다. 승승장구하던 관운은 종언을 고했고 적폐의 대상이 되어 귀양 가는 신세로 전락한다. 다산의 나이 40세의 일이다.

멸문지화의 문턱에서 간신히 벗어나 포항 장기로, 전라도 강진으로 유배의 몸이 된 것은 불행 중 다행이었다. 강진 유배지 인근에 외증조부 윤두서 집이 있어 그가 소장한 방대한 서적을 탐독할 수 있었다는 사실을 어떻게 설명할 수 있겠는가. 천부적 재능이 아까워 개인에게는 성취의 기회를 주고 나라에게는 민족문화 유산의 탄생을 예고하는 역사의 손이 숨어 있는 듯하다.

정조 사후 세도정치와 삼정문란이 우심해짐에 따라 지방 수령의 학정과 가렴주구도 더 심해져 갔다. 이런 와중에 쓴 『목민심서』는 다산의 개혁정신이 절절히 녹아있는 지방정치에 관한 고전이다. 과거 암행어사와 곡산부사 시절 겪었던 경험을 토대로 당시 진행 중인 백성들의 고통스런 삶을 떠올리며 다산은 목민에 관한 사료들을 가미하여 『목민심서』를 편찬한 것이다.

이 책에서 다산은 백성들의 삶에 절대적인 영향을 미치는 지방관의 역할에 주목하였다. 지방 아전들을 관찰하면서 지방관의 비호와 묵인 아래 자행되는 무소불위적인 약탈 행위에 분노했다. 기생충처럼 관아에 기식하며 사복을 채우는가 하면, 독버섯처럼 주민의 고혈을 짜내

상납하고 생색을 내는 작태에 분개했다.

그렇다면 아전의 행동이 더 미운가, 지방관의 위선적 행태가 더 가증스러운가. 다산은 '지방관은 백성을 위해 존재하는 것이다'라는 명제를 누누이 강조하고 있다. 지방관은 한 고을의 수령이지만 백성과 사직을 공유하는 만큼 왕과 다름없는 책무가 있다고 역설했다. 그리고 지방관의 으뜸 책무로 탐욕이 없는 청렴의 실천과 한없는 위민정신의 구현을 제시하고 있다.

◆ 청렴과 위민정신의 구현

청렴이야말로 공직자의 본분이요 모든 선의 근원이며 모든 덕의 뿌리이니 청렴하지 않는 공직자는 있을 수가 없다고 단언했다. 또 지방관의 능력이란 것도 도덕성과 별개로 존재하는 것이 아니라 말하자면 동전의 양면이라고 보았다. 근자 인사청문회 등에서 능력과 도덕성을 구분하고 후자를 경시하려는 풍조는 『목민심서』의 정신에 부합하기 어렵다.

위민정신에 대해서는 가마꾼의 비유에서 잘 설명되고 있다. 가마를 타는 즐거움은 알아도 가마꾼의 괴로움에 대해서는 모르거나 눈을 감아 버리는 관리들의 도덕불감증을 질타하고 있다. 주민의 삶의 질을 먼저 생각하는 위민정신보다도 다음 선거의 당선만을 추구하는 지방자치단체장의 행태 역시 『목민심서』의 정신에 부합하기 어렵다.

15 성장의 발판 딛고
교육도시로 약진

2021-10-01

모든 도시는 행복도시를 추구한다. 헌법에도 지방자치단체는 주민의 복리 증진을 위해 자치규정을 만들고 지역에서 시민의 행복추구권이 방해받지 않도록 지원하고 있다. 성장과 함께 구현되는 교육복지는 행복도시로 나아가는 첩경이다.

경제적으로 풍요로운 생활을 영위하고 정신적으로도 만족할 만한 교육과 문화생활을 누리고 있다면 행복한 시민으로서 자긍심을 가질 수 있을 것이다. 따라서 사는 지역에서 어떻게 성장과 복지의 선순환 구조를 이루어낼 것인가가 중요한 정책과제가 되고 있다. 자치단체장의 정책리더십이 무엇보다 중요한 요인이 되는 것도 여기에 까닭이 있다.

◆ 성장과 복지의 선순환구조 관건

지난 7월, 취임 3주년을 맞아 임병택 시흥시장은 후반기의 정책비전으로 'K-골든코스트를 품은 교육도시 시흥'을 선언하며 교육에 방점을 두겠다고 밝힌 바 있다. 전반기에 이룩한 성장기반 구축과 서울대병원 설립협약 등을 발판으로 향후에는 성장의 기초가 되는 교육정책에 우선순위를 두겠다는 의지의 표현이다.

구체적 실행방안으로 혁신교육지구사업을 제시했다. 지난 10년간 교육지원청을 중심으로 전개된 시흥 혁신교육지구사업은 주지하다시피 활발한 교육거버넌스에 힘입어 교육공동체 형성의 성공사례로 평가받고 있다.

학교와 마을은 더 가까워졌고 유기적 협력관계가 조성되었다. 어린 아이를 잘 키우려면 마을 전체가 나서야 한다는 속설의 취지가 제도적으로 실현된 셈이다. 코로나 창궐 이후 활동이 다소 소강상태에 머물러 있지만 교육복지의 저변확대와 체험학습을 통한 진로 적성의 발견, 창의적 인재의 육성 측면에서 혁신교육의 성과는 결코 과소평가할 수 없을 것이다.

교육문제에 들어가기 전에 성장 부문에서 다음 두 가지 사항이 검토되었으면 한다. 하나는 기존 산업과 새로운 산업 간에 조화로운 동반성장이 이루어져야 한다는 점이다. K-골든코스트와 같은 신규사업을 추진하고 새 대형병원을 유치하는 기회비용으로 기존의 산업생태계가 영향을 받게 되는데 이 지점에서 신구 간, 대소 간 불협화음과 부작용이 발생할 소지가 있다는 사실이다. 좋은 정책이란 정책집행의 결과 공익이 최대화와 균점화로 수렴되어야 하고 이해당사자 간 갈등은 사전에 최소화되어야 한다.

다른 하나는 최고의 복지라고 불리는 일자리 창출과 관련된 논의이다. 양질의 일자리는 기업이 만들고 기업이 성장하려면 투자가 확대되어야 한다. 정책당국은 인센티브 제공 등 투자 여건을 개선하는 방향으로 정책수단을 강구하는 것이 상례이다.

여기에서 산학연관(産學研官)의 협력체제 구축은 인력과 기술면에서 효과적인 유인책이 될 수 있다. 유수한 대학과 연구기관이 창의적 인재를 양성 배출하고 그들이 기업현장에서 취업과 창업을 통하여 진취적인 생산 활동에 참여할 때 지속적인 성장이 가능하며 또한 일자리도 확보되는 것이다.

따라서 초중등학교를 주요 대상으로 하는 혁신교육지구사업만으로는 부족하고 대학 수준까지 거버넌스 범위를 확대할 필요가 있다. 정책당국이 예산을 지원하고 지역 대학이 특화된 전문인력을 배출해 기업 현장에 투입할 수 있도록 상호 연결하는 시스템의 설계도 고려될 수 있을 것이다.

◆ 혁신교육지구와 교육거버넌스

혁신교육지구사업의 목적은 지역사회의 교육자원을 발굴하여 학교와 연계하는, 지역 정체성이 있는 교육을 실시하고 학교와 지역사회가 한 팀처럼 협력하는 교육공동체를 만드는 것으로 요약된다.

이 사업을 성공적으로 추진하기 위해서는 교육인프라를 확충하는 동시에 학교와 마을이 함께 시흥형 혁신교육모델을 만들어 내야 한다. 이중에는 향토문화재와 사적지에 대한 교육프로그램의 운영도 포함될 수 있다. 새로 전입해 온 시흥시민이 증가하는 만큼 그들에게 정주의식을 높이고 애향심을 고취시키는 효과도 적지 않을 것이다. 아는 만큼 보이고 보이는 만큼 사랑하는 마음도 생겨나는 법이다.

16 방산요, 호조벌, 갯골 그리고 배곧

도시 시흥에는 생명 같은 젖줄이 있다. 선사 이래 유구한 세월 동안, 시흥 사람들은 자연 그대로의 투박한 땅에서 '개척과 성장'이란 값진 유산을 일구어왔다. 방산요, 호조벌, 갯골과 배곧은 젖줄을 형성하는 빛나는 유산들이다. 각기 처한 시대상황 속에서 개척과 성장의 거점으로 역사의 동력이 되었음을 능히 짐작할 수 있다. 다가오는 서해안 시대에도 더욱 단단하고 풍요로운 젖줄로 강화되어 번영하는 시흥을 맞이할 수 있기를 기원해 본다.

◆ 늠내와 시흥, 개척과 성장의 상징

시흥의 최초 이름은 고구려 때 지어진 '늠내'였다. '뻗어가는 땅'이라는 뜻이다. 당시 고구려 장수왕의 남진정책에 따라 영토가 현재의 시흥지역까지 확장된 사건과 무관하지 않다. 혹자는 이를 두고 '시흥에는 고구려의 기상이 흐른다'고 주장하기도 한다.

시흥이란 지명이 역사기록에 등장하는 시기는 한참 뒤인 고려 초기의 일이다. 옛 '늠내'의 뜻을 살려 한자로 표기하였는데 '새로 일어나는 땅'이란 의미의 시흥이었다. 공교롭게도 그 무렵 시흥은 새롭게 일어나는 신흥도시로 부상한다. 방산동 일대가 도자 생산지로 활기를 띠면서 개경을 잇는 상권이 형성되었다. 고려로 건너온 중국 도공들이 개경에서 가까운 시흥지역에 가마터를 짓고 정착한 것도 이때였다.

하지만 성장의 기운은 오래가지 못했다. 고려 중기 이후 방산요는 사양길에 접어들었고 이내 역사의 뒤안길로 사라지고 만다. 대신 시흥의 뒤를 이어 부안과 강진이 새로운 도자 공급지로 각광을 받게 되었다. 그 후 조선조 초기 강희맹 선생이 관곡지에 처음 연꽃을 재배한 사실을 제외하면 시흥의 역사는 성장을 멈추고 긴 동면에서 깨어나지 못한다.

개척의 역사가 다시 쓰이는 계기는 호조벌 간척사업이었다. 1721년 조선 경종 때 호조 관할로 바다 갯벌을 메워 약 150만 평의 농경지를 확보하는 한편 홍수와 가뭄에도 대비하는 대형 국책사업이었다. 이로부터 어업에만 의존하던 주민들은 농사도 짓게 되어 그만큼 경제적 여유를 누릴 수 있게 되었다.

현재 호조벌은 '농어촌 발전 특별조치법'에 따라 농업진흥지역으로 지정되어 사실상 절대농지에 준하는 규제와 보호를 받고 있다. 근자 10만여 평에 달하는 호조벌 농토가 불법 훼손되고 있다는 언론보도에 깊은 우려와 안타까움을 금할 수 없다.

호조방죽 너머로 펼쳐지는 광활한 갯벌 들녘은 생태문화도시 시흥의 으뜸 자산이다. 소금창고의 아련한 추억은 시흥인의 마음을 적시는 고향 같은 곳이다. 1930년대에 일본인들이 이곳을 간척하여 거대한 염전을 만들었다. 군자염전과 소래염전도 이때 조성되었다.

1996년 폐쇄될 때까지 포동, 방산동, 장곡동, 월곶동 주민들의 생활 근거지로 지역경제의 버팀목이 되기도 했다. 폐염전 갯고랑 사이로 바닷물이 고이고 그 자리에 갈대들이 앞다투어 키 싸움을 벌였다. 스산하고 황량한 바람이 들녘을 가득 채웠다.

그렇게 방치된 지 10년이 지난 2006년, 폐염전은 갯골생태공원이란 멋스러운 이름으로 우리 곁에 돌아왔다. 그해 가을 첫 시흥갯골축제가 열렸다. 친환경적 개발로 천혜의 생태자원을 보존하는 동시에 이를 시민에 개방하고 관광자원화를 도모했던 시정부의 정책은 시의적절한 것이었다.

◆ 단체장의 정책판단이 성패 좌우

같은 해 시정부는 군자매립지를 매입하여 지금의 배곧 신도시를 건설하는데 초석을 놓는다. 개척과 성장을 향한 당시 정종흔 시장의 예지적 판단이 돋보이는 쾌사였다. 행복한 변화와 새로운 시흥의 역사 창조는 오늘도 진행 중이다.

현재는 배곧 신도시가 성장엔진의 중심으로 떠오르고 있다. 배곧의 생명 기운이 오이도를 거쳐 거북섬으로 확장되고 있음을 본다. 호조벌에서 갯골, 갯골에서 금빛해안으로 뻗어가는 땅, 지속가능한 시흥의 미래 비전이다. 이제는 눈을 돌려 시민의 역량과 행복지수를 높이는 교육복지에도 관심을 기울일 계제이다. '교육도시 시흥'이란 새 구호가 시민의 눈길을 끄는 이유이기도 하다.

17 새 지방자치시대가
   열리고 있다

2021-11-26

지방의회가 부활한 지 올해로 30년을 맞았다. 전부 개정된 지방자치법과 주민조례발안법이 새해부터 시행됨에 따라 주민 중심 자치분권의 실현이 한 걸음 더 다가오는 듯하다. 주민이 직접 의회에 조례안을 발의할 수 있고 감사청구의 요건도 완화되었다. 주민 참여 기회가 그만큼 용이해지고 확대된 것이다. 개정된 지방자치법에서 특기할 것은 지방의회의 독립성과 전문성이 강화되었다는 점이다. 지방의회 의장에게 의회 사무직원에 대한 인사권을 새로 부여한 것이 단적인 예다.

◆ 지방의회의 독립성과 전문성 강화

그동안 집행부를 견제해야 할 의회 직원으로서 인사권자인 단체장의 영향력에서 벗어나기는 쉽지 않았을 것이다. 이제는 의회 직원 상당수가 집행부로 복귀하는 관행을 탈피할 수 있게 되었고 업무경험이 의회 내에 축적되는 효과도 기대할 수 있을 것이다.

또 의정활동을 지원하는 정책 전문인력을 제한적으로나마 보강하도록 한 점도 전향적인 조치로 보인다. 지방의회의 권한 강화와 더불어 의원의 책임성을 강조하는 규정도 추가됐다. 직무를 이용하여 부당한 이익을 챙기지 못하도록 겸직 금지 조항을 보다 명확히 했다. 겸직이 허용되는 경우에도 겸직 내역을 공개하도록 했다.

'자기 식구 감싸기'식 솜방망이 처벌을 방지하고 법적, 정치적 책임을 묻기 위해 윤리특별위원회의 설치를 의무화했다. 윤리심사자문위원회도 구성하여 폭넓은 의견을 수렴할 수 있도록 했다.

문제는 자치분권을 위한 제도의 발전이 반드시 주민의 자치능력 향상으로 연결되지 않는다는 점이다. 자치시민으로서 주인정신과 책임의식을 가지고 스스로 참여하는 노력 없이는 명실상부한 지방자치를 기대하기 어렵다.

2013년부터 행정안전부 주관으로 시작된 주민자치회 시범실시사업은 주민의 자치능력 향상이란 측면에서 중요한 정책수단으로 평가받고 있다. 기관 중심의 단체자치에서 주민 중심의 주민자치로 변화하는 시대적 상황에 부응하여 맞춤형 풀뿌리 민주주의를 구축하는 과정이라고 볼 수 있다. 근거 법률로 2013년 '지방자치분권 및 지방행정체제개편에 관한 특별법'이 제정되었고, 현재 1~2단계를 거쳐 3단계 실시계획이 진행중에 있다.

읍면동 단위로 운영되고 있는 주민자치회는 2021년 6월 현재, 전국 3,510개 대상 지역 가운데 22%인 777개 읍면동이 참여하고 있다. 시흥시는 현재 19개 동 중 12개 동에서 주민자치회가 운영 중이다. 69%의 높은 참여율이다.

주민자치회는 기존의 주민자치위원회와는 지위와 기능면에서 현격한 차이를 보인다. 주민자치위원회가 읍면동장의 자문기구에 불과했던 반면, 주민자치회는 시장, 군수, 구청장이 위촉하는 읍면동의 주민자치 대표기구로서 민관협치 방식에 의한 실행을 맡는다. 실행의 구체적 사항은 주민자치사무, 협의사무, 수탁사무, 주민총회 개최 등이 포함된다.

주민자치회는 자치단체와는 상호 협력적 관계를 유지한다. 주민이 마을자치계획을 스스로 수립하고 풀뿌리 자치의 활성화를 추구하는 가운데 우리나라 지방자치는 한 단계 진화하는 발전과정을 겪게 될 것이다.

◆ 건전한 지역언론 역할이 중요하다

여기에서 간과하기 쉬운 문제 한 가지를 지적하고자 한다. 공적 영역에 대한 보도와 비판기능을 수행하는 지역언론의 역할에 대한 것이다. 주민의 알 권리를 충족시키고 의제 설정, 여론형성을 주도하는 언론의 역할은 아무리 강조해도 지나치지 않을 것이다. 그런데 중앙의 언론매체와 달리 지역언론의 형편은 여러 면에서 열악한 상황이다. 지역신문 구독률은 저조하고 신문 지면에서 읽을 만한 사설이나 논평 기사를 찾아보기 힘들다.

'지역신문 발전지원특별법'의 개정 등 언론환경의 개선도 필요한 과제이다. 지역언론의 자강노력과 함께 '지역언론이 살아야 지역이 산다'는 격언의 취지를 다시 음미해 볼 때다. 풀뿌리 언론이 제 기능을 다 할 수 있어야 건강한 자치도시를 기대할 수 있다.

18 위험사회에 대한
성찰과 극복

 '렉서스와 올리브 나무'에서 저자 프리드먼은 세계화의 흐름과 대비되는 공동체의 중요성을 강조했다. 렉서스 자동차가 세계화의 상징으로 묘사되고 올리브 나무는 공동체의 상징으로 그려진다.

 올리브 나무를 소중히 다루어야 하는 이유로 그 나무에는 가족, 문화, 마을 등 향토적 정서가 있고 거기에서 인간은 행복을 누릴 수 있다고 보았다. 차갑고 묵중한 금속으로 장식된 렉서스의 위용이 주위의 시선을 압도하지만 조용히 그늘을 드리우며 맑은 산소를 내뿜는 올리브 나무의 자태는 덕스러운 데가 있다. 이마에 패인 주름처럼 굽은 줄기의 모양이 미소를 머금게 한다. 올해도 렉서스는 세계 최고의 자동차 판매량을 기록했다.

◆ 산업사회 폐해 딛고 안전사회로

 국제 시장의 무대 위에서 한바탕 진검승부를 치른 뒤의 성적표이다. 치열한 경쟁과 냉혹한 전쟁을 승리로 이끈 렉서스 전사들의 함성이 들리는 듯하다. 잠깐이라도 한눈을 팔았다면 적의 칼끝이 폐부 깊숙이 박히거나 아니면 절벽 아래로 몸을 날리고 말았을 것이다.

 포드주의(Fordism)로 대변되는 산업사회의 대량생산체제는 근대화의 물결을 타고 상상을 넘어서는 풍요의 시대를 가져왔다. 하지만 산이 높으면 골도 깊은 법. 풍요의 이면에서 새로운 빈곤을 잉태한 문제들이 둥지를 틀고 있었으니 지구적 환경위기, 역병의 창궐, 투기와 부의 양극화 등등이 그것이다. 절제할 줄 모르는 인간의 탐욕이 빚어낸 우리들의 자화상이기도 하다.

독일의 사회학자 울리히 벡은 이를 위험사회(risk society)라고 명명하고 새로운 근대를 향한 혁신의 필요성을 강조했다. 1980년대 중반 서구사회가 풍요로운 복지국가란 환상에 젖어 있을 때, 울리히 벡은 보다 안전한 사회로 나아가기 위해 성찰의 시간을 갖자고 촉구한 것이다. 그는 세계화와 개인주의화로 공고히 포장된 도로 위를 무한 질주하는 세태를 직시하며 그 부작용과 후과를 염려했다. 경제적, 환경적, 사회적 안전을 확보하기 위해 사회구조가 변화하고 과학기술의 지혜로운 활용이 요구된다고 역설했다.

산업사회를 이끌어온 동력이 '나는 배고프다'라는 욕구였다면, 위험사회를 움직이는 동인은 '나는 두렵다'라는 멘탈리티가 자리 잡고 있다. 두려움과 불안의 지속은 행복을 저당 잡힌 채 도시 속 어둠의 장막에 유폐된 산송장의 신세를 방불케 한다.

도대체 안전지대는 어디에 있는가. 프리드먼의 우화 속 렉서스를 다시 떠올려 보자. 렉서스는 우리를 안전지대 입구까지 인도해 줄 뿐 정작 요체는 그 이후부터다. 올리브 나무들이 임립한 안전지대로 걸어 들어가 행복한 공동체에 기꺼이 동참할 것인지는 각자의 몫이다. 웃음꽃이 피어나는 단란한 집이 있고 풍금 선율이 감미로운 교회당을 오가거나 아니면 즐거운 일터에서 보람찬 시간을 보낼 수도 있다.

코로나 팬데믹이 전 지구촌을 강타하고 있는 요즈음이다. 날마다 더욱 사나운 기세로 우리 삶의 안전지대를 위협하고 있다. 지금 유행하는 코로나 바이러스는 더 견고한 갑옷으로 갈아입고 맹렬히 달려드는 변이종이다. 아마도 파상적으로 돌파감염을 시도할 것이며 우리의 취약지점을 찾아 십자포화도 불사할 것이다.

◆ 행복은 건강가정에서 시작된다

우리는 각자 면역력을 키우면서 공동체와 더불어 이에 결연히 맞서야 한다. 특히 코로나 블루로 항체가 약하거나 기저질환이 있는 사람은 각별히 조심하고 공동체의 보살핌을 받아야 한다. 건강가정은 가장 친밀한 소통과 헌신적 사랑에 터 잡은 기초 공동체이다. 따라서 외부의 영향으로부터 가장 든든한 방어진지이기도 하다.

괴테는 가정에서 행복을 찾지 못하면 행복은 어디에도 없다고 했다. 서양 속담에도 '사랑은 가정에서 시작된다(Charity begins at home)'라는 말이 있다. 한해를 마무리하면서 내 가정의 현주소를 돌아보는 시간을 잠시라도 가져보면 어떨까. '당신의 가정은 건강하신지요?'

19 녹색 탄소중립도시로 가는 길

2020-01-28

올해도 코로나 기세가 쉬 꺾이지 않을 전망이다. 힘겨운 상황이 지속되는 가운데 지구촌을 휩쓸 이머징 이슈(emerging issue)로 기후위기와 급속한 디지털화가 거론되곤 한다. 디지털의 가속화는 사회적 거리두기와 비대면 문화가 일상화됨에 따른 불가피한 측면이 분명 존재한다. 환경 변화에 따른 사회 진화론적 현상이라고 볼 수도 있다.

문제는 환경 재난을 초래하는 기후변화에 대하여 인류가 어떻게 대처할 것인가로 초점이 모아진다. 기후위기는 지구의 건강과 인류의 생존이 걸린 중대한 문제이고 더욱이 인류가 스스로 원인을 제공하고도 해결에는 미온적이었다는 점에서 반드시 반성과 함께 극복해야 할 과제가 아닐 수 없다. 다행히 유엔의 주도적 노력과 헌신에 힘입어 각국 간 이해관계가 적의 조정되고 단일대오 형성도 가능하리란 기대감을 낳게 한다.

◆ 기후위기 대응을 위한 국제적 노력

사람의 병을 고치려면 과학적 지식에 의한 진단이 우선되어야 하듯이 지구의 병도 정확한 원인을 찾아내야 올바른 처방을 내릴 수 있는 법이다. 1970년대를 기점으로 환경문제가 꾸준히 제기됨에 따라 문제의 원인과 해결방안을 찾기 위한 노력도 다양하게 경주되어 왔다. 1992년의 지속가능한 개발, 의제21과 거버넌스 방식, 2015년의 저탄소발전전략, 2018년의 그린뉴딜, 2019년의 탄소중립선언, 2021년 기업 차원의 ESG경영 등이 그것이다.

이처럼 새로운 개념들이 수시로 등장하였지만, 요지는 지구환경을 보전하고 지구온난화에 기인한 기후위기를 타개하기 위해 온난화의 주범인 온실가스, 그중 대부분을 차지하는 이산화탄소(CO_2)의 순 배출량을 '0'으로 규제하겠다는 내용으로 집약된다. 여기에서 그린뉴딜과 ESG경영은 탄소중립을 실현하는 정책수단으로 활용된다.

이제 기후위기에 대응하기 위한 탄소중립의 과제는 열일을 제쳐놓고 국제사회가 함께 풀어가야 할 길이 되었다. 이에 부응하여 우리나라도 정책 추진을 위한 제도적 기반을 지난해 마련했다. '기후위기 대응을 위한 탄소중립 녹색성장 기본법'(약칭 탄소중립기본법)을 지난 9월에 제정하였고 올 3월 25일 시행을 앞두고 있다. 이 법에서 2050년 탄소중립 목표달성 의무를 명문화하고 중앙행정기관장이 주요 계획을 수립할 때 국가 온실가스 감축 목표와 지역별 온실가스 배출량 간의 정합성을 확보하도록 하고 있다.

지방자치단체는 5년을 주기로 지역의 탄소중립 녹색성장 기본계획과 기후위기 적응대책을 수립, 시행하여야 한다. 또한 온실가스 종합정보관리체계를 구축하고 온실가스 감축인지예산제도를 실시하여야 한다. 나아가 탄소중립사회로의 원활한 이행을 위하여 소속 공무원 중에서 탄소중립이행 책임관을 지정하도록 하고 있다.

국토교통부는 탄소중립기본법의 시행에 앞서 지방자치단체에 새로운 '도시·군 기본계획 수립지침'과 '도시개발 업무지침'을 내려 보내고 도시 공간구조, 교통체계, 주거환경 등 각 부문별 계획 수립에 탄소중립과 녹색성장 요소를 반영하도록 했다.

◆ 서울시의 탄소중립 실행전략

서울시는 지난 20일 '서울시 기후변화 대응 종합계획'을 선제적으로 발표했다. 도시 건축물시스템의 전환과 에너지 전환, 교통시스템의 전환을 통하여 2050년에는 탄소중립도시로 우뚝 서겠다는 포부를 제시했다. 구체적으로 2026년까지 온실가스 연간 배출량을 3,500만 톤으로 줄여 30%를 감축하고 향후 5년간 10조 원을 투입하겠다는 대형 프로젝트이다.

서울지역 온실가스 배출량의 69%를 차지하는 건축물 부문에서 낡고 오래된 건물 100만 채를 저탄소 건물로 교체하고, 온실가스 배출량의 20%를 점하는 교통 부문에서는 전기차 보급대수를 대폭 늘리는 한편 공원녹지의 면적도 확충할 것이라고 밝혔다. 녹색도시, 생명도시의 내력을 가진 시흥시의 경우 기후위기 대응 종합계획이 어떠한 모습으로 나타날지 기대되는 대목이다.

20 리더십의 절반은 품성(品性)이다

2020-03-04

조직은 다양한 형태로 존재하지만 건강한 조직은 의외로 드물다. 계층구조가 엄격한 조직일수록 경직된 조직문화로 건강성이 떨어지는 경향이 있다. 조직과정에서 원활한 정보교환과 의사소통이 이루어지기 어렵기 때문이다.

효율성과 성과에 집착하는 리더일수록 상의하달식 지휘체계의 유혹에 빠지기 쉽다. 조직 내 정보의 흐름이 차단되고 소통이 어려워지면 외양은 근사해도 병든 조직으로 전락하기 시작한다. 이때 비전을 제시하고 동기를 부여하며 인화협동을 도모해야 하는 리더십의 역할은 매우 중요하다.

겸손과 배려에 터 잡은 리더의 품성은 구성원들에게 심리적, 정서적 안정감을 주고 조직의 기능을 건강하게 만들 것이다. 하지만 그 반대의 경우 즉, 리더의 멘탤리티가 근거 없는 자신감에 차 있거나 충동적이고 조급한 성격이 지나쳐 통제일변도의 헤드십을 고집한다면 아만과 권력의 덫에 갇혀 호응적인 영향력을 구사할 수 없을 것이다.

◆ 심리적 안정감과 혁신의 원천

리더십 분야의 미국 연구자 퍼이어(E. Puryear)는 '리더십은 인격

(character)이 전부다'라고까지 단언하고 있다. 역시 리더십 분야의 석학인 에드몬드슨(A. Edmondson) 하바드대 교수는 그의 저서 『두려움 없는(fearless) 조직』에서 다음과 같이 언급하고 있다.

'특히 위기 상황에서 기업의 리더들은 통제를 강화해 리스크를 줄이려고 노력하지만 실은 불확실성과 변동성이 높아질수록 오히려 개인에게 심리적 안정감(psychological safety)을 심어주고 자발적 동기가 지속되도록 공감의 리더십이 발휘되어야 한다.'

여기에서 심리적 안정감이란 누가 어떤 아이디어를 냈을 때 조직 내에서 무시당하거나 비난 받지 않을 것이란 믿음과 신뢰를 의미한다. 두려움이 없는 상태에서 적극적으로 직무를 수행하며 비록 실수를 범하더라도 중대한 고의가 아닌 이상 질책에서 자유로운 분위기가 허용될 때 새로운 도전과 혁신의 기풍이 진작될 수 있다고 보는 것이다.

심리적 안정감은 코로나 팬데믹을 만나 경영환경이 악화되면서 더욱 주목을 받고 있는 개념이다. 에드몬드슨 교수에 따르면, '조직의 리더는 자신의 우월한 지위가 직원들을 침묵으로 끌고 갈 수 있다는 것을 인식해야 한다. 남의 눈치를 적당히 보며 침묵하는 것이 인지상정이며 따라서 이를 간과하면 구성원의 심리적, 정서적 안정감이 사라지고 커뮤니케이션의 단절로 조직이 막대한 피해를 입을 수 있다.'고 지적했다.

그는 침묵을 택한 어느 직원의 소극적 태도가 조직을 위험에 빠뜨렸던 사례를 다음과 같이 소개하고 있다. 2003년 2월 1일 미항공우주국(NASA)이 쏘아 올린 우주왕복선 컬럼비아호에 관한 이야기이다. 발사 직후 공중 폭발하여 7명의 탑승자 전원이 사망한 참사였다. 발사 장면을 숨죽이고 지켜보던 세계인들은 경악했다. 사고원인 조사 결과,

사고 발생 2주 전에 이미 컬럼비아호 선체에 이상이 생길 수 있다는 사실을 안 기술요원이 있었음이 밝혀졌다. 그 직원은 이런 징후를 즉시 보고하지 않았고 결국 위기일발의 발생가능성은 묻히고 말았다.

◆ 적극행정 북돋우는 리더의 품성

그는 조사관의 질문에, "나는 말단 엔지니어이고 내 팀장은 나보다 훨씬 높은 곳에 있는 사람이었기 때문이다."라고 답변했다 한다. 컬럼비아호 폭발사고의 주원인은 조직의 리더와 구성원 사이에 심리적 안정감과 소통이 부족했던 때문이라고 결론을 맺었다. 평균인의 경험칙에서 보더라도 리더의 독선과 권위주의는 직원들이 기를 펴지 못하고 주어진 일에만 수동적으로 매달리는 소극적인 행동 패턴을 고착화시킨다. 창의와 도전이란 혁신적 조직문화가 들어설 곳이 없다. 이런 점에서 공무원 조직의 '적극행정' 실천 노력은 고무적이고 더욱 경주되어야 한다. 겸손과 배려, 공감과 소통능력 등 리더의 품성이 배가된다면 그 실천 효과는 극대화될 것이다.

21 인성(人性) 함양과 공부의 힘

2020-04-08

고대 아테네의 장군이자 정치가였던 테미스토클레스는 아들 생각을 하면 잠을 이루지 못했다. 최고의 스승들을 모셔다 가르칠만한 것은 다 가르쳤다. 아들은 말 등 위에 두 발로 서서 창을 던지는 묘기도 익혔다. 호메로스의 『일리아스』도 막힘없이 외웠을 것이다. 하지만 아버지와 달리 그 아들은 무명 인사로 역사에 족적을 남긴 것이 거의 없다.

조선 중기 때, 신사임당은 어느 날 용꿈을 꾸었다. 얼마 후 태교를 거쳐 건강한 사내아이를 낳았다. 바로 현룡 율곡이다. 세 살이 되었을 때 현룡은 누나를 따라 서당에 가고 싶다고 마구 떼를 썼다. "넌 아직 어려서 안 돼. 누나한테 방해만 될 거야."

엄마는 아들의 등을 토닥이며 말렸으나 아들은 막무가내였다. 그럼에도 엄마는 역정을 내기는커녕 웃음을 지으며 조용히 타일렀다. "그렇게 서당에 다니고 싶니?", "이제 너에겐 엄마 방이 서당이란다."

신사임당은 아들을 방으로 데리고 가 책을 읽어 주었다. 현룡은 효성이 지극하고 스스로 공부하는 장한 어린이로 성장했다.

◆ 공부는 관심을 갖고 다가가야

동서고금을 막론하고 교육과 학습은 교학상장의 배움터에서 상호 교류를 통하여 이루어진다. 근래는 자기주도적 학습이라 해서 학습자의 능동적인 공부 자세에 더 비중을 두는 편이다. 특히 인성교육 측면에서 보면, 좋은 스승을 만나는 것 이상의 행운은 없을 것 같다. 스승은 비단 학교 스승뿐만이 아니다. 마을의 교육수다방에서 또는 시흥교육캠퍼스(SSOC)에서 알게 된 친구일 수도 있다. 스승은 불현듯 어떤 휴먼북이나 감동적인 작품의 모습으로 나타나기도 한다. 중요한 것은 스승을 받아들일 수 있는 공부 자세가 되어 있느냐가 관건이라는 점이다.

이런 맥락에서 시몬 베이유(1909~1943)의 관점은 눈길을 끈다. 프랑스의 작가이자 노동운동가인 베이유는 최고 명문인 고등사범학교에서 공부했지만 우리가 아는 공부의 대부분은 소용없는 것들이라고 평가 절하했다. 사람들이 공부를 잘못 이해하고 있다는 것이다.

그녀는 진정한 공부는 스스로 관심을 기울이는 데서 비롯된다고 여겼다. 마음이 대상을 향해 뻗어나간다는 의미로서 관심(프랑스어: attention)은 기쁨에 차서 대상을 추구하는 속성을 지닌다. 관심은 이마를 찡그리고 생각을 모으는 집중과는 구별되는 개념이다. 집중은 근육을 수축하고 어려운 일을 견디는 데는 안성맞춤이다.

베이유는 관심을 갖고 다가가는 사람이 공부할 준비가 되어있는 사람이라고 보았다. 관심을 기울이고 공부하는 것 자체가 사랑의 과정이라는 것이다. 그녀에게는 관심과 공부와 사랑은 동일선상에 놓여 있었다.

이러한 태도라면 공부가 즐겁고 오래 해도 몸이 별로 피곤하지 않을 것이다. "공부하다가 죽는 것이 사는 길이다. 기쁜 마음으로 옳은 일 하다가 죽으면 결코 죽지 않는다."고 설파한 혜암 대종사의 법문이 공감을 얻는 이유도 여기에 있다.

'하브루타'로 알려진 유대인의 교육방법에서도 우리는 동일한 시사점을 발견할 수 있다. 오랜 민족의 경전을 관심의 대상으로 체득하고 단순한 지식 주입을 넘어 호기심과 창의에 기반한 토론식 공부를 주요 특징으로 한다. 지덕체(知德體)의 조화로운 발달을 도모하는 전인교육에도 힘을 쏟는다. 이에 힘입어 유대인은 현재 1천 5백만 명 정도가 세계 각지에 흩어져 살고 있지만 역사에 빛나는 위인들을 다수 배출했다. 미국 전체 대학 교수 중 유대인의 비율은 30%를 상회하고 노벨상 수상자도 무려 25%를 차지하는 개가를 올렸다.

◆ 시흥혁신교육사업의 성과

주입식 교과교육에 순치되어 자유로운 토론문화가 실종된 우리의 교육풍토에서는 꿈과 같은 이야기인지 모른다. 다행히 2011년부터 시작된 시흥혁신교육지구 사업은 그동안 괄목할만한 성과를 이루어 냈다. 마을교육자치회가 교육 거버넌스의 중심으로 자리를 잡았고 지난해에는 '시흥시 교육자치 지원조례'가 제정되기도 했다. '교육도시 시흥'의 비전이 성공을 거두어 교육과 학습의 질이 향상되고 나아가 시민의 자부심과 정주의식을 높이는 고무적인 성과로 이어지기를 기대해 본다.

22 시흥 스마트도시의 혁신 방향

2020-05-13

시흥시가 '데이터 기반 스마트시티' 연구개발사업의 실증도시로 선정된 지 4년이 되었다. 국토교통부는 스마트기술을 활용한 도시문제 해결을 위하여 시흥시를 비즈니스 창출형 스마트 중소도시 모델로 정한 것이다. 에너지, 환경, 복지 등 신산업 성장과 지역산업 쇠퇴, 고령인구 증가, 도시 과밀 문제 등이 다루어졌다. 데이터 기반 스마트시티의 관건은 각종 데이터를 분석, 처리하여 그 결과를 바탕으로 시민들이 원하는 도시 서비스를 제공하는 데 있다. 2008년에 제정된 '스마트도시 조성 및 산업진흥 등에 관한 법률'에 따라 이제는 모든 도시가 스마트도시 구현을 위해 노력을 기울이고 있다.

◆ 시흥스마트허브의 스마트화

지난해 '2035 시흥시 중장기 발전계획' 수립을 위해 시흥시민과 시 공무원을 대상으로 실시한 '도시발전 방향 및 과제' 설문 조사 결과는 이와 맥락을 같이하고 있다.

시가 지향해야 할 도시 모습으로 '생활이 편리한 스마트도시' 항목이 응답 시민의 33.9%, 공무원의 29.8%를 얻어 최상위를 차지했다. 아울러 시 발전 저해요인으로는 공단 중심의 낙후된 이미지가 제1순위로 뽑혔다. 시흥스마트허브라 불리는 기존의 시화공단이 아직도 혁신과 스마트화가 이루어지지 않고 있다는 현실을 반영한다.

1986년 시화 국가산업단지로 개발된 시흥스마트허브가 주요 세입원이자 고용 창출에 이바지하는 바 크지만, 제조업 위주의 공단이 갖는 환경오염의 이미지, 낮은 임금체계 등 부정적 측면이 잔존하는 것 또한 사실이다.

'스마트도시 조성 및 산업진흥 등에 관한 법률'에 따르면, 스마트도시란 건설, 정보통신기술 등을 융·복합하여 도시기반시설을 조성하고 다양한 서비스 제공을 통하여 도시 경쟁력과 삶의 질의 향상을 도모하는 지속가능한 도시라고 정의하고 있다. 특히 문제해결방식에 있어서 도시기반시설의 확대에 머무르지 않고 수집된 정보를 바탕으로 도시서비스를 효율적이며 간편하게 제공한다는 점이 특징이다. 예컨대, 도로체증의 해법을 놓고 논의할 때 신도로 건설을 상정하기에 앞서, 우회로나 대중교통 증설 등 보다 적합한 대안을 개발하는 것이다. 따라서 공급자와 물적 인프라 측면보다는 수요자인 시민과 도시서비스에 더 주안점을 둔다.

시민 의견을 수렴하고 데이터를 분석하며 다각적인 실현가능성을 검토하는 일은 기본이다. 이를 위해 설계와 운영단계에서 시민과 커뮤니티의 참여가 장려되고 도시생태계 주체 간의 협력체계 구축은 필요조건이 된다.

도시문제 해결을 위한 리빙랩(living lab)의 활용 역시 도시의 질을 좌우하는 중요한 요소다. 혁신기술의 실용성을 검증하는 테스트베드(test-bed)사업의 유치 또한 기대효과가 적지 않다. 제조업 위주의 산업구조를 고도화시킬 수 있다. 스마트도시를 선도하는 유럽 각국은 기술혁신을 바탕으로 사람이 중심이 되는 스마트 시민, 스마트시티 거버넌스가 정착된 지 오래다.

통합 플랫폼이 구축되고 의사결정 방식도 상향식을 기본으로 한다. 시민주도형 스마트시티의 성공 여부는 지방자치의 발전과 궤를 같이 한다고 볼 수 있다. 국내외 사례를 참조하여 시흥 스마트시티의 혁신 방향을 영역별로 간추려 보면 다음과 같다.

◆ 문제해결을 위한 리빙랩 활용

지원체계 면에서 시 혁신성장사업단과 '스마트시티 사업협의회'를 적절히 운용하며 민관협력 증진을 위한 중간지원조직의 기능과 역량을 제고시킨다. 데이터기술 혁신 면에서는 개방형 데이터허브 통합플랫폼을 구축하고 지역사회 문제를 다루는 리빙랩의 활용 가치를 높인다.

스마트 시민 육성을 위한 교육기회의 제공도 고려할 수 있다. 제도기반 조성면에서는 '시흥 스마트시티 조성 및 운용 조례'에 따라 '스마트시티 혁신 기본계획'을 수립하고 예산을 확보하는 등 행정과정을 통하여 도시서비스의 양적, 질적 개선이 이루어져야 할 것이다.

23 자치경영원리가
조직성과 높인다

2020-06-10

코로나 상황이 진행되는 동안, 기업의 직원들에게 공통적으로 나타
난 현상 중의 하나가 번아웃(burn-out)이다. 코로나 우울증에 더하여
업무 스트레스가 누적되면서 심리적으로 무력해지는 증상이다. 당면
한 상황을 스스로 통제하기 어렵고 또 달리 개선할 방법이나 의지가
없을 때 일어난다. 오래 지속될수록 주체적이고 창의적인 근무 분위
기는 사라지고 조직의 성과는 뒷걸음칠 수밖에 없다.

사실 직원들의 정신적, 정서적 문제는 개인 차원을 넘어 조직의 생
산성에 적지 않은 영향을 미친다. 직원들의 심리 상담을 돕기 위해
EAP(근로자 지원프로그램)를 도입하는 기업이 증가하고 있다. EAP는
직무스트레스를 포함하여 가족문제, 기타 신상 관련 문제에 이르기까
지 다양한 코칭과 컨설팅 서비스를 제공한다.

◆ 직원의 내재적 동기가 관건

'마음챙김(mindfulness)'의 권위자인 와이스 스탠퍼드대 교수는 불
안의 시대에 조직의 건강성을 유지하기 위해서는 리더의 역할이 중요
하다고 말한다. 직원들의 마음 상태를 경시하는 경영자는 지속 가능
한 성과 창출을 기대하기 어렵다는 의미이다.

조직혁신 분야의 석학인 애머빌 하바드대 교수도 "조직 구성원을 자율적, 창의적 인재로 육성하기 위해 가장 중요한 것은 내재적 동기 유발(intrinsic motivation)의 환경을 조성하는 것"이라고 말했다. 업무 환경과 조직문화는 각자가 동기를 유발하고 능력을 발휘하는데 중요한 원인변수로 작용하는 것이다.

그러면 업무환경과 조직문화는 어떻게 만들어지는가? 리더의 행동이 구성원의 직무 몰입과 만족도에 지대한 영향을 미치는 것은 분명하다. 조직 현장에서 늘 언급되는 이슈가 적절한 리더십이란 사실에 착안할 필요가 있다.

하지만 구성원이 내재적 동기를 갖느냐 안 갖느냐의 여부는 일차적으로 구성원 각자의 몫이다. 요즘처럼 어려운 시기에 성과 부진 등을 이유로 직원들을 압박하는 사례들을 흔히 볼 수 있다. 직원들의 침체된 사기를 진작시키는 일은 뒷전으로 밀리기 일쑤다.

소통과 설득이 부족한 리더의 행동은 더욱 상황의 개선을 어렵게 만든다. 성과에 따라 상여금을 주거나 승진을 시키기도 하지만 지속가능한 조직성과를 기대하기 어렵고 도리어 직원들의 수동적인 태도를 강화할 수 있다. 이런 때일수록 직원들이 마음을 추스르고 내재적 동기를 가질 수 있도록 유연한 리더십이 행사되어야 한다.

동기유발은 자율적이고 창의적인 업무환경에서 배가된다. 스스로 업무 목표를 세우고 일하는 방식도 스스로 결정할 수 있는 권한을 직원들에게 부여할 수 있다.

요컨대, 전략적 자율성과 운용적 자율성을 동시에 허용하는 자치 경영의 원리를 적용하는 것이다. 직원들 스스로 주인정신을 갖고 즐겁게 일할 수 있도록 매일 매일의 업무에서 '전진의 원칙(progress principle)'을 실천하도록 유도한다.

전진은 신제품 개발이나 혁신적인 서비스 개선은 물론 아주 작은 개선사항(small wins)도 소홀히 지나치지 않는다. 리더는 직원들이 팀 내에서 어떤 역할을 수행하고 있고 어떤 기여를 하고 있는지를 수시로 파악하고 격려와 칭찬을 아끼지 않는 조직문화 형성에 노력하여야 한다. 코로나 팬데믹을 거치는 동안 직장인들의 근무방식은 많이 유연해진 것이 사실이다.

◆ 리더의 조정능력 십분 발휘되어야

유연성과 자율성이 확대될 때 유념해야 할 것은 직원들의 내재적 동기가 구체적인 성과로 이어지도록 리더가 조정능력을 십분 발휘해야 한다는 점이다. 주요한 조정 활동으로는 프로젝트 수행을 위한 팀 구성, 정보공유와 협업관계, 업무 우선순위 결정, 예산 지원 등이 포함된다.

리더와 직원들은 한 배를 탄 공동운명체다. 자치적으로 문제를 해결하는 과정에서 리더는 직원들이 봉착하게 될지도 모를 위기에 대비하고, 함께 비전을 공유하며 한 방향으로 전진하는 가운데 조직성과 확대를 위해 직원들과 공동의 노력을 경주해야 할 것이다.

24 시흥문화의 재발견

2020-07-08

　조선 세조 때부터 안산군은 연성(蓮城)이란 별칭으로 불려온 연꽃의
고장이었다. 정조 재위 21년(1797), 정조가 수원 현륭원을 행차하던
길에 안산관아(안산시 수암동)에 유숙할 때의 일이다. 임금은 안산 관내
의 선비들을 대상으로 별시 과거를 치르도록 했다. 평소 연과 관곡지
에 관심을 가지고 있었던 터라 정조는 별시의 시제(詩題)를 '연성'으로
정했다. 연성의 역사적 유래와 연의 의미를 알지 못하면 쓰기 어려운
제목임이 분명하다. 연은 불교 경전이나 공예품에서 흔히 볼 수 있지
만 선비들 역시 많이 좋아하던 꽃이기도 하다.

　향토유적 관곡지는 농학자로 유명한 강희맹 선생과 인연이 깊은 곳
이다. 선생이 세조 9년(1463)에 진헌부사가 되어 명나라에 다녀오게
되었는데 귀국길에 남경에 있는 전당지에서 연꽃 씨를 채취해 왔다.
이를 관곡지에 심어 정성껏 가꾸었고 연꽃을 찾는 사람들도 늘어났다.

　한때 물풀이 무성하여 연못이 황폐해지자 새로 부임한 안산군수 권
용정은 하중동의 장정들을 동원하여 못을 파내기도 했다. 관곡지의
연꽃은 다른 데와 달리, 꽃의 색이 희고 꽃잎은 뾰족하며 담홍색을 띤
다. 어여쁨을 넘어 고혹적인 자태가 눈길을 사로잡는다.

　"내가 유독 연꽃을 사랑하는 이유는 진흙에서 나왔으나 더러움에

물들지 않고, 맑은 물에 씻겨도 요염하지 않으며, 줄기 속이 뚫려 있으되 꼿꼿하고, 향기는 멀리 갈수록 더욱 맑다. 가히 연꽃은 꽃 중의 군자라고 할 수 있다"며 중국 송나라 유학자 주돈이는 연을 그렇게 찬탄했다.

관곡지 둘레에 늘어선 연밭 사이로 바람에 스민 연꽃향이 코끝을 간질이고, 갯골로 이어진 그린웨이 양 섶에선 깨어난 뭇 풀벌레가 반갑게 손짓한다. 인근 호조벌로 고개를 돌리면 공활한 하늘가에 호연한 기운이 정수리로부터 발끝까지 차오르는 듯하다. 생명도시 시흥의 진면목이 여기 말고 따로 있겠는가. 약동하는 생명의 숨결이 파문처럼 들녘으로 퍼져나간다.

호조벌을 뒤로하고 관무산 등성이를 넘으면 화정동 가래울이 나온다. 시흥시 동남쪽 경계의 끝자락이다. 하곡 정제두 선생이 41세(1689)가 되어서 이사를 온 곳은 가래울이었다. 한성부 반석방에서 나고 자란 선생이 어떻게 시흥지역과 인연을 맺게 되었는지 명확히 알려진 바는 없다. 다만 이곳으로 오기 직전 정권이 교체되는 기사환국이 있었고 이때 선생은 모든 관직에서 물러나게 되지만, 평소에도 때가 되면 학문연구에 정진하겠다는 포부를 밝히곤 했다.

시흥에 거주한 20년은 선생이 가장 왕성하고 치열하게 연구에 몰두하던 시기였다. 그는 학문적으로 양명학에 심취되어 있었다. 정통 유학을 자임하는 주자학이 현실생활과 동떨어진 채 사변적인 공리공담에 젖어있을 때였다.

주자학의 논지가 '성즉리(性卽理)'를 바탕으로 격물치지하여 만물의 이치를 깨닫는다는 것이지만, 사대부 위주의 지식놀음에 빠질 개연성도 다분히 있었다. 교조적인 규범에 얽매여 허례허식이 일상화되었고 지식의 실천은 공염불에 불과했다.

양명학의 창시자 왕양명은 그의 저서 『전습록』에서 "학문은 마음으로 깨닫는 것을 귀히 여긴다. 마음에 비추어 옳지 않다면 설혹 공자의 말씀일지라도 옳다고 할 수 없다"며 주자학에 대한 비판적 견해를 피력하고 있다.

'심즉리(心卽理)'를 종지로 삼고 양지(良知)의 회복과 지행합일을 추구하는 측면에서 양명학은 맹자의 성선설과 불교의 평등심이 융합되어 있음을 본다. 정제두 선생은 이 같은 양명학의 취지에 십분 공감하고 그의 명저 『학변(學辨)』과 『존언(存言)』에서 인생과 학문의 목적은 인성을 계발하여 참다운 자기를 회복하는 것이라고 역설했다. 특히 '존언'에서 양지를 실심(實心)과 생리(生理)의 작용으로 새롭게 해석한 점은 조선양명학의 수승함을 입증한 대목으로 평가받고 있다.

위당 정인보는 그의 저서 『양명학 연론』에서 정제두 선생을 조선양명학의 대종사로 칭하고 '존언'이야말로 왕양명의 『전습록』에 필적하는 훌륭한 책인데 이를 아는 이가 적음을 매우 애석하게 여겼다고 한다.

현재 중국 귀주성 양명문화공원에서는 조선의 학자로는 유일하게 정제두 선생의 초상을 모셔 놓고 시대와 나라를 초월하여 선생의 빛나는 업적을 전하고 있다.

25 바람직한 주민참여 공론화 과정

2020-01-10

지역주민이 기피하는 혐오시설의 입지선정은 난제 중의 난제다. 당사자 간 갈등이 격화되어 물리적 충돌로 이어지기 일쑤다. 급기야 법적 분쟁으로 비화되기도 한다. 시설이 가져다 줄 혜택을 다수 주민이 누릴 수 있지만 피해가 특정 지역에 집중 발생하기 때문에 해당 주민들이 반대 의사를 행동으로 강하게 표출하는 것이다. 지난해 8월 시흥시 정왕동 일원 자원순환특화단지 조성을 둘러싸고 주민들이 보인 거센 항의와 시위도 그렇다. 인근에 향토유적과 주거단지들이 자리 잡고 있어 폐기물 소각장은 절대 불가하다는 이유였다.

◆ 숙의민주주의의 강점 구현

최근 주민참여의 시대를 맞아 물리적 행사를 지양하고 시민참여단과 검증단 등으로 구성된 공론화위원회를 통하여 문제를 평화적으로 해결하려는 시도가 늘고 있다. 2018년 제주 녹지국제병원 공론화와 대전 월평공원 공론화, 광주 도시철도 2호선 공론화, 2019년 창원 스타필드 입점공론화 사례 등이 그것이다. 현행 제도상에 보장된 다양한 형태의 주민참여 방법이 참여요건이 까다롭고 수렴된 주민 의견을 회피할 수 있는 장치들이 끼어 있어 제도적 활성화에는 한계가 있다고 보는 것이다. 비록 공론화 방식이 법적 근거는 희박하지만 참여의 대표성과 숙의의 합리성이 비교적 수월하게 구현될 수 있다는 점이 강점이 되고 있다.

지방자치단체 차원의 공론화 과정은 2017년 '신고리 원전 공론화위원회'의 시민참여형 공론조사 방식을 모델로 삼아 지역 형편에 맞는 형식으로 운영되고 있다. 조례를 제정하여 공론화 과정의 법적 근거를 확보하기도 한다. 제주특별자치도는 숙의민주주의 실천조례를 제정했고 광역단체인 인천과 대구, 기초단체인 정선군과 나주시, 창원시, 익산시, 서울 광진구 등은 공론화위원회 운영에 관한 조례를 제정했다. 공론화의 논거인 숙의민주주의는 공동체의 의사결정 방식이었던 그리스 아테네의 광장민주주의를 이상적인 민주주의 형태로 상정한다. 주민참여 공론화 설계에서 가장 역점을 두는 요소가 바로 숙의성이다. 이를 위해 중요한 것은 숙의할 의제에 대해 깊이 있고 폭넓은 정보가 참여 시민에게 제공되어야 한다는 사실이다. 또한 숙의할 시간을 충분히 보장함으로써 공동체에 유익한 정책대안을 마련할 수 있도록 해야 한다. 국가이슈포럼(NIF)을 창립한 데이비드 매슈스의 말을 빌리면, "숙의한다는 것은 단지 어떤 문제에 대해 이야기하는 것만을 뜻하지 않는다. 오히려 여러 가지 행동 대안과 이에 대한 여러 사람의 견해를 두루 살펴봄으로써 실행 결과까지 세심하게 예단하는 활동이 포함된다." 숙의가 진행되는 동안 강요된 학습이나 토의가 배제되고 시민의 자발적, 능동적인 활동이 기본적인 요건임은 두말할 필요도 없다.

지자체 차원에서 공론화에 참여하는 시민의 규모 등 대표성의 요건을 완화함으로써 비용부담을 줄일 수 있다. 또 숙의과정에서 합의된 의제는 정책에 반영하고 새로이 제기된 의제는 공론화의제로 추가하여 신속히 처리하는 애자일(agile)방식도 활용될 수 있다.

공론화 과정을 통한 문제해결은 대의민주주의를 보완하고 사회적 합의를 지향한다는 점에서 그 의의가 크다고 하겠다.

◆ 공론화 과정의 역기능도 살펴야

그렇다고 공론화가 지방정부의 모든 정책 결정을 대체할 수 있다고 믿는다면 이는 잘못된 인식이다. 공론화는 대의민주주의 하에서 선거를 통해 성립된 지방정부의 정책 결정을 돕는 하나의 도구이지 만능적인 대체재가 되어서는 안 된다. 공론화는 사회갈등을 해결할 정책 수단이 되기도 하지만 때로는 불필요한 갈등을 추가적으로 일으키는 역기능도 가지고 있다.

법적 근거가 약하다는 점과 불공정한 공론화 과정이 지적되기도 한다. 그러나 지방정부의 정책 결정에서 주민 의견 수렴과 진지한 토론은 아무리 강조해도 지나치지 않다는 점에서 공론화 과정을 통한 지방정부의 의사결정이 주민의 정책수용성을 높이고 사회통합을 이끄는 효과적인 정책 수단이 되기를 기대한다.

26 부패·투기 불감증의 만연을 경계한다

2021-03-26

한국토지주택공사(LH) 투기 의혹 사태의 후폭풍이 거세다. 공직자 대상 전수조사에 이어 LH 해체론이 비등하고 있다. 공공개발이란 좋은 정책 취지가 도리어 국민에게 불공정과 상대적 박탈감의 비애를 안겨주는 형국이 되고 말았다. 미공개 내부 개발정보를 이용한 공직자의 투기와 사익 추구는 공직 부패를 부르는 관문이다. 빙공영사(憑公營私)의 탈을 쓰고 저지르는 간교한 범죄행위이다. 공직의 본령인 공공가치(public value)를 배반하고 청렴의 의무를 방기한다는 점에서 반윤리적이다. 공직자의 복무 자세는 그만큼 엄중하고 일탈 시, 징계는 물론 사법 처벌의 대상이 된다.

◆ 발본색원이 신뢰 회복의 관건

최근 시흥시의회 더불어민주당 소속 의원들은 3기 신도시 광명시흥지구 투기 의혹에 자당 의원이 연루된 것에 대해 사과했다. 공직자에게 요구되는 정체성과 존재 이유를 스스로 무너뜨린 행위라고 자책했다. 국민의힘 소속 의원들도 한 걸음 더 나아가 시의원 14명 전원에 대해서도 가족의 토지거래내역을 상세히 조사하여 그 결과를 시민에게 공개하자고 주장했다. 한편, 시흥시는 공직자 자진신고와 시 자체 조사 결과 의심할만한 투기행위가 한 건도 발견되지 않았다고 밝혔다. 그런데 이는 공직자의 배우자나 직계존비속을 제외한 것이어서 시민들이 선뜻 받아들이기 어려운 구석이 있어 보인다. 내부 정보를 이용하여 부정한 투기를 하는데 어느 공직자가 본인 실명으로 거래를 하겠는가라는 의구심이 들기 때문이다. 배짱 좋은 공직자가 아니라면 섣불리 자기 이름을 노출시키려 하지 않을 것이다. 가족 명의로 하는 경우에도 마음이 놓이지 않아 만약에 대비하는 궁리를 도모할 것이다. 그러니 가족이 아닌 차명거래의 유혹은 높아지고 그만큼 개연성도 농후해진다. 그것이 가장 안전한 보호막이 될 수 있다는 생각에 이르면 유혹은 더 커질 수 있다.

요컨대, 정부 책임자도 말했듯이 발본색원을 위해서 적극적 수사를 포함하여 연결고리를 심층 추적 조사할 수 있어야 한다. 형식적인 미봉책에 그칠 양이면 성난 민심을 잠재우고 국민의 신뢰를 회복할 수 없다. 신뢰 회복의 첫 단추는 연루된 공직자를 색출하여 일벌백계함으로써 공정하고 정의로운 사회의 본을 보이는 것이며 그래야 신뢰의 위기와 리더십의 위기를 극복하는 디딤돌이 마련될 수 있다. 다른 한편, 재발 방지와 제도개선책이 폭넓게 강구되어야 함은 물론이다. 크게 조직혁신과 제도개혁 부문으로 나누어 접근할 수 있는데 여기서는 다음 세 가지 사항으로 설명하고자 한다. 첫째, LH 주도 공공개발의 문제점이 현실화된 만큼 LH 기능의 조정이 불가피하다. 토지공사와 주택공사가 통합된 이래 정보와 권한의 집중이 심화되었고 각종 개발 입법에 따라 LH의 활동범위는 확대되었다. 조직혁신 차원에서 LH 중심의 개발 기능을 줄이고 도시재생과 주거복지를 늘리는 방향으로 논의가 이루어질 필요가 있다. 주택공급에 차질이 생길 수 있다는 우려가 없지 않지만 민간 공급을 묶고 공공개발에 의존한 결과 LH 사태가 초래되었다는 점을 간과해서는 안 된다.

◆ 공기업 평가, 윤리경영 배점 높여야

둘째, 정부는 공공기관 평가방식에 있어서 공기업의 윤리경영 비중을 높여야 한다. 현재 윤리경영 배점은 100점 만점에 3점에 불과하다. 2019년 LH는 공기업 윤리경영 부문에서 낙제점인 D등급을 받고도 종합점수가 A등급으로 매겨져 고액의 성과급까지 받았다. 공기업의 부패와 비효율을 방지하여야 할 경영평가가 제 기능을 못 하고 오히려 조직의 기강해이를 부추긴 꼴이 되고 만 셈이다. 끝으로, 이해충돌방지법 제정의 시급성이다. 이 법은 공적 의무와 사적 이익 사이에서 공직자가 사익을 우선하는 결정을 내릴 위험성에 대비하는 제도이다. 예방과 감시제도의 미비로 더 큰 문제를 당하기 전에 국회에서 잠자고 있는 이해충돌방지 법안이 조속히 처리되기를 기대한다.

27 갯골광야 위를
웅비한 삼족오(三足烏)

2022-08-12

새들도 숨이 차서 헐떡이며 넘는다는 새재길은 새들의 낙원이었다. 지금의 시흥시청이 이곳으로 입주하기 전인 1970년까지만 해도 새재마을은 허름한 초가집이 산재해 있는 한적한 농촌부락이었다. 산세와 지세를 살펴보면, 마을 남쪽 군자봉에서 뻗어 내린 산줄기가 기호지세(騎虎之勢)로 질주해 갯골 경계 밖에서 세 갈래의 구릉을 빚었다. 가운데의 주봉이 모범산이요, 우편으로는 하늘에서 강림한 옥녀가 목욕을 했다는 옥녀봉이 있고 좌편으로는 청량한 햇볕이 오래 머문다는 상양봉이 자태를 뽐내고 있다. 시흥시의 대표적 둘레길인 늠내길 제1코스(숲길)는 새재마을에서 출발하여 옥녀봉, 모범산을 거쳐 군자봉을 향한다. 고공에서 조감하면 마치 삼족오를 닮은 지형이다. 군자봉을 머리로 삼고 그 아래 모범산, 옥녀봉, 상양봉을 세 발로 여기면 삼족오가 형성되는 것이다.

◆ 삼족오를 닮은 지형과 인물의 배출

삼족오는 고구려인들이 신성시했다는 상상의 새로 고구려 고분벽화에 그려진, 태양에 산다는 세 발 달린 까마귀이다. 힘차게 뻗어나간다는 의미의 '늠내'가 고구려 때 지어진 시흥의 최초 지명이었던 점도 이곳의 지형과 무관하지 않아 보인다. 장자의 대붕처럼 금방이라도 긴 날개를 활짝 펼쳐 비상할 것 같은 느낌이 들기도 한다. 무릇 비상하는 것은 일순 대지를 박차고 솟아오르는 폭풍 같은 힘이 요건이다. 원활한 비약을 위해 튼튼한 발판도 필요하다. 삼족오에게는 그것이 횃대요, 디딤돌이요, 활주로일 것이다. 매의 모양과 흡사하다 하여 붙여진 매꼴마을은 새재마을과는 진마루길과 새재길로 이어져 있어 횃대와 활주로의 역할을 하기에 십상이다. 비행의 방향성도 간과할 수 없는 대목이다. 일단 갯골 광야를 횡단한 연후에 제일 높은 소래산 정상에 기착하는 것이다. 거기서 잠시 숨을 고른 후 역사적 소명을 좇아 소망의 바람이 불어오는 곳을 향해 두려움 없이 전진하면 된다. 하지만 정작 중요한 문제는 이제부터다. 누가 신령스런 삼족오의 도반이 되어 함께 비행할 수 있느냐 하는 점이다. 진정 걸출한 인물이 아니고서는 순수무구한 삼족오가 가납하지 않을뿐더러 의기투합에 따른 시너지도 기대할 수 없다. 인걸은 지령이라고 하듯 인물은 태어나고 자란 지역과 환경에서 많은 영향을 받기 마련이다. 또 인물은 천지인(天地人) 삼재의 중심에 있고 삼족오가 하늘의 태양을 상징하는 존재로서 인물과 삼족오는 천인합일사상을 기반으로 더욱 유기성이 상장되는 관계를 이룬다. 이런 맥락에서 조선 중기 임진왜란 이후 군자봉 일대를 배후지로 삼족오의 걸출한 인물들이 나오게 된다. 먼저 장유 선생과 여식인 인선왕후의 잇따른 웅비가 첫손에 꼽힌다. 장곡동 매꼴마을에서 12년을 거처하는 동안 오로지 문장과 학문 연구에 전념하였다. 1623년 36세의 나이에 인조반정에 가담하여 반정공신이 되었고, 양명학을 섭렵하고 화정을 도모하는 등 국사의 개선광정을 위해 노력했다. 효종비 인선왕후의 북벌계획 내조는 눈물겨웠다. 비록 계획은 수포로 돌아갔지만 대장부 못지않은 강단과 기개는 독보적이었다. 세 번째의 웅비는 하곡 정제두 선생 차지다. 그는 조선양명학을 체계적으로 집대성한 대유학자였다. 능곡동 가래울 마을에서 20년을 살았고 치열한 탐구로 학문을 완성한 후 강화도로 건너가 강화학파를 창시했다. 관운도 크게 열려 경륜을 펼치는 광영을 얻었다.

◆ "웅비하라! 장곡인이여!"

근자에 들어서는 시흥군 수암면에서 3·1만세운동을 평화적으로 이끈 애국지사 윤동욱 선생과 군자면을 무대로 시흥교육의 선구자로서 숭고한 삶을 영위한 최긍렬 선생이 있다. 매꼴공원 인근 장곡고등학교의 교훈석에는 다음과 같은 글귀가 새겨져 있다. "웅비하라! 장곡인이여!" 원컨대, 드넓은 갯골광야 위를 웅비했던 삼족오의 인물 이야기가 흥미 있는 창작우화로서 시민과 청소년들에게 새 희망의 메시지로 전달될 수 있기를 기대해 본다.

실종 자치신문

이
지
선

●

李
知
宣

한국문인협회 회원
시향문학 회원
자치신문 칼럼위원
자치신문 편집운영위원

저서
부부시집 『내 생에 봄이 다시 온다면』 외 6권
시집 『배낭에 꽃씨를』
　　　『비껴간 인연』
에세이집 『아름다운 이별』
공저 『당신은 희망입니다 6권』, 시집 『내 작은 별은 어디에』
유튜브 운영 〈지선할매 여행기〉

01 이제는
열매를 맺어야 할 때다

2012-02-20

처음 포도 농사를 지을 때는, 비료를 많이 주어야 열매가 잘 달리는 줄 알았다. 다른 집보다 나무가 무성하게 자라면 보기도 좋았다. 나무가 큰 만큼 포도도 많이 달릴 거라는 기대도 컸다. 그러나 시간이 지나면서 비료를 많이 먹은 나무는 열매를 맺지 못했다. 꽃은 피는데 수정이 안 되거나, 꽃송이가 잘 나오지 않기도 한다. 그런 현상을 화진이라고 한다.

많은 시행착오를 겪으면서 깨달은 것은, 열매가 잘 달리는 나무는 비료가 부족한 나무라는 것이다. 모든 과일나무는 거의 그렇다. 나무가 죽을 위기에 있을 때 종족을 보전하기 위해 꽃을 많이 피운다. 나무가 크는 데 주력하게 되면 열매에 관심이 없다. 마냥 성장하려고 자기 세를 확장하기 때문이다. 포도 농사를 지어본 사람은 안다. 그걸 고치기가 얼마나 어려운지. 비료를 안 주기도 하고, 뿌리를 자르기도 하고, 나무에 상처를 주기도 한다.

그래도 고쳐지지 않을 땐, 아예 나무를 잘라 버려야 한다. 괜히 땅을 차지하고 일손을 들일 필요가 없어서다. 어릴 때는 나무를 키워야 하지만, 성장한 후에는 풍성한 열매를 얻으려 농사를 짓는다. 어느 농부가 열매 없는 포도나무를 가꾸려 하겠는가? 이런 현상은, 포도 농사뿐만 아니라 현 사회에서 자주 느끼게 된다.

◆ 교리보다는 건축에 열심한 종교

절에 가면 입구에 건축기금함이나, 기도 지향 금을 받는 곳이 아예 설치되어 있다. 부처님은 궁전에서 나오셨는데, 부처님을 모신다는 분들은 궁전을 지어 부처님의 집이라고 한다. 전부 다 그렇다고는 할 수 없지만 대부분은 그렇다.

교회나 성당도 마찬가지다. 교회나 성당에 들어갈 때마다 그런 생각이 든다. 예수님이 다시 오신다면 이 안에 들어오실 수 있을까? 사회에서 버림받은 사람을 위해 살다가, 기득권자들에 의해 죽임을 당한 분. 젊은 나이에 팬티 하나 걸치고 객사한 분이, 쳐다보기도 어마어마한 이런 궁전에 주눅이 들어 들어오지 못할 것 같다는 생각이 든다. 예수님이나 부처님이 원하시는 것은 이런 건물이 아니었을 것이다.

건물만 키우는 종교집단은 열매를 맺지 못하는 포도나무와 무엇이 다른가? 이제는 열매에 신경 쓸 때다. 여기저기서 종교에 대한 회의와 비난이 함성처럼 터지고 있다. 당연히 그럴만한 이유가 있다. 건물 지을 비용의 십분의 일이라도 예수님과 부처님의 뜻을 실천하는 데 사용했다면, 이 사회는 좀 더 밝아지지 않았을까?

신자들한테는 십일조를 강조하는 종교지도자들이 교회 수입의 십일조를 사회 어려운 이웃을 위해 사용했을까? 시설이 잘 되어 있고 웅장한 건물에, 문을 꽉꽉 닫지 말고 지역사회를 위해, 주민들을 위해, 활짝 열어 놓으면 좋지 않을까? 신자이든 신자가 아니든, 모든 사람이 허물없이 드나들 수 있고, 급할 때 도움을 청하기도 하고. 주민들이 성전 마당에 와서 잔치도 하고, 주차장도 이용하게 하고, 성전 지하에 납

골시설을 만들어, 신자가 아닌 사람에게도 싸게 이용하게 해 주고….

◆ 사람에 투자해야

앞으로는 친근하게 다가가는 종교가 아니면 살아남기 어려울 것이다. 또한 종교지도자들의 몫은 더 크다. 일부 개신교 목사들의 추태로 신자들이 많이 줄어들고 교회 다닌다는 말을 떳떳하게 말하지 못하는 신자들도 많다.

독재정치 하에서도 희망을 가질 수 있었다. 그때는 싱싱한 종교지도자들이 촛불을 들고 있었기 때문이다.

지금은 두꺼운 포장지 사이로 솔솔 기어 나오는 썩은 냄새가 구토를 느끼게 한다.

훌륭한 지도자들도 많다. 그분들 덕분에 아직도 우리나라에서 종교가 무너지지 않고 있는지도 모른다.

요즈음 사람들은, 옛날처럼 신앙을 몰라서 믿지 않는 게 아니다. 농부가 열매를 보고 과일나무를 사듯 좋은 열매를 보지 못해서다. 이대로 가다간 서양처럼 교회건물이 관광지가 될지도 모르겠다.

성당이나, 교회나, 절이나, 건물을 키우는 데 애쓰지 말고, 좋은 열매를 맺도록 애쓰지 않으면 잘려 버릴 것이다. 농부도 열매가 달리지 않는 나무는 잘라버리는데 하물며….

02 농업이 죽으면
생명이 죽어간다

2012-07-16

직업 중에 가장 오래된 직업이 농업일 것이다. 또한 가장 늦게까지 남아있는 직업 또한 농업이 될 것이다. 농업은, 생명과 직관된 직업이고, 가장 느리지만 가장 오래 버틸 수 있는 지구력을 가진 게 또한 농업이다. 앞으로는 핵전쟁보다 사람을 더 무섭게 하는 것은, 식량전쟁이 될 거라는 생각을 해본다. 깨어있는 나라는 이미 이런 상황을 간파해 미리미리 준비하고 있다. 그러나 우리는 어떤가?

◆ 식량위기 대책을 세워야

우리나라의 농업정책은, 가야 할 앞길은 보지 못하고 지나온 길만 기억하는 소경과 같다. 소경이 걸어가다 돌부리에 치어 넘어질 뻔했다면 그 돌부리를 캐내야 한다. 다음에 오는 사람이 넘어지지 않도록 조처를 취하고 위험표시를 하는 게 경우다.

그런데 대부분의 농업정책은, 넘어져 무릎이 깨지고 나면 수선을 피우다가, 상처가 아물만하면 또 잊어버린다. 그러다 여론의 화살시위가 당겨질 때면, 돌을 뽑아낸다고 요란을 떤다. 괭이 하나 가지고 가서 간단하게 파내면 될 것을, 대형 중장비를 동원해 역대의 공사를 하는 것처럼 소란을 피운다.

그것까지는 그렇다고 치자. 파낸 웅덩이를 메우지 않아 이번에는 그곳에 빠져 익사하게 만든다. 이런 일이 반복되면서 농민들은 탈진되어가고, 우리 농업은 수렁의 늪에 허우적거리고 있다.

◆ 더 이상 속지 않은 국민들

우리 국민은 순진하고 착하다. 정책자들의 실수를 스펀지가 물을 빨아들이듯이 국민이 흡수해준다. 그 덕분에 그래도 지금까지 버텨오고 있는지 모른다. 배춧값이 비싸니 적게 소비하자고 하면, 양배추로 김치를 담가 먹는다. 다음 해 농민들은 조금이라도 수익이 될까 싶어 배추를 심고, 너도나도 그런 심정이라 이번엔, 배추가 폭락이다. 이러면 으레 김치가 어디에 좋다느니 하며 매스컴에서 떠든다. 그 겨울의 식탁은 김치찌개, 김치만두, 김치볶음이다. 정책자들은 언제까지 착한 국민의 애국심을 우려먹을 것인가?

'대한민국에서 망하지 않으려면 청개구리가 되어라.'

이런 말이 비공식적인 공식어로 모든 사람에게 공감을 얻고 있는 것은 슬픈 일이다. 현실이기에 더욱 슬프다. 여기 오래전에 썼던 졸시 한 편을 다시 읽어본다.

청개구리만 살아남았다
양파가 풍년이라는 뉴스를 듣는
선량한 대한민국 국민들은
양파를 많이 먹어주도록 세뇌 당해야 한다는 것을
그동안의 경험으로 알아버렸다

이미 터득해버린 사업가는 알고 있다

청개구리만이 살아남는다는 것을

자칭 나라와 국민을 위해 목숨까지 바친다는

위대한(?) 인물들이 장려하는 정책에

서민은 늪에 빠져 허우적거리고

지켜보는 이는 서서히 청개구리가 되어간다

-본인의 시 중에

◆ 청개구리만이 살아남았기 때문이다

늦었지만 이제라도 정부는 국민의 미래 먹을거리를 위해 신뢰할 수 있는 정책을 수립해야 한다. 국민에게, 정부를 믿고 따르는 것이 서로가 득이 된다는 인식을 느끼게 해주어야 한다. 수입농산물이 밀물처럼 들어오는 지금, 농민들도 새로운 각오와 준비를 해야 한다. 예전의 농사방법으로는 승산이 없음을 알아야 한다.

그래도 지금은, 중국이 먹을거리를 수출하고 있기에 농민은 죽어가더라도 국민은 먹을 게 흔하다. 중국도 공업화가 되면서 식량을 수입하게 되면, 우리가 제일 치명타를 입게 될 것이다. 국민의 안보를 지키는 가장 안전한 무기는 지금, 농업의 미래에 투자하는 일이다.

03 과대포장,
신뢰를 무너뜨린다

2012-10-02

◆ 과대포장한 사람 실속이 없다

열등감이 많은 사람일수록 유달리 겉치레에 신경 쓴다. 속이 빈 것을 남한테 들키지 않으려는 조바심일 수도 있고, 그렇게라도 하지 않으면 무시당할 것 같은 불안일 수도 있다. 유명한 누구누구를 많이 안다고 떠벌리는 사람, 이력서에 잡다한 내력이 많은 사람, 어느 장소나 자기주장으로 목소리 큰 사람은 믿을만한 사람이 못 된다. 부족한 자신을 과대포장하기위한 행위에 지나지 않는다.

처음엔 호기심도 가지고 대단한 것처럼 알다가 시간이 지나면서 속의 내용물을 알게 될수록 실망하고 멀리하게 된다. 그런 사람일수록 주변에 피해를 많이 끼친다. 고위정치인을 빙자한 사기라든가, 친목을 도모한 횡령이라든가, 이권에 많이 개입해 사회적 문제를 일으킨다. 당하는 쪽에도 문제는 있다. 진실을 볼 수 있는 안목이 없기 때문이다.

진짜보다 더 진짜 같은 가짜가 많이 양상 되고 또 부추기는 세상이기도 하다. 외모에만 관심을 가지다 보니 마음은 악마인데 얼굴은 천사로 만드는 성형이 유행이다. 하물며 잘생긴 외모는 죄도 너그러워진다니 정상적인 세상은 아닌듯하다.

◆ 농산물 과대포장 줄여야 한다

요즈음 농산물에도 과대포장이 문제다. 누구나가 한 번쯤은 경험했을 것이다. 선물을 받았는데 알맹이 값보다 포장지값이 더 나갈 것 같은 배신감을. 어느 행사장에서 저녁 대신 떡을 받았다. 손가락 두 개 부피의 떡 두 쪽인데 떡을 담은 케이스가 떡값보다 두 배는 비싸보였다. 배가 고픈데 화가 났다. 그 케이스를 버리기도 아깝고 어디다 쓰기도 여의치 않았다. 낭비라는 생각이 들었다. 떡을 주는 목적에 합당하게 떡이 주인공이 아니고 포장지가 주인인 듯 했다.

요즈음 농산물에도 이런 상황이 유행인 듯하다. 예전엔 그리 심하지 않았는데, 시류의 추세인지, 소비자들이 그렇게 원해서인지, 장사꾼들의 상술인지, 아마도 그 모두일 것이다. 과대포장 한 것이 더 비싸게 팔리다보니 생산자는 포장에 신경을 쓰지 않을 수 없다. 그렇지 않아도 일손이 모자라는 농사일에 필요 없는 포장까지 손이 가야 한다.

뿐만 아니라 비용도 더 든다. 소비자의 입장에서도 손해다. 더 비싸게 주고 사야 하고 거기에 나오는 쓰레기 버리는데도 돈이 든다. 한순간의 눈요기로 그치기에는 너무나 많은 비용을 지불해야 한다. 이건 분명 현명한 선택은 아니다.

◆ 소비자들이 똑똑해져야 한다

이제는 소비자가 지혜롭고 똑똑해져야 한다.

우리 사회의 모든 병폐를 막을 수 있는 사람은 여자들이다. 특히 살림을 잘하는 주부들이 실속 있고 알찬 물건들을 구매한다면 생산자들도 거기에 맞추어 물건을 만들 것이다.

참 어리석은 일은 예쁘게 보이는 과일이나 채소를 사느라 비싼 돈

주고 농약을 사 먹는 일이다. 소비자들이 농약 친 것을 더 사가니 어쩔 수 없는 일이다. 명절을 기해 선물을 주는 사람도, 받는 사람도, 화려한 포장지보다는 내용이 알찬 물건을 선택할 일이다. 소비자의 현명한 선택이 농촌을 살리고, 환경을 살리고, 허덕이는 가계도 살리는 길이다.

04 정치인의 자질을 검증해야 한다

2012-11-19

◆ 정치인들의 의식을 바꾸어야

누구나가 들어봄직한 떠도는 말이다. 거짓말을 잘하면 정치인을 만들고, 말을 잘하면 목사를 하라는 말이다. 정치인의 거짓말은 공식적으로 인정받는 공인된 상황이 되었다. 그 내막에는 국민이 포기했다는 의미도 있고, 재발될 가능성이 많아 치료가 안 되는 불치병이라는 의미도 있다. 또 한편으로는 그 거짓말이 먹혀들어 이득을 보았던 경험을 버릴 수가 없다는 뜻이기도 하다.

지금의 국민 수준은 60년대와는 다르다. 우리 국민이 지역이나 감정, 자기 이권을 떠나 진정으로 우리와 후손들의 미래를 이끌어갈 정치인을 골라야 하는 안목을 가져야 한다.

정치후보자나 고위공직자들 적어도 4급 이상의 공무원이나 지방단체장, 선출직 후보들은 예비고사를 거쳐 최소한의 기본을 갖춘 사람으로 자격심사를 했으면 한다. 청문회나 입후보 과정에서 어느 정도는 걸러진다고는 하지만, 이제는 자기의 꿈이 정치인이라면 성장과정에서부터 흠 없이 자라도록 해야 한다.

정치인들이 갖추어야 할 요건

① 남자는 군대를 다녀와야 한다. (장애가 있는 경우는 예외지만)

② 세금을 성실하게 내고 체납이 없어야 한다.

③ 가족 모두가 이중국적자가 아니어야 한다.

④ 범법자가 아니어야 한다.

⑤ 공금 횡령 사실이 없어야 하고, 재직 중에 국가나 이웃에 손해를 끼친 일이 없어야 한다.

⑥ 성범죄나, 사기, 배임행위가 없어야 한다.

⑦ 개인의 이권을 챙기려 소속 단체나, 기관, 회사에, 손해를 끼친 일이 없어야 한다.

이러한 기준들을 정해서 이 점수에 미달하는 사람들은 애초에 낙제를 시킨다면 좀 더 수준 있는 정치인이나 공무원들이 나오지 않을까? 청문회에서 검증한다고 시끄럽게 떠들 필요도 없는 것이다. 이런 규정을 몰라서 못 한 것은 아닐 것이다. 본인들이 불리하기에 이런 규정을 만들기 싫은 것일 거다.

더불어 가산점을 주는 규정도 만들면 좋을 것이다.

① 사회에 유익한 일을 많이 한 자.

② 진정한 봉사를 꾸준하게 하고 있는 자.

③ 가정과 이웃과의 관계가 원만한 자.

④ 사생활이나 금전관계가 깨끗한 자.

⑤ 매사를 입으로가 아니고 몸으로 실천하는 자.

⑥ 젊은이들에 희망과 꿈을 줄 수 있는 자.

⑦ 옳은 것은 옳고, 그른 것은 그르다고 말할 수 있는 소신이 있는 자.

이제 우리 모두는, 정치인이나 권력자들에게 희망을 가지기에는 너무 지쳐있다. 우리 스스로가 눈을 크게 뜨고 그들을 감시해야 한다. 우리의 미래가 달려 있기 때문이다.

05 회색지대가 필요하다

2013-02-04

◆ **세련된 사람들은 파스텔색을 좋아해**

빨간색과 노란색을 섞으면 주황색이 된다. 초등학교 미술 시간에 누구나가 한 번쯤은 직접 실험해 보았을 것이다. 빨간색이나 노란색을 그대로 쓰면 원색적이다. 순수하기도 하지만 촌스럽기도 하다. 그래서일까? 세련된 멋쟁이들은 중간쯤의 색인 파스텔색을 잘 활용한다.

그림의 대가들은 대부분 색을 혼합해서 쓰는 경우가 많다. 너무 강한 것은 희석시키고, 본래의 색감을 잃지 않으면서, 보는 이로 하여금 거부감을 느끼지 않게 한다. 이런 감각을 읽을 수 있는 사람은 결코 초보자는 아니다.

◆ **색깔에 민감한 사람들**

우리나라 사람들처럼 색에 민감한 국민은 세계 어디에도 드물 것 같다. 선거 때가 되면 각 정당을 색깔로 표시하는가 하면, 지역을 색깔로 단정 지어 표시하기도 하고, 사람을 색깔로 지칭하기도 한다. 어느 때는 여기가 아프리카 원주민이 사는 지역인가 하는 생각이 든다.

해방 이후 우리는 색깔 때문에 많은 사람을 죽이고, 죽임당하고, 나와 다른 생각을 가진 사람을 적으로 단정했다. 기득권자들이나 정치인들이 자기 것을 지키는 데 불리할 경우에는 꼭 빨간색을 뒤집어씌워 상대를 처단하곤 했다.

사회적으로나 정치적으로 또 개인적으로 60년 우리 근대사의 아픔이고, 아직도 치유되지 않은 상처이며, 우리나라가 선진국이 되지 못하는 걸림돌이기도 하다. 그동안 빨간색은 우리 민족에겐 피를 대변하는 색이기도 하고 두려움과 공포의 색이었다.

◆ 빨간색의 변화

그 저주스럽던 공포의 빨간색을 환희의 색으로 일순간 바꾸어 버린 것은 2002년도의 빨간 응원 물결이었다. 그때 우리가 기적적으로 월드컵에서 4강을 했다는 사실보다, 더 기적적인 변화는, 빨간색에 대한 의식변화라고 생각한다.

더 놀라운 것은 그동안 툭하면 빨간색을 뒤집어씌우던 기득권의 당색이 빨간색이라는 것이다. 아마 진보당에서 빨간색으로 표시되었다면, 우리 사회나 보수언론이 그대로 받아들이고 용인되었을까? 겉으로는 적응할 사이도 없이 세상이 너무 변한 것 같다. 그러나 속까지 변화되려면 더 많은 시간이 필요한듯하다. 초등학생이 키가 크다고 대학생의 옷을 입었다고 해서, 대학생의 생각과 대학생의 현실을 이해하지 못하듯이, 지금 우리도 그런 현상이지 않을까?

무지개가 아름다운 것은 여러 색깔이 조화를 이루어서다. 이제는 우리 사회가 좀 더 성숙하고 세련되었으면 한다. 나와 의견이 다르다고 상대를 적으로 내몰 것이 아니라, 그쪽에서 보면 내 의견도 다른 쪽에 있음을 받아들여야 한다. 틀린 것이 아니라 다를 수 있음을 인정하고 배려할 수 있는 인격이, 이 사회의 구성원이 되어야만 우리 사회는 희망을 키울 수 있을 것이다.

빨간색도, 노란색도, 아름다운 색이지만, 주황색도 아름다운 색이다. 검정도, 흰색도, 뚜렷한 색이지만, 회색도 그 못지않게 독특한 색이다. 생각해보라! 이 세상이 온통 빨간색만 있다거나 노란색만 있다면, 검정색으로만 가득하다면, 대부분의 사람은 미쳐버리거나 정신병자가 될 것이다.

무지개가 아름다운 것은 여러 색깔이 같이 모여 하나의 형태를 이루기 때문이다. 우리도 아름다운 사회를 이루기 위해 여러 색깔이 같이 어우러져 무지개 띠를 만들 수 있어야 하겠다. 그 주도적인 역할을 우리는 정치인에게 바란다.

회색지대

흰색이 검정에게

-우리 사귈래?

검정이 대답했다.

-나 너 사랑해.

둘이서 살다 보니 회색이 되었다.

흰색이 말했다.

-나를 만나 네가 너를 잃은 것 같아 마음 아파.

검정이 흰색을 어루만지며 대답했다.

-아니, 너를 만나서 내가 변화된 거야.

-본인 시 중에

06 출산율을 높이려면
정책을 바꾸어야 한다

2013-05-20

◆ 자식이 노후대책이었던 시대

요즈음은 노후문제에 대해 무척 관심이 많아졌다. 지금 칠십이 넘으신 분들의 노후대책은 아들이었다. 특히나 장남에 대한 기대와 책임이 강조되었다. 유산도 장남에게 우선권을 주었고, 장남을 가르치기위해 나머지 자식들은 희생을 강요하기도 했다. 딸들은 오빠를 뒷바라지하기 위해 공장에 내몰리기 일수였다. 자식으로서의 권리도 인정받지 못했다. 그랬던 부모들의 노후는 거의 부도 직전이다.

◆ 부도난 노후 보험

노후 보험을 자식으로 든 부모들은 부도난 현실을 실감하고 있다. 그래도 그분들은 고생스러웠지만 여러 명의 자식을 키웠기에 그 자식들이 조금씩만 부담하면 노부모에 도움을 줄 수 있다. 지금 칠십 이하의 어르신들은 더 문제다. 연금 초기라서 연금 준비도 부족하고, 본인의 노후 준비도 부족했다.

국가복지정책이 해마다 개선되어 가는 모습은 다행이다. 노인정이라든가 노인들을 위한 교육 프로그램은 어느 나라보다 잘 되어 있다. 생활이 어려운 노인들은, 기초노령연금이나 기초수급대상자들의 보조금은 큰 도움이 아닐 수 없다. 그러나 앞으로는 대상자에 대한 선정 방법에 대해 신중히 고려해야 할 것 같다.

◆ 수급자가 되기 위해 자식과의 인연도 끊어야 하는 세태

아는 어떤 분이 늦은 나이에 재혼을 했다. 전처에 장성한 자식이 있지만, 형편이 좋은 편은 아니다. 새 아내는 재산이 있는 여자다. 그들은 혼인신고를 하지 않고 산다. 그녀는 재혼한 남편에게 아들과 호적을 정리하라고 했다. 아들이 있다고 도움을 주지도 못하면서 수급자 대상에 걸림돌이 된다는 것이다. 그야말로 부자지간에 호적을 파버리라는 것이다.

앞으로 이런 문제가 더 많이 발생할 것이다. 더욱이나 "애들은 낳지 않고, 쓰고 싶은 사치는 다 하다가 늙어서, 내가 힘들여 키운 자식들이 낸 세금으로 노후를 살겠다."는 말이냐며 애 키우는 엄마들의 불평도 귀 기울일 말이다.

애들 하나 키우는 데 얼마의 돈이 든다는 건 국가 발표로 다 알고 있다. 또한 여러 가지 이유야 있겠지만 이혼하는 가정이 늘면서 사회적인 문제가 많이 발생한다. 청소년 문제도 그렇지만 어린이 문제도 심각하다.

◆ 연금 지급 방법을 달리해야

국민연금을 지급할 때는 자녀를 많이 낳은 가산점과, 삼십 년 이상 결혼생활을 유지한 점수를 합산해 플러스알파를 주고, 혼자 살거나 애들을 낳지 않았을 경우는 그만큼을 감하면 재정에 어려움은 없지 않을 것이다. 결혼을 하고 싶어도 그럴 여건이 안 되어 혼자 사는 사람도 있고, 자기 성취를 위해 혼자 사는 사람들도 있다. 사정이야 있겠지만 자식을 키우느라 돈을 지불하지 않은 만큼, 다음 세대가 주는 혜택을 기대하는 건 조금은 염치없는 일이다. 그들도 할 말은 많다. '우리는 세금을 더 내지 않느냐' 물론 그런 점도 있다.

그러나 돈으로 해결할 수 없는 것은 사람이다. 한 사람을 성장시키려면 적어도 이십 년 이상을 투자해야 한다. 적은 수의 젊은이들이 많은 노인을 부양하기에는 버거운 일이다. 수급자 대상을 선정할 때나, 국가에서 혜택을 주는 경우에도 이런 제도가 적용되면 출산에 도움이 되지 않을까 생각해 본다.

많은 자녀를 키우는 가정에 혜택도 많아야 한다. 공무원이나 회사에서 월급 인상할 때도 일률적으로 하지 말고, 부양가족이 많은 사람은 좀 더 높게, 적은 사람은 좀 더 적게 하면 전체적인 금액으로는 큰 차이가 없을듯하다. 승진 점수에도 반영하고, 구조조정을 할 때는 가족 부양자가 적은 대상부터 한다면 어떨까? 물론, 여러 가지 부작용도 있겠지만, 젊은이들이 줄어드는 상황에서는 국가도 위기 상황이다.

지금 젊은 부모들은 자식에 노후를 기대하지는 않는다. 그러면서도 자식들 때문에 노후 준비도 못한다. 국가에서는 자녀를 많이 낳아 키우느라 노후 준비를 못한 사람들을 위해 혜택을 많이 주는 쪽으로 해야 한다. 그렇지 않으면 어린이 보기는 더 어려울 것 같다. 여러 가지 예외는 있을 수 있겠지만, 상황에 따라 유연하게 대처하면 될 것이다.

자녀를 키울 수 없는 가정의 어린이들은 국가에서 키워야 한다. 세금고지서에는 수십 년째 교육세가 따라오는데 어디에 썼는지 표시가 없다. "낳아만 주신다면 국가에서 키우겠습니다." 하는 여건이면 다시 생각해볼 젊은 부부들도 많으리라 본다. 이대로 출산이 줄어든다면 대한민국은 머지않아 지구상에서 사라질지도 모른다는 불안감이 든다.

07 한국종교
다시 태어나야 한다

2013-07-29

◆ 이 시대가 절망하는 이유

성경을 읽다 보면 지금이나 오천 년 전의 인간의 모습이나 별다른
게 없는 듯 하다. 싸우고, 죽이고, 빼앗고, 권력자는 군림하고, 없는 자
는 어디서나 천대받는 모습이다.

세상 모든 제도가 다 타락해도 교육과 종교가 제 역할을 충실히 한
다면 그 사회는 희망이 있다. 그러나 지금 우리 사회가 절망하고 있는
것은, 교육과 종교가 다른 어느 때보다 더 타락해 있다. 교육은 미래의
희망이고 종교는 영혼의 희망이다. 그 희망의 촛불이 진흙 속에서 가
물거리고 있다.

◆ 천당을 팔아먹는 종교인들

팔십이 되어 혼자 사는 한 할머니는 수급자다. 한 달에 이십여만 원
의 생활비를 국가에서 받는다. 그걸로는 생활이 안 되어 파지를 줍고,
돈이 될 수 있는 빈 병을 줍는다. 몸도 여의치 않아 사람을 만날 수도
없어 가까운 곳의 종교를 믿는다. 불편한 몸으로 열심일 수는 없지만
그렇게라도 다닌다면 지옥에는 가지 않으리라는 기대 때문이다.

그 할머니 통장에 한 달 생활비 이십여만 원이 들어오는 날, 종교인

이 찾아와 헌금을 해야 천당에 간다며, 그중에 이만 원을 가져갔다. 은행시간이 지나서 수수료를 물어가며 가져간 그 헌금을 신은 기쁘게 받았을까?

천만 원을 버는 자에게서의 수백만이 크게 부담 안 되는 돈일 수도 있다. 하지만 기초생활도 안 되는 이십만 원 중에서의 이만 원은 큰 부분이다. 이건 어설픈 종교인의 모순된 행위다. 이런 분들은 오히려 도움을 주어야 하는 게 아닐까? 가진 자만이 우대하는 종교집단들이 어려운 사람들을 더 어렵게 몰아가고 있다. 종교에서까지 위로받지 못한다면 그들의 삶은 절망에 빠질 것이다.

종교시설에 드려진 헌금이 주변의 어려운 이웃을 위해 사용되고 있는지 묻고 싶다.

◆ 정의와 자비와 신의를 실천해야

마태복음 23장 23절 24절에는 이런 말씀이 쓰여 있다.

율법학자들과 바리새파 사람들아, 너희 같은 위선자들은 화를 입을 것이다. 너희는 박하와 회향과 근채에 대해서는 십 분의 일을 바치라는 율법을 지키면서 정의와 자비와 신의 같은 아주 중요한 율법은 대수롭지 않게 여긴다.

십 분의 일세를 바치는 일도 중요하지만 정의와 자비와 신의도 실천해야 하지 않겠느냐? 이 눈먼 인도자들아, 하루살이는 걸러 내면서 낙타는 그대로 삼키는 것이 바로 너희들이다.

정의와 자비와 신의 같은 것을 실천하지 않으면서 물질적인 헌금만 강조하는 종교지도자들이 과연 성직자일까? 종교를 팔아먹고 사는 사람일까?

◆ 세상이 어두울수록 빛이 필요하다

그동안은 우리 사회의 어둠을 밝히는 존경받는 훌륭한 종교지도자들이 있어 그래도 희망을 가질 수 있었다. 어쩌면 그분들이 한국 종교를 융성하게 번창시키는 데 주춧돌 역할을 하셨다면 지금은 뒤돌아 반성해볼 일이다.

앞장서 횃불을 들고 길을 밝힐 수 있어야 하는 게 종교인이다. 왜냐하면 예수님이 그렇게 하셨고 그러기를 원하셨기 때문이다.

08 후원금이나 기부금 등은
   투명하게 밝혀야 한다

2013-09-09

◆ 인정 많은 우리나라 사람들

예전 같지는 않지만 그래도 우리나라 사람들은 참 인정이 많다. 의식 수준이 높아가면서 베풀고 나누고, 봉사하려는 사람들이 늘어나는 게 사회를 참 훈훈하게 한다. 어려운 재난을 당할 때 돼지저금통을 들고나오는 어린아이의 따뜻한 마음이 미래의 희망을 가지게 한다. 마음만 먹으면 언제 어디서나 크든 작든 기부할 수 있고, 기부 받을 준비가 되어 있다.

텔레비전을 보다가도, 라디오를 듣다가도, 슈퍼에서 물건을 사다가도, 은행에서나 음식점에서 거스름돈이 남을 경우에도, 기부할 수 있는 기회가 많이 주어진다.

재난이 있을 때는 모든 매스컴을 통해 대대적으로 홍보한다. 국민 모두가 힘을 합해 재난을 극복하려는 마음은 참으로 대견하고 아름다운 일이다. 모든 사람이 동참하고 기꺼이 큰 액수를 기부하기도 한다.

많은 금액이 모인 것은 아는데 한 번도 어디에, 무엇을, 어떻게, 누구에게, 얼마를, 쓰였고 어떤 방법으로 도움을 주었다는 결과를 들어보지 못했다. 딱히 도움을 받아서 살림이 나아졌다는 얘기도 들리지 않는다.

◆ 우리가 낸 돈들 정당하게 쓰였는가?

적십자회비 용지가 나올 때마다 갈등을 한다. 정말 이 적십자회비가 내 좋은 생각대로 꼭 필요한 사람에게 꼭 필요하게 쓰일까? 아주 어려운 곤경에 빠져 절실히 도움이 필요한 처지였는데도 회비를 냈는데, 정작 적십자회비를 운영하는 그 단체의 직원들이, 도움이 필요한 사람들은 챙기지 않고, 눈먼 돈으로 알고 자기네들이 흥청망청 쓰는 것을 목격한 어떤 분은, 분노가 치밀었다고 한다. 언젠가 뉴스에서도 본 것 같다. 그 지인의 경우가 아니더라도 그처럼 화가 나는 경우를 많이 보아왔다.

남한테 주는 것은 내가 남아서 주는 것은 아니다. 남한테 천 원을 주려면 나는 만 원을 아껴야 한다. 쓰고 싶은 것 다 쓰고 사치하는 사람 치고 남에게 도움을 주는 사람은 별로 보지 못했다. 이처럼 힘들게 후원한 사람들의 후원금을 관리하는 측에서는 모든 관리를 투명하게 밝힐 마땅한 의무가 있지 않을까?

◆ 사용처를 투명하게 밝혀야 한다

대부분의 사람들도 그러하겠지만 나도 몇 군데 고정적으로 후원하는데 가 있다. 그중에는 정리한 곳도 있다. 정리 대상은 사용내력을 투명하게 밝혀 보내주지 않은 곳이다. 아프리카의 굶주린 사람에게 보탬이 될까 해서 나의 밥 한 끼를 보내고 있다. 헌데 사용 내력서에는 전부 다 보내지는 게 아니고 단체 운영비에 반절이나 써졌음에 화가 나기도 하다. 그러나 나는 그 단체를 신뢰하고 후원금을 보낸다. 모든 것을 투명하게 밝혔기 때문이다.

◆ 투명하도록 우리가 만들자

우리 사회가 국민소득은 세계 몇 번째라고 자랑을 하면서도 선진국이라고 인정받지 못하고 인정해 주지 않는 것은 기업, 회사, 관공서, 기부금 단체까지 투명하지 않기 때문이다. 그쪽에서 투명하기를 꺼린다면 투명하지 않으면 존재할 수 없게끔 모든 국민들이 만들면 어떡할까? 투명하지 않은 기업은 투자를 하지 않으며, 투명하지 않은 교회는 헌금을 하지 않고, 투명하게 운영하는 단체에만 후원금이나 기부금을 낸다면 좀 더 빨리 달라질 수 있지 않을까?

사람들의 의식이 변화되어야 사회가 변화된다. 변화되지 않은 사람이나 사회는 진화하지 못한다. 진화가 멈추면 퇴화되고 퇴화는 곧 도태다. 우리는 살아남기 위해서라도 투명한 사회를 만들어야 한다.

09 말보다 행동으로 실천해야 한다

2014-04-21

◆ 입이 하나인 것은

사람이 죽으면 혀부터 썩는다고 한다. 거짓말을 너무 많이 해서란다. 천주교의 성인 중에 혀가 썩지 않은 기적으로 성인이 된 사람이 있다. 남편인 왕은 폭군이었다. 마음이 아픈 왕비는 고해성사를 했다. 왕이 사제를 불러 왕비의 성사 내용을 말하도록 했지만 모진 고문에도 사제는 입을 열지 않았다. 화가 난 왕이 사제를 죽여 강에 버리도록 명령했다. 신자들이 몰래 사제의 시신을 거두어 묻었다. 수백 년 후에 시신을 파 보았더니 모든 육체는 다 썩고 없어졌는데 혀만 살아있는 사람 혀처럼 싱싱하게 있더라는 것이다.

입이 하나인 것은
눈구멍, 귓구멍, 콧구멍을 쌍으로 만드신 조물주께서
입구멍을 하나만 만드신 것은
그들은 둘이어도 의가 좋지만
입구멍은 하나로도 감당키 어렵고
혀를 묶어놓지 않으면 죄 질 일이 많아
철장 속에 가두고

문을 굳게 잠그기 위함인가보다.

　-본인 시 중에

◆ 말만 잘 하는 사람 신뢰가 안 간다

　말에 대한 우리의 속담은 참 많다. 그만큼 말이 중요하고 말의 위력과 파장이 크다는 것이다. 누구나가 한 번쯤은 말실수로 곤욕을 치른 경험이 있을 것이다. 사람을 죽이고 살리는 일뿐만 아니라 역사를 좌지우지하는 일도, 그 사람을 평가하는 일도 말에 의해서다. 그러나 자기가 한 말을 책임지지 못하는 사람, 말만 잘 하는 사람, 실천하지도 못할 것을 알면서도 그렇게 할 것처럼 굳게 약속하는 사람은 사기꾼이다. 주변에 이런 사기꾼들이 참 많다. 많은 것을 약속하는 사람. 과장되게 미사여구를 붙여 듣는 사람을 현혹시키는 사람, 귀에 듣기 좋은 소리만 하는 사람, 간이라도 빼 줄 것처럼 친절하게 다가오는 사람도 내 것을 빼앗아 가려는 사람이다.

　이런 현상을 가장 피부로 체험하는 때는 선거철이다. 한두 번 속은 것도 아닌데 번번이 또 속는 게 되풀이된다. 목적을 이루면 자기가 한 말을 까마득히 잊어버리는 사람, 기억한다 한들 실천하기에는 너무 감당하기 어려운 약속이라 아예 무시해버리는 당선자들을 우리는 너무 많이 보아왔다.

　자기 말에 묵묵히 실천하고 행동하는 사람이 필요한 때다.

◆ 실천할 수 없는 말은 공해다

　지금 우리 국민들이 배신감과 절망감에 헤어나지 못하는 것도 대통령의 공약 파기에서 오는 허탈감과 무기력감이다. 그래도 그분만은 신뢰와 원칙을 지키는 사람이라고 굳게 믿고 지지한 국민들은 멘붕 상태다. 국민의 책임도 크다. 그 화려한 꿈같은 공약과 약속을 지키려면 얼마의 대가를 치러야 하는지를 생각하지도 않고 환호했기 때문이다. 그 모든 것을 해 주는데 대통령이나 국회의원이나 시장이 개인재산을 털어서 해 주는 게 아니다. 국민들이 낸 세금으로 그들의 입 잔치에 광대 노릇을 한 것에 지나지 않는다는 것을 깨달은 후에는 이미 늦은 것이다.

말 잘하는 사람은 하루 정도는 같이 노는 것도 재미있을 것이다. 그러나 오랫동안 같이 지내야 한다면, 내 살림을 맡겨야 하는 사람이라면, 말을 행동으로 보여주어야 신뢰할 수 있을 것이다.

이제는 신중하게 말하고, 그 말을 책임 있게 실천하고, 행동으로 옮기는, 양심을 가진 사람을 지도자로 모시고 싶다.

10 보궐선거
   -당과 문제의 당사자가
   선거비용을 내야 한다

2014-06-30

◆ 정치인의 불신 시대

선거 때만 되면 우리는 곧 지상천국에서 살게 될 것 같은 착각을 한다. 그들이 꼭 이루겠다고 떠드는 것들이 이미 부도난 어음이라는 것을 수없이 체험한 사람들은, 개가 짖느냐 닭이 소리치느냐 개구리가 우느냐는 식으로 또 때가 되었나보다 하고 무관심이다. 너무나 많이 속아왔기에 타성이 되어버린 것이다.

우리나라 사람들 대상으로 가장 신뢰도가 떨어지는 사람이 어느 직업인이냐고 물었을 때 정치인이라고 응답했다는 설문 조사가 있었다. 그래서일까? 우리 어렸을 때만 해도 어린이들의 희망을 물었을 때 대부분이 대통령, 국회의원, 장관, 판검사들이었는데 지금 어린이들은 현명해서인지 그렇게 대답하는 경우가 드물다.

어쩌면 가장 존경받지 못하는 직업군의 사람들이라서 정치인이 되겠다는 게 부끄러워서인지도 모르겠다. 그래도 이 나라가 운영되어 가려면 또 투표를 해서 사람을 뽑아야 한다.

◆ 당선 무효 누구의 책임인가

한 번 선거를 치르는 데 막대한 돈이 들어간다는 걸 모르는 사람은 없다. 물론 그 돈은 국민들이 낸 세금이다.

돈만 들어가는 게 아니라 국가적으로나 개인적으로 여러 가지 생활에 막대한 지장을 준다. 그 선거판을 이용해서 먹고 사는 기생충 같은 선거꾼들도 있고, 애쓰는 자원봉사자들도 있지만, 일반 국민들은 많은 불편을 감수해야 한다. 선거에서 당선된 사람이 아무 흠 없이 훌륭하게 지역발전과 국가를 위해 일 하고 있다면 오히려 유권자들이 감사하고 고마울 일이다. 문제는 흠이 없는 사람인 줄 알고 당선을 시켰는데 당선 무효가 되는 범법행위를 한 경우다. 이런 문제에 대해 우리 시흥시도 떳떳하지 못한 과거가 있다. 그런 사람인 줄 알지 못하고 과장된 표현과 언변에 속아 그런 사람에게 한 표를 던진 유권자에게도 전혀 책임이 없다고는 할 수 없다. 그런 사람인 줄 알면서 개인적인 이권을 챙기기 위해 적극 선거운동을 하고 다녀 당선에 도움을 주었다면 양심을 팔아먹은 행위와 같다. 사전에 충분히 검토하고 감시하지 못한 선관위에도 책임이 있다.

그러나 수단과 방법을 가리지 않고 당선하고 보자며 법을 어기는 술수를 쓴 당선자의 책임이 제일 크다. 또한 당선자가 성추행범이라든가 이권에 개입해서 국가나 지역에 손실을 끼쳤다면 당선 무효가 당연하다.

◆ 보궐선거 비용은 누가 내야 하나

당선 무효가 되었을 때 또 투표를 해야 하고, 그 비용과 경비를 혈세로 지출하게 된다. 치르지 않아도 되는 일을 치르니 짜증스럽다. 보궐선거는 쉬는 날이 아니라서 유권자들도 많은 불편함을 감수해야 한다. 그러다 보니 투표율도 저조하다. 이런 경우 능력 있는 사람보다는 사조직을 많이 거느리고 있는 질이 부족한 사람이 당선되기 쉽다. 폐단이 이만저만이 아니다. 이 책임을 누가 질 것인가? 꼭 필요한 데는 예산이 없어 지출하지 못한다면서 이런 일에 세금을 쓴다는 게 화가 난다.

보궐선거 비용은 보궐선거를 하게 만든 당사자와 그런 사람을 후보자로 추천한 당에서 물어내야 한다. 이런 문제는 국회에서 법으로 제정해야 하는데, 그동안 알면서도 모르는 척 해왔거나 자기네들에게 불리한 일이라 애써 외면해왔는지도 모른다. 이제는 유권자들이 요구해야 한다.

투표를 할 때 신중하게 선택하여 재선거를 해야 하는 불미스러운 일이 없어야 하겠지만, 당선 무효를 받은 사람에게 선거비용을 물도록 서명운동이라도 해야 할 것 같다. 이제는 세금도 우리가 지키고 사용처를 감시해야 하는 똑똑한 시민이 되어야 하는 것이다.

11 지금 우리의 언론은 살아있는가?

2014-09-22

◆ 매스컴의 위력은 대단하다

쿠데타를 성공시킨 군인이 제일 먼저 찾아간 곳이 방송국인 것은 어느 나라나 마찬가지인 듯하다. 가장 전파가 빠르기에 먼저 기선제압을 해야 하기 때문일 것이다.

선진국이든 후진국이든 권력을 잡은 자의 생리는 비슷한 것 같다. 제일 먼저 언론을 자기 편에 끌어들이기 위해 여러 가지 수단 방법을 쓰고 있음을 본다. 총부리를 들이대기도 하고, 협박을 하거나, 당근을 주거나, 돈줄을 끊거나, 여러 다양한 방법을 써가면서 언론을 자기 편으로 잡아들인다.

이런 짓은 독재국가나 후진국일수록 심하다. 북한 같은 기상천외한 나라는 언론은 없고 유언비어만 돌아다닌다. 조금씩 눈이 떠가는 북한 주민들도 자기네의 체제선전방송이나 신문을 믿는 척할지는 모르지만 그대로 믿지는 않는다고 한다.

우리도 한때 언론이 공권력으로 통제되었을 때 많은 루머와 유언비어들이 난무했다. 지나고 보면 공식적인 뉴스보다 사실인 경우도 있었고, 허무맹랑한 이야기도 있었다. 그런데 이상한 것은, 언론을 통제하고 억압하고 체제 옹호 선전을 할수록 그와 반대의 현상을 일으킨다는 것이다.

'임금님 귀는 당나귀 귀'라고 아무도 없는 숲속에서 소리쳤는데 온 세상이 알게 되었다는 우화를 모르는 사람은 없다. 당나귀 귀면 어떻고 송아지 귀면 또 어떤가. 자연스럽게 있는 사실을 드러냈다면 관심도 가지지 않을 것이고 흉이 될 것도 아니다. 본인의 열등감 때문에 감추려다가 더 크게 들통 난 경우를 많이 보아왔다.

◆ 언론은 공기와 같다

암 환자들이 암 판정을 받은 후에 가장 먼저 찾는 곳은 물 좋고 공기 맑은 곳이다. 평소에는 공기가 그렇게 중요한지를 모르다가 아니, 이론적으로는 알고 있지만 병이 생기기 전에는 실감하지 못한다.

요즈음은 공해 문제로 건강이 서서히 악화되어 가는 현상을 모두가 알고 있다. 하루아침에 문제가 되는 것은 독가스라던가 진공상태다. 서서히 조금씩 오염되어가면서 나도 모르게 건강이 악화되어 가는 현상이 어디 공기뿐이던가? 우리가 날마다 듣고, 보고, 읽는, 매스컴에도 이런 공해가 많이 있다. 자기의 사욕을 채우기 위해 공정하지 못한 언론을 유도하는 언론사도 있고 정권을 유지하기 위해 나팔수 노릇을 하는 언론사도 있다.

국민들이 최면 상태에 빠지도록 현란한 말로 진실을 왜곡하는 언론사들은 공해를 배출하는 악덕 기업 공장주와 같다. 사회의 건강을 지키기 위해서는 국민들이 현명하게 판단해야 한다.

◆ 지금 우리의 언론은?

민주주의라는 제도는 국민이 깨어있고, 살아있고, 올바른 가치 기준을 가지고 있을 때만이 꽃을 피울 수 있는 제도다. 감옥 안에서 지도자를 뽑는다면 가장 선량한 죄인이 뽑히지는 않을 것이다. 국민을 깨우고, 국민을 살아 움직이게 하고, 올바른 가치 기준을 가지도록 앞서 이끌어야 하는 게 언론의 사명이고 책임이다.

지금 우리 사회 모든 언론은 이 사명과 의무를 다하고 있는지 되돌아볼 일이다.

역사상으로 보면 대부분의 권력자들이나 지배층들은 백성들이 깨어나는 것을 두려워하고 가로막았다. 아마도 북한이 철저하게 언론을 통제하고 문호를 개방하는 것을 두려워하는 이유도 같은 맥락일 것이다.

우리나라는 민주주의 국가이고, 국민은 주인이고, 우리는 몸과 마음 정신까지 건강하게 살 의무와 권리가 있다.

국민들의 수준은 나날이 높아 가는데 언론의 수준은 나날이 낮아져 간다면 공해의 주범이 될 것이다. 지금 우리의 언론은 살아있는가?

12 한국종교, 변화해야 한다

2015-02-16

◆ 천성적으로 착한 민족

주변을 돌아보면 한 집 건너 하나씩 십자가가 보인다. 절도 산에서 하산하여 중심가 건물에 자리 잡았다. 포교를 위해 사람이 있는 곳을 찾는 건 자연스러운 일이다. 절을 빙자한 사이비 무속인들이 불안한 사람들을 파고드는 경우가 더 많다는 게 문제이기도 하다. 우리 민족은 천성적으로 착하다. 역사상에 내 힘으로 어찌할 수 없는 어려움을 많이 겪다 보니 보이지는 않지만 나보다 능력을 가진 어떤 힘에 습관적으로 빌어 왔다. 돌이 있는 곳마다 즐겨 탑을 쌓는 민족이다. 마을 어귀 수백 년의 수령을 가진 나무에는 촛불 켜고 빈 흔적들을 자주 본다. 그래서인지 세계의 어떤 종교도 한국에 들어오면 망하는 일이 없다고 한다. 세계의 종교인들이 한국을 주목하는 이유다. 그러나 지금 우려하는 목소리가 더 커져 가고 있음을 알아야 한다.

◆ 성인들은 건물을 짓지 않으셨다

종교는 확장되어가고 있는데 사람은 갈수록 메말라가고 있다. 널려 있는 게 십자가인데 십자가에서 위로받는 사람은 줄어가는 현실이다. 신앙생활도 돈이 있어야 한다는 말이 빈말은 아니다. 어려움을 위로

하고 공감하고 같이 나누는 시대가 아닌 것이다. 이 역할을 종교인들이 해 주어야 하는데 그들도 건물에 신경 쓰느라 사람에게 신경 쓸 여력이 없는 듯하다.

예수님은 태어날 때부터 집이 아닌 외양간에서 태어나셨다. 그분이 하나님의 말씀을 전하기 위해 교회를 지었다는 구절은 없다. 예수님 자체가 성전이라고 하셨다. 제자들과 많은 군중은 예수님의 말씀을 듣기 위해 산으로 들로 따라다녔다. 그분이 말하는 교회는 믿는 사람들이었지 건물이 아니었다. 그 이후에 사람들이 자기들의 치적을 드러내기 위해 웅장하고 화려한 건축물들을 지었다. 그 건물을 짓기 위해 교인들의 헌금 강요로 오히려 하나님을 욕되게 하지 않았던가. 유럽을 여행하다 보면 그 화려한 성당 건물들이 관광용 명소로 남아있다.

부처님은 궁전의 큰 건물에서 태어나셨지만 그 건물을 도망쳐 나오신 분이다. 그분도 자기의 집이나 절을 짓지 않으셨다. 설법을 하기 위해 사람들을 찾아다니셨다.

공자도 중국 전역을 떠돌아다닌 것으로 볼 때 가르치기 위해 건물을 지으시진 않은 듯하다.

◆ 성인들이 이 땅에 재림하신다면

예수님이 재림할 때는 분명 우리나라에 오실 거라는 약간은 야유 섞인 말이 있다. 십자가가 제일 많은 곳에 오시지 않겠느냐는 말이다. 예수님이 오시면 제일 먼저 어디를 가실까? 답은 뻔하다. 부활하신 후 제일 먼저 가신 곳은 이스라엘에서 가장 어렵게 사는 동네였다. 천민과 학대받는 사람을 위해, 맨발에 속옷 하나 걸치고 나무에 못 박혀 돌아가신 분과 궁전 같은 집은 아무래도 어울리지 않는다. 그분은 습관적으로 가장 고통받는 사람을 찾아갈 것이다. 왕자의 자리를 버리고 나오신 부처님도 궁전에는 다시 들어가지 않으실 것이다. 아마도 그분들이 원하시는 것은 그분들을 위해서라는 궁전 같은 집이 아니라, 그분과 함께하는 모든 사람이 부담 없이 모일 수 있고 드나들 수 있는 조촐한 건물일 것이다.

그 궁전을 짓는 비용으로 어려운 사람과 함께하기를 원하시지 않을까? 절에 들어서는 입구에 건물 증축한다는 헌금함이 제일 먼저 눈에 띈다. 교회도 성당도 절도 큰 건물을 가진 곳에 신자들이 몰린다. 대형건물의 신자라면 신앙도 그렇게 높은 줄 착각하게 만든 건 누구의 책임인가? 이제는 우리 종교가 변화해야 한다. 지금 건물에서 사람으로 대변화를 일으키지 않으면 한국종교는 공멸하게 될 것이다. 종교에서까지 위로받을 수 없다면 어디에서도 영혼을 치유 받을 수 없지 않은가?

13 결혼, 장례문화
개선해가야 한다

2015-11-23

◆ 독일과 인도의 결혼식 풍경

　독일 여행을 하던 중 결혼식이 있다고 해서 구경을 갔다. 우리로 말하면 동사무소 같은 데서 30여 명의 남녀들이 사무실에 모여 있었다. 그들의 입회하에 직원이 혼인신고를 끝내는 순간 모여 있던 사람들이 환호성을 하며 박수를 쳤다. 결혼식이 끝난 것이다. 평상복 차림의 그들은 앞에 있는 공원에 나와 술잔을 들고 모두 건배를 하며 축하했다. 역시 실용주의 독일답다는 생각을 했다.

　인도에 갔을 때도 마침 결혼철이라서 여러 번의 결혼식을 보게 되었다. 상류층과 서민들의 결혼식은 우리나라처럼 차이가 있었다. 인도의 상류층 결혼식은 상상을 초월했다. 동대문운동장만한 공간에 전체를 화려하게 장식하고 100명이 넘는 요리사들이 직접 그 자리에서 요리를 해 준다. 악단들의 풍악 소리에 맞춰 무희들이 춤을 추고, 총을 든 수십 명의 경비원들이 경호를 한다. 3일 동안 그렇게 잔치를 한다.

　그곳을 나오면 고개가 축 처진 갓난아기를 업은 여자들이 구걸하느라 손을 내민다. 서민들의 결혼식은 그렇지는 않지만 그 나라의 수준에 비해 호화로운 편이었다. 그래서인지 인도에서도 결혼하기가 쉽지 않다고 한다.

◆ 우리의 호화 결혼식에 젊은이들 멍들어간다

우리는 어떠한가? 주변에 혼기가 지났는데도 결혼을 하지 않아 부모를 애태우는 젊은이들이 많다. 출산율이 줄어드는 이유 중에 하나도 결혼을 기피하거나 하고 싶어도 과도한 비용 때문에 하지 못하는 경우가 많다. 이런 호화 결혼에 대한 사회적 문제는 대부분 부모들의 체면치레인 경우가 많다. 실용성을 주장하는 젊은 세대와 체면을 중시하는 부모 세대가 결혼식을 앞두고 충돌하다가 비용을 대는 쪽이 부모라서 그쪽으로 타협이 되는 세태다. 문제는 독일처럼 간소하게 결혼하는 쪽보다 화려하게 결혼한 우리나라의 이혼율이 월등히 더 높다는 것이다.

◆ 죽어서 꽃가마보다 살아서 물 한 잔을

결혼식뿐만이 아니다. 장례식에도 많은 거품(가격)으로 인해 상주들의 어려움이 가중된다. 돌아가신 분은 대부분 병원이나 요양원에서 투병 생활을 하다가 돌아가시는 사례가 많다.

그 비용도 만만치 않은데 장례를 치르면서 허례허식이 참으로 많다는 생각이다. 평상시에 부모에게 제대로 못 해드렸다는 죄송함에 마지막이니 잘해드리고 싶은 마음이겠지만 그 내면에는 본인들의 체면치레 의도가 엿보인다.

시신운구를 리무진으로 하는 것을 보면서 살아계실 때 태워드리지 무슨 소용인가 싶다. 물 한 잔이라도 살아 있을 때 드려야지 죽어서 꽃가마는 산 사람의 위로에 지나지 않는 것이다.

지금까지는 돌아가신 분들은 자식을 칠팔 남매를 낳으셨던 분들이 많아 초상을 치르고도 병원비가 나온다는 계산이지만 앞으로는 아니다. 한두 명의 자식이 양쪽 부모 네 분을 보내야 하는 경우가 허다하다. 그들의 생활도 자로 재듯이 빠듯한데 버거운 일이다.

떠나시는 분이 초상 경비를 주고 떠날 수 있다면 다행이지만 그러지 못 할 경우 사회적인 문제로 번질 것이다. 이미 그 사례가 있지 않은가? 시신을 놓고 도망가 버린 자식들을 향해 그럴 수가 있느냐고 모두가 지탄했지만 앞으로는 그럴 수 있는 일들이 많이 벌어질 것 같다. 고인의 명예를 훼손하지 않으면서 검소하고 조촐하게 지내는 장례문화를 권장해가야 할 것이다.

호화로운 결혼식이 결혼생활을 호화롭게 보장해 주지 않는다는 걸 결혼해본 사람은 안다. 오히려 과도한 빚으로 파탄에 이르는 부부가 많다. 크게 시작해서 작아지는 것보다 작게 시작해서 갈수록 커가는 삶이 행복을 느끼고 보람찬 일이다. 장례도 그렇다. 죽어서 진수성찬보다 살아있을 때 따뜻한 밥 한 그릇이 효자인 것이다. 지금부터 개선해가지 않으면 사회적인 큰 문제가 될 것이라는 생각을 해 본다.

14 유머(humor)가 있는 사회가 안전한 사회다

2016-04-04

사회의 변화에 따라 사람을 평가하는 의식도 많이 변했다. 예전에는 여자들이 선호하는 결혼 상대자로 '과묵하고, 직업이 안정적이고, 남자다워야…' 하는 식이었다. 그러나 여자들의 위상이 높아지고 경제적 능력이 생기면서 판도가 달라졌다. 연하의 남자가 대세일 뿐만 아니라, 권위적인 남자보다는 유머가 많은, 여유 있고 부드러운 남성상으로 바꾸어져갔다.

◆ 살아있는 것은 부드럽다

여유와 유머는 옷을 갈아입듯 하루아침에 되는 일이 아닌 듯싶다. 선진국 사회와 후진국의 사회를 비교해 보면 알 수 있다. 경직되고, 굳어있고, 표정이나 언어가 여유롭지 못한 게 분명 후진국이다.

우리 몸에 암이 생기는 원인 중에 하나도 이와 같이 긴장되고 굳어있는 게 원활하게 순환이 안 되서라고 한다. 생명체 중에 살아있는 것은 부드럽다.

그러나 죽어있는 것은 딱딱하고 굳어있다. 사람과의 관계에서도 그렇지만, 지금 우리의 정치판도 이처럼 굳어있어 순환이 안 되어 문제가 많지 않나 생각해 본다. 말꼬리 하나 잡아 물고 늘어져 본심을 왜곡

시켜 자기네 쪽으로 유리하게 재해석하여 상대방을 공격하기도 하고, 사이비니, 빨갱이니, 좌파니, 우파니 편 가르기 하는 쪽이 거의 정치판이다. 여기에 국민들은 냉정한 판단도 없이 휩쓸려 같이 편을 가른다.

아픈 역사를 치유하지 못하고, 그 상처를 기득권 유지에 이용하다 보니 지금의 우리 사회가 딱딱한 돌멩이처럼 굳어있다.

◆ 가장 안정한 것은 개방적인 것이다

어디에선가 들은 이야기다. 남한에서보다는 북한에서 간첩 노릇하기가 쉽다고 한다. 북한의 경직된 사회는 안보가 더 치밀할 것 같지만, 오히려 이용당하기 쉬운 취약점이 많다는 것이다. 시스템이 한 번 구멍이 나면 경직된 구조에서 빨리 보안이 어렵기 때문일 것이다.

가정도 그런 것 같다. 지혜로운 부모는 자녀를 개방적으로 키운다. 그러면서도 스스로 버틸 수 있는 능력과 적응력을 키워주어야 자기를 보호하는 자생력을 갖는다. 부모가 철통같이 지킨다고 한 그 자녀들이 오히려 문제를 크게 일으키는 경우를 자주 보아왔다.

◆ 정치권이 밝으면 국민들도 밝아진다

이 사회가 더욱이나 정치권이 웃음과 유머와 재치를 너그럽게 받아주고 서로의 소통이 원활해진다면 지금보다는 발전된 모습을 보여줄 것이다.

국민의 지탄을 받으면서까지 단어 하나, 문장 하나로, 서로의 발목 잡기를 한다면 우리는 언제나 후진국을 면치 못할 것이다. 그런 정치인들을 싫어하면서도 은연중에 닮아가는 게 국민들이다. 이제는 우리도 여유 있고 유머와 재치 있는 멋있는 사람을 정치인으로 두고 싶다. 그런 사회에서 살고 싶다.

15 퇴직 후 재입사는
하급직을 우선으로 해야

2016-06-05

◆ 직업은 있지만 보장된 직장은 없는 시대

지금은 직업과 직장에서 혼선을 겪는 과도기가 아닌가 생각한다. 월급이 많은 게 좋은 직장이 아니라, 정년이 보장되며 늦게까지 일할 수 있는 직장이 좋은 직장이다.

이제는 죽기 3일 전까지 일하다 죽을 수 있는 사람이 가장 축복된 사람이다. 건강해야만 그때까지 일할 수 있을 것이며, 죽을 때까지 용돈을 내 손으로 벌어 쓸 수 있다면, 얼마나 당당하고 활기찬 삶일까. 모든 사람의 노후의 꿈이고 희망이다.

◆ 해고나 퇴직을 시킬 때도 원칙이 있어야 한다

명예퇴직, 희망퇴직, 해고, 감원, 비정규직 등… 요즈음 너무 자주 듣게 되는 단어다. 어둡고, 힘이 빠지고, 남의 일이 내 일처럼 불안하고, 답답한 단어다.

취직을 했다고 축하받은 기쁨이 가시기도 전에 이 불안과 공포를 느껴야 하는 게 현실이다. 대기업이든, 중소기업이든, 공무원이나 철밥통이라는 공사에 근무자도 여기에 자유로울 수 없다. 전체를 죽이느니 소수정예부대를 살리어 다시 회생할 가망성이 있다면 어쩔 수 없는 선택일 수도 있다.

그러나 원칙을 세우고 그 원칙에 충실한다면, 또한 떠난 직장이 살아남 았을 때 우선적으로 자기를 부르리라는 확신을 가진다면, 떠난 사람도 어려움을 참고 감당할 수 있을 것이다.

그러나 그런 희망도, 대책도, 원칙도 없기에 사회 곳곳에 쌓이고 억누르는 분노와 불만이 폭발 직전이다. 이따금씩 묻지 마 범행이나 과격한 돌출행동으로 사회를 혼란스럽게 하는 것도 이런 불만이 원인일 수 있다.

◆ 해고는 상급직 우선, 재취직은 하급직부터

경영이 어려워 직원들을 해고시킨다는 어느 회사의 속내를 보면 직급이 높고 월급이 높은 부장, 상무, 이사들은 그냥 두고 현장에서 일해야 하는 하위직원들을 무더기로 해고하는 경우를 본다. 고위직들은 직계나 친인척들이라 해고할 수 없는 것이다.

거꾸로 선 피라미드 형상이다. 오래갈까 불안하다. 경영진에서 솔선수범하여 내려놓는다면 일반직원들도 수긍할 것이다. 이런 사회적 불신이 해고보다 더 분노를 자아낸다.

고위공직자들은 재산 정도에 따라서 허락하는 예외는 둘 수 있지만 재취직을 법으로 막았으면 한다. 극히 청빈한 사람 말고는 대부분은 취직을 안 해도 먹고 살만큼의 재산은 축적해 놓았다.

그들의 변명은, 가지고 있는 노하우를 사회에 유익하게 쓰겠다는 말인데 쓸데는 어디에도 많다. 꼭 필요한 곳에 봉사하면 되는 것이다. 대부분의 고위직들은 현직에서 물러나서도 정승대접이다.

이런 부조리들을 예방할 수 있는 장치와 원칙이 법제화되지 않으면 이 사회가 더욱 불안해지고 희망을 잃게 될 것이다.

16 어린이와 청소년에게 투자해야 한다

2016-07-11

◆ 인류가 지금 당면하고 있는 초유의 사태

두렵고 불안하고 불투명한 미래가 엄습해온다. 그동안 한 번도 경험하지 못했기에 어떤 대비를 해야 하는지 메뉴얼도 없다. 그래서 공포처럼 느껴진다. 급격한 노화현상과 장수, 출생아 감소다. 모두가 불안요소이긴 하지만 출생아 감소는 지구의 멸망을 초래하는 가장 큰 재앙이다. 그동안 한 집에 한 자녀만 낳으라는 정부의 집요한 출산억제 정책이 사라진 지가 얼마 되지 않는다. 20년도 앞을 보지 못하는 정책당국의 눈먼 행정이 가져온 결과이기도 하다.

◆ 우리의 미래는 노인이 아니라 어린이와 청소년이다

그동안의 정책실패는 묻어두고라도 지금 이 시점에서 정책을 잘못 세우면 우리의 미래는 더 참담하다. 출산장려를 한다고 여러 정책을 내놓고 있지만, 정작 출산 가능성이 있는 젊은이들은 시큰둥하다. 별 도움이 될 것 같지도 않고, 지금 당장 살아내기가 힘들기 때문이다.

문제는 위정자들이 자기들의 표밭만 의식한다는 것이다. 표가 되는 노인 정책에는 서로 앞다투어 과잉투자를 선동한다. 정작 표가 없는 어린이나 청소년에게 투자하는 것은 입으로만 하지 예산을 주지 않는다. 낳기만 하면 키워주겠다는 허울 좋은 립 서비스는 애를 키워보지 않은 사람들의 인심 쓰는 말이다. 말만 했지 구체적인 실행이 없다. 어린이보육비라든가 청소년의 급식비라든가 교육비 등 모든 것들이 광고만 했지 정작 돈을 지불하는 데는 인색하다.

◆ 지금 냉정한 선택이 필요한 때다

노인정이나 노인들을 위한 복지정책도 중요하다. 그러나 과잉투자에 낭비하는 예산이 많다. 표를 가진 노인들이 정책자들을 압박하고 그들의 이권에만 압력을 넣기 때문이다. 노인정에 아직도 멀쩡히 쓸 수 있는 비품을 새로 사라고 권유하는가 하면, 놀이에 선심 쓰듯 베푸는 것은 모두 국민의 세금이다. 앞으로 세금을 내야하는 청소년들이 없다면 과연 오래 지속될 수 있을까? 지각 있는 노인들은 이래서는 안된다고 말한다. 그러나 그들은 가장 무서운 무기를 가지고 있다. 투표권이다.

이대로 가다가 앞으로 20년 후에는 그 많은 노인을 누가 짊어지고 갈 것인지 고민해 봐야 한다. 노인들도 힘들다. 그러나 냉정한 입장에서 미래의 정책을 다시 세워야 한다. 지금 미래를 위해 서로의 고통을 분담해야 한다. 청소년이나 어린이에게 출산을 미루고 망설이는 젊은이에게 과감한 투자를 하지 않으면 우리의 희망은 검정색이다.

당국자들은 자기들의 안위를 위한 표를 의식하지 말고 투사처럼 행동해야 한다. 그런 선지자적인 안목 있는 정책자가 절실히 필요한 때다.

17 국민과 정치인의 수준 차이

◆ 세상은 항상 시끄럽고 그게 정상이다

사람도 두셋이 모이면 웃기도 하고, 떠들기도 하고, 싸우기도 한다. 그러나 이따금 전혀 상식이 아닌 범위에서 문제가 생길 때 구경거리가 되고 뉴스거리가 된다.

최근 우리나라의 상황이 세계 사람들에게 웃음거리가 되기도 하고, 부러움의 대상이 되기도 하는 처지가 되었다. 국민의 수준은 70~80점인데 권력자인 정치인들 수준은 30점이어서 여기서 비롯되는 차이의 공간이 지금의 사태를 만들지 않았나 생각된다.

박 대통령이 당선된 그 시점부터 오늘날의 사태에 대한 싹이 터 자라왔다. 다만 권력에 집착하는 몰이배꾼들만 모르고 있었다. 아니 알고는 있었지만 권력에 빌붙어야 하기에 모르는 척 눈감았던 것이 더 큰 환란을 자초한 것이다.

◆ 피눈물은 누가 흘렸는가?

피눈물을 흘린다는 게 무엇인지 알 것 같다는 대통령의 말에 화가 난다. 일반 서민들은 '알 것 같다'가 아니라 이미 피눈물을 흘리며 살아온 사람이 너무나 많다.

충분히 살릴 수도 있었는데 공권력의 무능으로 죽어가는 자식을 지켜봐야 하는 부모들은 죽을 때까지 가슴에서 눈에서 눈물이 마르지 않을 것이다. 개성공단의 대책 없는 폐업으로 도산한 기업들의 눈물과 통곡은 어찌할 것인가.

피눈물까지 흘리지 말고 그냥 내려오면 되는 게 아닌가? 국민들이 기대를 하고 뽑은 대통령이 알고 보니 너무 형편없어 이제라도 대통령직을 취소시키겠다는데 굳이 지키고 있겠다는 건 본인이 국민의 뜻을 크게 착각하고 있는 게 아닌가 의심스럽다.

입으로만 존경하는 국민 여러분이 아니라 국민이 주인임을 안다면, 존경하는 국민이 내려오기를 원한다면, 내려와야 하는 게 당연하지 않은가. 굳이 대통령직에 집착하고 싶다면 지지자들을 함께 데리고 어느 외딴섬 무인도에 가서 그곳에서 대통령을 하게 해야 한다.

◆ 당명을 바꿀 게 아니라 사람을 바꾸어야 한다

또한 대통령을 그 지경으로 만든 새누리당도 막중한 책임을 져야 한다.

한나라당에서 새누리당으로 당명을 바꾸었지만 그동안 변한 건 하나도 없다.

문제는 당의 이름이 아니라 사람이 문제다. 사람을 모두 바꾸기 전에는 이 같은 사건이 또다시 일어나지 않으리라는 보장이 없다. 더 깊이 생각해보면 이 모든 책임은 근본적으로 국민에게 있다. 그런 사람을 뽑았기 때문이다. 이번 사태로 국민들의 의식과 뼈아픈 반성이 없으면 우리의 정치는 다시 뒷걸음질 할 것이다.

권력자들은 결코 국민이 현명해지기를 원하지 않는다. 우매한 국민으로 하여금 자기네들의 꼼수와 권력 유지를 위한 연출에 잘 넘어오기를 바라는 것이다. 좀 더 현명하고 판단력이 있는 젊은이들이 앞장서지 않으면 희망이 없다.

지금 우리의 정치판을 새롭게 짜고 사람을 바꾸지 않으면 정치인들은 결코 스스로 변화하지 않는다. 국민들을 위해 본인을 희생하는 정치인을 기대하기는 어려운 일이다.

18 내 집, 내 나라는 내가 지켜야 한다

2016-11-28

어느 마을에 세 사람이 살았다. A는 힘도 세고 등치도 컸다. 자칭 의리의 사나이라고 온 마을의 재판관 노릇을 했다. 자기 비위에 거슬리면 가차 없이 보복을 하는가 하면 자기 앞에서 굽실거리며 애교를 부리는 사람에게는 남의 것을 빼앗아다가도 주곤 했다.

B는 태생이 가진 것도 없고 성격도 유순하다. 어쩔 수 없이 힘센 이웃에게 고개 숙이며 비위를 맞추어야 하지만 끈질기고 부지런하다. B의 동생격인 C는 비슷한 점도 있지만 외골수다. 자기 멋대로 하는 통제 불능의 성격자다.

집을 지킬 능력이 없는 B는 힘센 A에게 형님이라 부를 테니 우리 집 좀 지켜달라고 사정했다. A는 그걸 빌미로 자기 집 안의 청소도 시키고 힘든 일도 시키는가 하면 자기 집에서 나오는 물건들도 사라고 윽박지른다.

B는 울며 겨자 먹기로 하라는 대로 할 수밖에 없다. 내 집에서 필요한 것도 그 쪽에게 사야 하므로 내가 만들 능력을 상실했을 뿐만 아니라, 내가 직접 만들려고 하면 팔아먹어야 하는 A가 집을 지켜주지 않겠다고 으름장을 놓는다. 아무리 부지런히 일하고 집을 넓혀도 불안하다. 내가 내 집을 지킬 능력이 없기 때문이다.

C는 처음부터 A에게 맞섰다. 비실거리는 몸으로 얻어터지면 쓰러졌다 다시 기어 나오고 또 대들고 하면서 싸우는 기술을 익히고 터득하면서 자기 집을 넘보지 못하게 악다구니를 부렸다. 초라한 집이지만 함부로 넘보지 못하게 된 것이다.

세상살이는 국가나 개인이나 동물이나 비슷하다. 문제는 자기 나라와 자기 집 안을 지키고 보호하고 어려운 난간을 헤쳐나가게 해야만 살아남는다. 살아남아야 존재하고 후손이 쓸 역사가 있는 것이다.

한때는 자주국방이라는 소리가 귀에 익는 듯 했다. 자주국방을 내려놓고 의존국방이 되었는지 요즈음은 잘 들리지 않는다. 뉴스 때마다 들리는 소리는 방위산업 비리로 별들이 떨어지는 소리다.

누군가 그랬다던가. 떡을 만지다 보면 떡고물이 떨어지게 마련이라고. 그 떡고물 주워 먹는 재미로 우리의 국방은 멍들어갔고 북한보다 수십 배의 방위비를 쓰면서 우리는 해방 70년 동안 남의 손에 나라를 맡겨야 했다.

내 집을 지킬 능력이 없는 가장은 어디에서도 대우도 존경도 사랑도 받지 못한다. 당당하지도 못해 가족들이 신뢰하지도 못하고 도둑이 들까봐 항상 불안하다. 지금 우리나라의 꼴이 이 같지 않나 생각이 든다.

우리나라뿐만 아니라 세계정세도 근방 3차 대전이 일어날 듯이 불안하다. 자기 나라를 제대로 간수 하지 못한 나라의 내전으로 강대국들이 평화라는 허울을 쓰고 무기를 실험하는 장으로 만들기 때문이다. 세계의 골칫거리는 시리아 난민 문제다. 이 난민을 양산해내고 있는 건 강대국의 이권과 이해 계산 탓이다.

국민들의 뜻에 부응하지 못하는 부패 정권이 권력을 내려놓지 않기 때문에 국민들만 피를 흘리고 있다. 내 가정 내 국가를 내가 지킬 힘과 능력이 없으면 주변의 모두에게 피해를 준다.

당연히 권력자보다는 일반 국민이 더 괴롭고 힘들다. 지금 우리는 자신을 지킬 대책을 가지고 있는지 자성해 보아야 한다. 북한이 미국과 맞짱 뜨겠다고 큰소리치고 있는 지금 우리가 할 수 있는 일이 없다는 게 화가 난다.

19 정치인들도 정년제, 성과제를 두어야 한다

2017-01-30

◆ 원래 세상은 불공정한 게 정상이다

불합리한 것을 합리적으로 고쳐 나가는 게 올바른 사회다. 그릇된 것을 바르게 고쳐 나가며 좀 더 좋은 쪽으로 개선해 나가는 게 발전적인 사회가 될 거라는 건 누구나 아는 사실이다.

그러나 갈수록 불공정한 사례가 늘어나는 것 같다. 농구 경기를 즐겨보지 않는다. 경기의 룰이 너무 불공정하다는 생각이 들어서다. 높은 골대에 골을 넣는 것은 당연히 키가 큰 사람이 유리하다. 그러기에 키 큰 선수를 서로 영입하려 한다.

하지만 이 경기는 처음부터 잘못 태어난 경기다. 체중에 따라 급수가 달라지는 권투처럼 키에 따라 급수를 내어 비슷한 선수끼리 경기를 하도록 해야 한다는 생각이다. 기술적인 면을 감안하더라도 키가 작은 동양인은 애초에 불리한 경기다. 이런 경우가 운동경기에만 있는 건 아니다. 사회구조에는 더 많은 게 문제다. 하급직일수록 정년을 더 길게 주어야 한다. 고급직 보다 생계의 불안이 더할 것이기 때문이다.

◆ 그러나 현실은 정반대다

선출직은 왜 정년이 없는지 묻고 싶다. 그들도 일반 공무원처럼 65

세가 넘으면 자격을 주지 않던지 3선 이후에는 출마대상에서 제외했으면 좋겠다는 생각이다.

초선에는 무언지 모르지만 열정으로 열심히 뛰어다니며 일을 하려고 노력하다가 2선이 되면 느긋하게 요령을 부린다. 3선쯤이면 안주하여 이권에 개입하거나 권력싸움 자리싸움에 빠지기 쉽다.

요즈음 정치판에서 뉴스에 좋지 않은 일로 오르내리는 자들은 3선이상의 국회의원들이다. 다른 선출직은 제한하면서 유독 국회의원들만 제한을 두지 않은 것은 그들이 자기한테 불리한 법을 만들지 않아서일 것이다.

◆ 모든 국민은 평등해야 한다

이제는 국민의 교육수준과 의식수준도 높아졌다. 국회의원들이 자기한테 불리한 법을 만들지 않는다면 국민이 만들도록 압력을 행사해야 한다. 그런 공약을 내건 사람만 뽑아주면 되는 것이다. 또한 그들이 내건 공약을 얼마나 실천했는지 평가를 해서 점수를 매겨 기준점 이하는 공천을 못 받게 해야 한다.

직장인들만 성과제로 임금을 주겠다고 하지 말고 국회의원이나 대통령도 지자체장이나 단체장도 냉정하게 성과제를 도입해야 한다. 열심히 일한 사람에게는 급여를 더 주고 일을 못했거나 공약을 지키지 않은 사람은 퇴출하는 제도를 도입해야 한다.

국민 수준은 21세기인데 정치인들은 19세기의 낡은 의식을 가지고 아직도 국민 위에 군림하려고 한다면 너무도 큰 착오다.

나이가 먹는다는 건 그만한 연륜도, 경험도, 지혜도, 쌓여 간다. 그러나 새로운 변화를 두려워하고 현실에 안주하며 용기를 잃어가기도 한다. 1년이 예전의 10년보다 더 빠르게 변화하는 지금, 옛날이 좋았다는 식의 고정관념으로 이 나라를 끌고 가려고 한다면 희망이 없어 보인다.

높은 자리에 있는 사람들일수록 더 엄격한 잣대로 평가를 받아야 한다. 또한 국민 앞에 모범적인 행동을 하지 않는다면 우리는 선진국 대열에 끼지 못하고 후진국에 머물러 퇴보하게 될 것이다.

20 시의원을 바라보는
시민들의 시선

2017-06-05

우리는 명실공히 민주주의 국가다. 수백 년의 시행착오와 교훈을 얻으며 싸우고 얻어온 게 아니고, 해방이 되면서 남의 나라에서 해온 방식을 그대로 모방해온 체제다.

그러자니 국민들의 몸에는 아직도 그 소중함과, 엄청난 결과와, 그로 인해서 미치는 영향을 체험하지 못한다. 어쩌면 횡재한 복권이 오히려 패가망신을 불러오는 사례를 자주 보듯이 준비되어있지 않은 제도는 양날의 칼이다.

◆ 민주주의와 우민(愚民)정치

눈이 하나인 사람만 사는 나라에서는 두 눈을 가진 사람이 병신이다. 이 나라에서 선거를 하면 당연히 애꾸눈을 가진 사람이 지도자로 뽑힐 것이다. 소크라테스나 플라톤 같은 학자가 우려한 우민(愚民)정치다.

민주주의는 그 구성원의 자질만큼 발전한다. 아마도 우리의 정치권이 참으로 꼴불견을 보여주는 추태도 모두 국민들의 책임이다.

국민들이 뽑은 사람들이지 않은가? 어느 지역에서는 '나라를 팔아먹는 한이 있더라도 그 당을 밀겠다'는 정서가 너무 뿌리 깊게 박혀 수십 년째 흔들리지 않고 있다. 이런 사람들이 뽑은 정치인들이 과연 올바른 정치를 하겠는가.

◆ 시의원들이 욕먹는 이유는

시민들에게 물어보면 도대체 시의원은 왜 있는지 모르겠다고 오히려 항의하는 사람이 많다. 시민의 세금만 축내고, 행사장에 얼굴만 내밀며, 인사받으러 다니는 모습으로만 비쳤기 때문일 것이다.

더욱이나 시민들의 의식에 뿌리 깊게 각인된 것은, 그들의 행태가 결코 존경받을 행동을 하지 않았기에 더욱 그렇다. 시민을 위한 일보다는 자기들의 이권을 더 열심히 하였다는 것을 가까이서 보고 들어왔기 때문일 것이다.

추문도 심심치 않게 떠돌아다니는 걸 보면 우려스럽기도 하다. 물론 다 그렇지는 않다. 정말 열심히 시흥시민을 대변하며 시 행정을 감시 감독하는 시의원도 많다.

어느 곳이든 몇 명의 미꾸라지가 흙탕물을 일으키듯이 자질 없는 시의원들의 행태로 모두가 욕을 먹는다. 그들에게 시의원 자리를 허락한 사람은 과연 책임이 없는가?

◆ 시흥시민의 의식수준은?

시흥시민을 위해 그동안 헌신적으로 일한 사람이 시의원에 입후보했다. 사람들은 모두 그 사람의 깨끗하고 올곧은 행실을 알기에 그런 사람이 시의원이 되어야 한다고 했다. 그러나 그는 낙선하고, 되어서는 안 된다고 우려했던 후보자가 당선되었다.

그 영향인지 제발 시흥을 위해 떠나주었으면 하는 사람들이 서로 시의원에 나가겠다고 여기저기 얼굴을 내민다. 일도 안 하면서 이력서

채우려고 이곳저곳 단체에 가입하는가 하면, 표를 얻기 위해 선심을 쓰고, 고개 숙여 인사하고 다니는 사람들을 많이 본다.

또다시 이들을 받아준다면 시흥에 희망은 없다. 이제는 시민의 자존심을 살려야 한다. 올바른 사람을 선택해야 하는 책임도 시민에 있다.

21 복지정책,
지금 잘 다듬어야 한다

2017-07-28

나라 살림, 국민 개인 살림이 모두 갈수록 팍팍하다. 그러면서 자연히 사람과 사람들 간의 관계도 그렇고 모든 것이 팍팍하게 변해가는 것 같다.

가장 경제력이 있다는 60대 이상의 어르신들은 100세를 노래하는 사회 분위기에 앞으로 돈을 더 벌 수 있는 날보다 써야 하는 날이 더 많다 보니 노후를 대비해서 현재 돈을 막 쓰기 부담된다.

40대는 자식들 교육문제와 노후준비에 돈 쓸 여력이 없다. 30대는 자리를 잡지 못해 돈이 없어 쓰지 못한다. 이렇게 소비가 줄어드는 추세에 자연히 공장가동률도 줄어들고 실업자가 늘어난다. 팽창의 시대는 가고 축소의 시대가 온 것이다.

문제는 이런 시점에 급증하는 노인들에 대한 배려와 정책 또한 지켜지지 않거나 더 줄어든다는 것이다. 과거에 자식을 공들여 키우면 노후대책이 되었던 '전략(?)'이 부도난 지금은 늘어난 기대수명만큼 복지정책이 뒷받침하지 못해 밑바닥으로 추락하는 노인들이 많다.

◆ 꼭 받아야 하는 사람에게만 주어야

늘려야 하는 복지정책이 더 줄었다니 심각한 일이다. 그러나 더욱 심각한 것은 정작 혜택을 받아야 하는 사람은 받지 못하고 있다. 약삭빠른 사람들이 재산을 숨기고 수급자 행세를 하고 있고, 노령연금을 타기 위해 위장을 하고 있는 사람이 많다는 것이다.

정말 힘없고 못 배우고 세상 물정에 어두운 극빈층의 노인들은 이러한 제도를 몰라서 혜택을 못 받는 경우도 많다.

있는 사람들이 오히려 이런 정보를 악용하여 세금을 축내고 있다. 이런 것을 철저히 감시하고 파악해서 꼭 주어야 할 사람들에게 많은 혜택이 가도록 해야 한다.

국가기관의 관리 감독도 강화해야 하겠고 복지 쪽에 근무하는 사람들 공무원들도 늘리고 대우를 개선해야 한다. 너무 많은 업무에 시달리게 되어 마음으로 가는 서비스를 못 하게 된다는 아우성이 없도록 해야 한다.

◆ 번창하는 노인사업의 어두운 이면

요즘 노인 대상 사업이 번창한다. 요양원, 요양병원 등 실버 관련 산업들이다. 예전보다 노인을 집에서 모시고 돌보기 어려운 환경이긴 하다. 그러나 요양원에서 억지로 생명을 연장시키려는 의도에는 수익과 연관되어 있다. 입원하는 노인의 수가 곧 '돈'이기 때문이다.

물론 온 정성을 다해 돌보는 시설도 많다. 그러나 일부 수익에 몰두하는 곳에서는 입원한 노인들이 움직이면 돌보는 사람들의 시간을 빼앗기에 그냥 가만히 누워있기를 요구한다. 이런 노인에 대한 치료나 시설을 차라리 국가에서 철저하게 운영한다면 지금보다는 돈이 덜 들지 않을까 하는 생각을 해본다.

앞으로도 노인문제에 대한 복지 지출은 기하급수로 늘어날 것이다.

치매나 극빈층의 노인들은 국가에서 맡아야 하는 입장이고 보면 노인 문제에 대해 심각하게 생각해 보아야 한다. 갈수록 더 심각해 우리나라의 미래에 짐이 될 이 문제를 지금 잘 정리해야 한다.

22 정치인들이 청빈하면
국민들이 살기 좋다

2017-09-04

◆ 세금은 올바르게 쓰였나

문재인 정부가 실행하고자 하는 정책들에 대해 환호하는 사람과, 이러다 나라가 망하지 않겠느냐고 우려하는 사람들의 의견들이 분분한 것 같다.

우리나라의 정책 중에 그동안 이처럼 우리 국민이 원하고 바라는 정책을 펴 온 정부가 없기 때문에 불안하기도 하고 재정에 대한 염려가 많은 것은 당연한 것이다.

그러나 냉정히 생각해보면 그동안의 정치는 과연 국민을 위한 정책이었는지 정치인들이나 집권자들을 위한 정책이었는지 생각해 볼 일이다.

국민이 낸 세금을 국민을 위해 올바르게 사용했는지 따져봐야 한다. 항간에 떠돌아다니는 얘기로는 전직 대통령, 최순실, 고위급의 위정자들, 방위산업에 떡고물을 챙겨 먹은 나리들만 없다면, 모든 게 가능했다는 것이다.

그들이 먹은 것을 토해 내놓는다면 우리 국민들이 수십 년을 편안히 살 수 있다는 말이 나오는 것을 보면 그동안 우리의 정치가 어떠하였는지 미루어 짐작이 간다.

내가 낸 세금이 나를 위해 보람 있게 쓰인다면 나는 기꺼이 세금을 더 낼 의향이 있다. 이게 나만의 생각이 아니라 우리 국민들 대부분의 의견일 것이다.

◆ 국민 모두가 행복한 나라 부탄

부탄은 경제 규모가 우리의 1/10이다. 하지만 교육과 의료는 전액을 국가에서 지불한다. 공장도 없고, 생산되어 수출하는 물건이라고는 수력발전에서 얻어지는 전기가 전부다. 아마 앞으로도 그 나라에 투자하여 공장을 건설하겠다는 나라도 없을 것 같다. 그 나라 전체를 친환경국가로 선포했기 때문이다.

물질적으로 풍요로운 것보다는 정신적으로 풍요로운 것을 택한 그 나라의 위정자들은 국민하고 똑같은 위치에서 생활한다. 왕도 궁궐을 떠나 서민들이 사는 집에서 그들과 같은 처지에서 살다 보니 그 나라의 정치인들도 그처럼 검소하게 살아간다. 어떻게 하면 국민의 행복지수를 높일까를 연구하는 행복청이 있는 나라다.

그동안 우리는 그런 대통령을 만나지 못했다. 그렇게 꿈꾸는 대통령이 있었지만 가진 자들은 자기 것들을 빼앗길까 봐 온갖 중상모략을 펼쳤다. 이는 결국 대통령을 죽음으로 몰아넣었다. 아직 시민의식이 깨어있질 못해서다.

◆ 주인인 국민이 일꾼을 잘 감시해야 한다

주인이 '갑질'하는 것은 옹졸한 짓거리다. 그렇지만 내 돈을 주고 고용한 사람이 내게 피해를 준다면 당연히 해고를 해야 한다. 그러려면 국민이 깨어있어 무엇을 잘 하는지 잘못하는지를 눈뜨고 살펴야 한다. 내가 낸 세금이 정치인의 부를 축적하는 데 쓰이는지 나를 위해 사용하는지도 감시해야 한다.

윗사람들이 솔선수범하여 아랫사람들이 본받게끔 유도해 가는 게 현명한 정치다. 그렇게만 되어 간다면 신명 많은 우리 국민들은 신바람 나게 일하며 흥에 겨울 것이다.

지금 우리는 어떤 자세로 미래를 준비해야 하는가?

23 대체의학에 대한
   새로운 인식이 필요하다

2017-11-13

우리 의학계는 서로 밥그릇 챙기려는 문제들이 도를 넘어 심각하다는 생각을 가질 때가 많다. 지금도 병원과 약국과 한의원 사이의 긴장이 팽팽하다. 여기에 피해를 보는 건 당연히 서민들이다. 부자들이야 어떤 상황이든 자기편의대로 할 수 있지만 서민들에게는 이래저래 문제가 많다.

이건 국민들의 건강을 위해서가 아니라 자기네들의 수익구조를 위해서 서로를 비방하고 질타한다. 냉정하게 생각해 볼 일이다. 여기에 표를 의식하는 정치권자들이 표를 더 많이 가진 쪽을 편들어 주는 편이라 더욱더 서민들은 취약한 쪽으로 내밀려진다.

더욱이 수 천 년을 내려오면서 서민들의 질병을 다스리던 민간요법이나 한의학, 침, 뜸, 운동요법 등이 과학적이지 않다고 주장하는 서양의학 쪽에 밀려 수난을 겪는 일도 허다하다. 그 내면은 역시 밥그릇 싸움이기도 하다.

◆ 의학 선구지 서양에서 대안으로 찾는 대체의학

우리 몸의 질병은 공식화 되어 있지 않다. 수학처럼 공식에 입각해 풀어야 하는 것도 아니고, 같은 질환이라도 사람마다 처방이 다르고 방법의 치료가 모두에게 맞는 것은 아니다. 1,000명의 질병에 1,000 가지의 원인과 1,000가지의 치료 방법이 동원되는 게 인체다.

그동안의 우리 인식은 서양의학은 모두 좋은 것이고 우리의 전통의학이나 민간요법은 뒤떨어지는 것으로 인식되어왔다. 아니 구조적으로 그렇게 세뇌당해왔다.

그러나 지금은 상황이 달라지고 있다. 의학의 선구지였던 서양에서 그들이 가진 의학의 한계를 느끼고 있다. 이제는 전통으로 내려오는 동양의 것들을 연구하고 공부하고 있다. 오히려 동양 사상에서 더 많은 것을 배우고 실험한다. 인기가 높다고 한다. 우리가 고리타분하다고 버리려 하는 것들이 그들의 눈에는 신비롭고 놀라운 것이다. 그들은 이제 새로운 의학을 개척하고 있다.

그 모든 것들이 그동안 전통적으로 우리네의 생활에서 해왔던 것인데 문제는 이런 것들을 우리나라 의사들이 받아들이지 않고 있다는 데 있다. 그중에 양심적인 의사들은 긍정하기도 하지만 서양의학의 맹신자들은 확고한 성벽처럼 자기네들의 주장을 굽히지 않는다. 정책 차원에서 펴나가야 한다.

◆ 양의와 한방은 서로 협력해야

의사 아들을 둔 어머니가 손자를 보았다. 며느리가 부기가 빠지지 않아 의사인 아들이 약을 처방해 주었는데도 부기가 내리질 않았다. 아들이 알면 한 소리 할까 봐 아들 몰래 호박을 고아 국물을 먹였더니 부기가 말끔히 빠졌다. 아들이 자기의 약이 효과를 본 줄 알고 으스대자 어머니가 말했다.

"네가 처방해 준 약이 아니라 호박 먹고 빠졌다."

이런 사례를 주변에서 흔히 겪는다. 그동안 우리도 화학적인 약의 부작용을 많이 경험했다. 건강하게 살고 질 좋은 삶을 살기 위해 병원보다는 좀 더 우리와 친숙한 방법으로 건강을 유지하려는 움직임이 일고 있다. 다행스러운 일이다. 그러나 이권 싸움, 밥그릇 싸움에 휘말리지 말고 국민의 건강차원에서 국가에서 정책적으로 펴나가야 효과적일 것이다. 그래야만 국가의 건강보험도 건강해질 것이기 때문이다.

24 당당한 주인 노릇의 첫걸음 '선거 참여'

2018-05-27

◆ 주인과 종의 차이는 무엇이 다른가?

 가장 일반적인 물음이고 간단한 해답이 나올 것 같은데, 이론과는 달리 현실은 다르다.

 그동안 우리 국민들의 대부분은 주인이라기보다는 종의 신분으로 살아가기를 강요당하고 세뇌당해왔다.

 그래서인지 국가나 지자체에서 하는 일들에 별로 관심 없이 방관하는 경우가 많았고, 행여나 추진 중인 게 마음에 안 들면 그저 뒤에서 불평불만만 하며 종의 처신을 한 방관자들이었다.

 그러나 교육수준과 의식이 높아진 근래에는 '국민이 주인'이라는 생각과 행동들이 표출되고 그 결과가 촛불로 이어졌다.

 민주주의는 국민이 주인이다. 또한 시흥시는 시민이 주인이다.

◆ 선거 때만 자신을 종이라고 자처하는 사이비

 공무원이나 선출직 공직자들의 급여는 모두 시민의 세금으로 준다. 봉급을 받는 그들은 당연히 시민을 주인으로 모셔야 한다. 그러나 종종 주객이 바뀌는 경우를 자주 본다. 주인이 똑똑하지 않으면 종이 주인자리를 차지하려 한다. 선거가 끝나면 언제 그랬냐는 듯이 주객전도 현상이 일상화된다. 똑똑한 주인만이 일꾼을 적재적소에 부릴 수 있다.

항상 겪는 일이지만 '왕 노릇' 하던 자들이 선거 때만 되면 스스로 종이 되겠다고 자처하며 굽신거린다. 이런 사이비들을 잘 판가름해서 뽑아야 한다. 누가 겸손하고, 성실하고, 충성스럽게 일할 수 있는지 냉정하게 판단해야 한다.

친인척이다, 아는 선·후배다, 종교가 같다, 내 이권이 걸린 사람이다, 이런 이유들로 주인의 권리를 팔아 버린다면 주인 자격이 없는 사람이다. 당당한 주인이 되자. 기초단체장을 뽑는 6·13 지방선거에서 주인과 뜻을 같이하고 손과 발이 되어 일할 수 있는 충직한 일꾼을 뽑아야 한다.

그동안 시흥시의 투표율은 타 지역에 비해 매우 낮았다. 시흥에 정착하려는 시민들의 의식 부족도 원인이겠고, 그 원인을 해결하지 못한 일꾼들의 정책실패이기도 하다.

하루아침에 모든 게 바뀌기는 어렵겠지만 시민들 각자가 주인이라는 책임감을 가지고 투표에 참여하여 주인을 잘 모시는 성실한 일꾼을 뽑아야 한다.

또한 앞으로 지방자치시대에 살아갈 날이 많이 남은 젊은이들이 투표에 적극 참여 해야만 시흥의 미래가 있다. 선거에 적극 참여하여 이를 통해 당당하게 주인 노릇을 하고 주인의 권리를 찾아야 한다.

25 정직한 언론이 사회를 바꾼다

2018-08-20

2000년에 돌아가신 시어머니와 이따금 언쟁을 했었다. 연세가 드셨는데도 세상일이 궁금하고 관심이 많으셨던 시어머님은 하루 종일 뉴스를 빠뜨리지 않고 보셨다. 시어머님은 나라 걱정, 대통령 걱정, 죽일 놈의 빨갱이에 분노하고 저렇게 데모만 하면 나라가 망하게 생겼다며 통탄하곤 하셨다.

TV에 나오는 세상이 전부 옳고 정도였다고 믿으시는 어머님과 꼭 그렇지만은 않다고 말하는 나와 각을 세우시곤 하셨다. 그러다가 '너도 빨갱이다.'라고 결론을 지어버리고는 한동안 입을 다무셨다.

◆ 언론이 제 역할을 못 하는 혼돈의 시대에

88올림픽을 치르기 위해 정부에서는 도시 미관을 해친다며 도시의 빈민들을 변두리로 내몰았다. 변변한 생활 대책도 없이 내몰린 그들은 추운 겨울에도 천막 안에서 토굴 안에서 생활하고 있었다.

성당에서는 내몰린 사람들에게 도움을 주기 위해 방문하곤 했는데, 여기에 참여한 어머님은 TV에서는 보지 못한 현실을 체험하신 것이다. 그 이후부터는 뉴스를 볼 때마다 저놈들 거짓말하고 있다고 화를 내시곤 하셨다. 덕분에 나하고의 언쟁은 없어졌지만 반대로 너무 불신하게 되어 난감했다.

지금도 그렇지만 당시 정부의 제재 하에 국민들에게 보여주고 싶은 것만 보여주는 언론이 많았다. 신문, 라디오, TV에 나오는 것들보다 유언비어가 더 믿을만하다고 말할 정도였고 그걸 더 믿게 되었다.

그러다 보니 의혹들이 더 부풀리게 되고 사실이 아닌 것도 사실로 둔갑하고 사실인 것은 사실이 아닌 것으로 분별하기 어려운 혼돈의 시대가 되어버렸다.

◆ 올바른 언론을 살려야 한다

그동안 언론이 살아있었다면 우리 사회는 지금보다는 더 선진국에 다다랐을 것이다. 정치인이나 권력자들은 자기 것을 더 잃고 싶지 않기에 언론을 통제하고 자기 쪽으로 끌어들이려고 수단과 방법을 다 쓴다.

언론이 올바르고 정당하게 살아 움직인다면 부정부패나, 부정청탁, 정경유착의 고리와 공무원의 비리, 법관들의 월권행위, 사리사욕에 혈안이 되어 있는 공직자들이 지금보다는 덜 설칠 것이었다.

언론이 재벌을 대변한다든가 어느 한쪽을 편파적으로 응원한다거나 국민들의 눈과 귀를 가리는 보도를 한다면 이번에는 국민들이 나서야 한다. 대한민국의 미래를 위해서다. 또한 정확하고 공정한 언론에는 적극 지지하고, 후원하고, 기꺼이 구독해주어 살아남게 해야 한다.

요즘은 진짜보다 더 진짜 같은 사이비들이 판치는 세상이다. 언론에도 그런 경향이 많아 일반인들은 구별하기 어렵다. 그런 곳일수록 자극적이기 때문에 현혹되기 쉽다. 국민이 현명해져야 나라도 현명해진다.

26 벽을 허물어야
시야가 더 넓어진다

2019-02-18

전문 도둑(?)이 말했다.

"담이 높은 집이 도둑질하기가 더 좋다."

도둑이 벼르고 들어간다면 담이 높다고 집에 못 들어가는 게 아니다. 일단 담장을 넘으면 밖에서 보이지 않기에 더 안심하고 도둑질하기가 쉽다는 것이다.

◆ 장벽을 쌓은 나라는 필히 망했다

높은 벽은 명목상으로는 외부의 적을 막기 위한다고 하지만 내부의 시야 역시 가린다. 이런 현상이 더 오래가면 우물 안의 개구리를 만들고, 그 개구리는 세상 밖을 모르고 혼자만의 세계에 살게 된다. 그러다 결국 쇠퇴의 길을 가게 되는 게 역사의 교훈이다.

미국이 멕시코 국경에 장벽을 쌓는 문제로 시끄럽다. 그걸 보면서 미국의 전성기는 끝났다는 생각을 하게 된다. 베를린 장벽을 쌓은 쪽은 사회주의였던 동베를린이었다. 하지만 쌓은 쪽에서 항복을 하고 장벽을 무너뜨리므로 통일이 되었다.

지금 우리나라는 어떠한가? 남북한의 감정이 격해졌을 때 제일 먼저 한 것은 장벽 쌓기였다. 그 장벽으로 서로를 이해하는 시선이 보이지 않았고, 서로가 서로를 음해하고 그러면서도 서로의 체제를 유지하기 위해 서로를 이용했다. 화해의 손짓을 하면서 장벽을 제거하는 장면은 인상적이다.

◆ 벽을 쌓으면 발전도 희망도 없다

국가든, 민족이든, 인간관계든 벽을 쌓게 되면 그 순간부터 발전과 희망도 그 벽 안에 갇히게 된다. 그동안 우리 사회의 발전을 저해한 원인 중의 하나는 서로의 사이에 장벽 쌓기를 부추긴 결과이지 않나 반성해볼 일이다.

벽 쌓기를 부추기는 세력들은 자기들의 지위를 지키기 위해, 재산을 지키기 위해, 세력을 지키기 위해 교묘한 방법으로 담을 쌓아간다. 그들의 담 안에 갇히지 않으려면 국민들은 지혜롭게 냉정해야 한다.

그들이 주장하는 핵심적인 내용이 누구를 위한 것인가? 그들이 행해 왔던 지나온 과거는 어떠했는가? 국민을 위해서인가, 자기들의 권력 유지를 위해서인가? 이들은 국민이 똑똑해지고 지혜로워지는 걸 제일 두려워한다. 그래서 그들이 상대하는 사람들은 자기 벽 안에 들어있는 사람들을 열심히 부추기는 것이다.

정치인들이 이제 반성하지 않는다면, 벽 쌓기를 그만두고 그동안 쌓았던 벽을 스스로 허무는 작업을 하지 않는다면, 더 넓고 희망찬 미래를 보기는 힘들 것이다. 그들이 안 한다면 국민이 해야 한다. 이 나라의 주인은 국민이기 때문이다.

27 우리 위인들에 대해
잘 알고 더 가르쳐야 한다

2019-07-15

세계 4대 위인이라는 분들도 고향과 집 안에서는 존경받지 못했다. 가장 위대한 사람은 가족한테 존경받는 사람일 것이다. 그만큼 가까운 사람한테서 존경과 사랑을 받기는 어렵다.

종교의 창시자였던 위인들이 고장에서는 쫓겨나거나 버림받거나 무시당했다. 예수님이 태어난 곳에서는 지금도 유대교를 믿는가 하면 부처님이 태어난 곳에서는 힌두교가 주종을 이루고 있다.

멀리서 보는 꾸며진 여인과 집 안에서 보는 살림하는 여자와는 시각이 다를 것이다. 그러기에 남자들은 항상 남의 여자를 훔쳐보고 여자들은 남의 남편을 부러워한다.

◆ 자랑스러운 우리의 것들

공과대학으로 유명한 미국 MIT대학에는 세계에 공헌한 획기적인 발명품이 진열되어있다. 이순신 장군이 만들어 임진왜란을 승리로 이끈 거북선이 당당하게 제일 앞에 있다.

우리는 거북선을 만들었나보다 하는 정도이지만, 세계 사람들의 눈에는 상상을 초월한 획기적인 일이었다. 당시 목선만 있던 시절에 철갑선을 만들어 전쟁에 사용했다는 것은 세계사적인 기록이다. 영국이 자랑하는 영웅 넬슨 제독도 전 세계의 해전사에서 가장 탁월한 장군은 이순신 장군이라고 극찬했다고 한다.

이외에도 한글, 금속활자, 한지 등 자부심을 가지고 자랑해야 하는 조상의 업적이 많은 데도 우리의 것은 하찮게 여기는 경향이 많다. 자기를 스스로 비하하는 것은 겸손의 미덕이 아니라 자존감의 상실이다.

◆ 안타까운 교육 현실

어린이들이 읽는 위인전 중에는 우리나라 위인들보다 서양의 위인들이 더 많이 읽히는 것 같다. 동화도 그렇다. 아직 판단이나 정체성 확립이 안된 어린이들은 어려서부터 훌륭한 사람들은 서양 사람으로 세뇌를 받는다. 교육의 부재다.

그렇다고 우리 것만이 최고로 좋다는 배타적인 교육을 하라는 것은 아니다. 좀 더 우리 것에 긍정적이고 자부심을 가지는 교육이 필요하다는 것이다.

정작 이런 교육에는 신경 쓰지 않으면서 자기들에게 유리한 쪽으로 역사를 만들어 가려는 꼼수들은 과연 우리의 미래를 밝게 이끌어 갈지 의문이다.

일제강점기에 일본인들은 우리에게 못된 짓을 많이 했다. 물건을 수탈해가고, 전쟁에 끌고 가고, 많은 생명을 빼앗아 갔지만 그중에 가장 악랄한 것은 우리 민족의 우수성을 망가뜨린 것이다.

그들은 우리 조상에게 열등감이 컸다. 명치유신 전에는 우리를 통해서 문화를 받아야 했고, 그들이 숭배하는 천왕의 뿌리가 우리 백제의 왕족임을 알기 때문이다. 그들은 우리의 민족성을 훼손하기 위해 역사기록을 바꾸려 했고 분열을 시키려고 열등시민이라고 꾸준히 교육했다. 그 세뇌 된 잔재가 지금도 머리에 박혀있다. 친일을 청산하지 못한 과오이기도 하지만 교육 당국의 문제이기도 하다.

◆ 지금이라도 시작해야

이제라도 우리는 후손들에게 우리의 훌륭한 역사에 대해 더욱 잘 알고 이해할 수 있도록 각인시켜주고, 우리의 위대한 조상과 위인들에 대해 더 많은 공부를 시켜야 한다.

'역사를 잊은 민족에게 미래는 없다'고 했다. 또한, '역사는 과거와 현재의 끊임없는 대화이다'라는 말도 있다. 현재를 살며 미래로 나아가야 하는 우리는 더욱더 과거를 잊어서는 안 되며, 나부터 우리 역사에 대해 잘 알고 우리 위인들에 대한 자부심을 가져야 할 것이다.

28 요양원을
국가에서 운영하면 어떨까?

◆ 노인이 노인을 걱정하는 시대

100세 시대라고 공공연히 떠들지만 정작 100세까지 살 준비를 하지 못한 노인들의 삶은 현실적으로 비참하다. 다행이 노인들에 대한 복지가 늘어나고는 있지만 가난한 노인을 우대하는 국가는 어디에도 없는 것 같다.

밀물 밀려오듯이 늘어나는 노인들에 비해 아직 정책은 어디에 방파제를 쌓아야 할지 우왕좌왕이다. 젊은이들의 시선으로는 늘어나는 노인들은 미래의 걸림돌이고 부담이다.

젊은이들은 과거 노인들이 어떻게 치열하게 살아왔으며, 자식을 위해 얼마나 노력했는지를 크게 공감하지 못한다. 지금의 경제와 사회는 그들의 피와 눈물, 굶주림의 결과물이다.

하지만 이에 대한 감사함보다는 노인들이 너무 오래 살아 자기들의 세금을 축내고 일자리를 빼앗아 가고 의료보험과 국민연금을 축낸다고 생각한다. 실은 지금의 노인들도 자신들이 젊었을 때는 이렇게 오래 살 거라는 생각도, 준비도 없었다.

◆ 노인들의 가장 두려운 걱정 '치매'

더욱 큰 문제는 이런 상황이 단기간 내에 끝나는 현상이 아니고 이제 시작이라는 것이다. 그와중에 '치매'와 '중풍'은 모든 노인들의 걱정이고 불안이다.

중풍은 노력하면 치료가 가능하다. 그래도 의식이 있으니 본인의 의지로 삶을 꾸려갈 수 있다. 그러나 치매는 아직 완벽한 치료약도 없고, 어느 누구도 안 걸린다고 장담할 수 없는 노화현상이다 보니 더욱 불안하다.

예전보다는 치매에 대해 국가에서 많은 지원과 혜택이 있지만, 어려운 가정일수록 치매 관련 사건·사고를 많이 보게 된다. 치매인 당사자는 아무것도 모르니 오히려 행복하다고 생각될 수도 있겠다. 하지만 그를 감당해야 하는 가족들은 갈등의 연속이다.

요양원에 모시자니 자식의 도리가 아닌 것 같고, 집에 모시자니 감당하기 어렵다. 또한 요양원에서의 학대라던가 인권유린들이 매스컴에 나올 때는 더욱 죄책감을 느끼게 된다. 가정의 경제를 파탄시키고, 부모 형제 간의 의를 갈라놓고, 자식들의 삶을 피폐하게 만드는 현실이다.

더욱이나 요양원에 모시면 경제적인 부담도 문제지만, 인간의 존엄성을 훼손하는 일을 많이 보게 된다. 요양원을 방문할 때마다 벌집에 들어있는 애벌레의 모습을 연상하게 하는 현실이 마음 아프게 한다.

◆ 국가에서 거시적인 결단을 내려야

이익을 우선시해야 하는 사설 요양시설에서의 실태는 그들 입장에서는 당연한 것이다. 비용을 줄이기 위한 꼼수라던가, 요양사의 임금을 빼먹기 위한 비리는 공공연한 비밀이다.

국가에서 지원하는 비용으로 아예 국가에서 직접 요양원을 운영한다면 더 질 좋은 서비스를 제공할 수 있고, 의탁하는 사람들도 지금보다는 안심할 수 있지 않을까?

이제는 노인들도 알고 있다. 어린이가 유치원에 가는 게 당연한 것처럼 노인들이 요양원에 가야 하는 게 당연한 시대라는 것을. 치매나 노화는 본인이 원해서 오는 게 아닌 것이다. 자연현상인 만큼 국가에서 거시적인 결론을 내렸으면 한다.

29 변하지 말고 변화해야 한다

2020-07-13

지금에 이르는 인간의 형태가 '진화냐 창조냐'에 대한 문제는 아직도 판명이 나지 않은 논쟁거리고 앞으로도 명쾌한 결론을 내릴 수 없는 과제다. 어쨌든 진화든지 창조든지 확실한 것은 변화하며 지금에 이르렀다는 것이다.

사람이든 물질이든 관념적인 언어든 변했다는 것은 부정적인 이미지다. 그러나 변화하지 않는다는 것은 더 부정적이다. 본질이 변하면 쓸모가 없어 버려지게 된다. 그러나 변화하지 않으면 더 쓸모가 없어진다. 어린아이가 어른으로 살기가 힘들다며 성장하기를 거부한다면 정상적인 삶은 아닐 것이다.

◆ 변화하지 않으면 도태된다

살아있는 모든 것은 변화하지 않으면 도태된다. 애벌레가 변화하지 않으면 나비가 될 수 없다. 그러나 그 변화의 주체가 무엇인가에 따라 상황이 달라진다. 고통을 감수하면서 스스로 변화를 선택해 실행하는 쪽은 나비가 될 수 있다. 그러나 고통을 감당하기 싫어 애벌레로 있고자 고집한다면 애벌레로 생을 마감할 것이다.

'달걀껍데기를 스스로 깨트리면 병아리가 되지만, 남이 깨트리면 프라이가 된다'는 말이 있다. 새로운 생명의 길을 갈 것인지 도태의 길을 갈 것인지는 스스로의 선택에 달려있다.

정치권에서 묵은 숙제처럼 오랫동안 거론되는 것 중 하나가 검찰개혁이다. 우리 근대사에 정치검찰들이 끼친 악영향들에 대하여는 정치권도 국민 모두도 잘 알고 있다. 정치권이 바뀔 때마다 검찰개혁을 주장했지만 지금도 해결하지 못하고 있다. 그동안은 오히려 권력의 보장을 위해 묵인하고 권력 유지를 위해 애용하기도 했었다. 단군 이후 가장 똑똑하다는 국민들은 지켜보고 있다.

◆ 특권층과 기득권자들이 변화해야

검찰 스스로가 그동안 누렸던 특권과 휘둘렀던 칼을 내려놓기 싫을 것이다. 기득권을 내려놓기란 혁명보다 더 어렵다. 그러기에 기득권층들은 그걸 지키기 위해 몰상식과 몰염치도 서슴지 않고 언론과 권력을 잡으려 한다.

그렇다고 법조계에서 일하는 모든 분들이 개혁의 대상은 아니다. 어려운 여건 하에서도 소신과 본연의 신념을 지키는 분들이 더 많다. 그런 분들의 노력으로 지금의 우리나라가 민주화가 되어왔고 나날이 발전되는 모습으로 변화되어 왔음을 우리는 기억한다. 단체든, 사회든, 국가든, 문제를 일으키는 몇몇으로 인해 항상 새로운 뉴스가 생긴다. 권력을 남용하는 경찰 또한 그러하다. 국회의원도 변화해야 하는 대상의 1순위다.

국민들은 기대한다. 특권층의 권력자들이 나비로 변화되어 꽃들에게 희망을 주기를, 본연의 임무에 충실하여 국민에게 웃음을 주기를.

30 변해가는 인식, '건강한 종교'로 남으려면

2020-10-19

코로나19로 인해 우리의 일상이 전혀 예상치 못한 국면으로 자연스럽게 바뀌고 있다. 그동안 변화시키려 무던히 애썼던 일들을 코로나19가 정리를 시킨 것이다.

초상집이나 결혼식에도 부조만 보내고 참석하지 않아도 전혀 미안해하지 않아도 되는 시대가 되었다. 앞으로는 경조사도 가족끼리만 치르게 되는 것이 당연한 분위기로 바뀔 것이다. 여기에 더 큰 변화의 조짐은 종교의 대 전환이다.

◆ 종교가 권력·금력과 결탁했을 때

앞으로 20년 안으로 모든 종교가 사라질 것이라는 누군가의 말이 생각난다. 물론 그러긴 힘들겠지만 요즘 들어 우리나라에서는 그러한 조짐이 더 잘 나타나는 듯 하는 걸 보니 언젠가는 그럴 수도 있겠다는 생각이 든다.

세계의 이목을 받으며 성장한 종교가 뿌리째 흔들리고 있는 이유는 코로나 때문만은 아니다. 근본적으로 신앙의 기본이 튼튼하지 않은 모래성 위에 화려한 건물을 지었기 때문일 것이다.

예수님과 부처님의 근본정신과 마음과 뜻은 따르지 않고 성직자라고 하는 사람들이 자기의 위상을 예수나 부처보다 더 높이려 한다. 예수님과 부처님이 전혀 관심 가지지도 않고 내팽개쳤던 '권위'를 종교인들이 탐내며 군림하려 하기 때문일 것이다.

종교인들이 권력, 금력과 결탁했을 때 그 결과가 어떠했는지는 역사가 증명한다. 중세기 권력과 부를 좌지우지했던 가톨릭 성직자들의 타락이 종교 분열과 쇠락으로 빠진 것처럼의 비슷한 모습을 지금의 개신교에서 보는 느낌이다. 요즘 젊은이들이 직장에서 교회 다닌다고 떳떳하게 말하기 힘들다고 하며, 기독교를 비하하는 말로 개독교라는 단어가 만연하고 있다.

이렇게 만든 책임은 누구에게 있는가? 이 모습이 과연 예수님이 바라고 원하시는 모습일까? 잘 먹고 출세하고 좋은 집을 가지게 해 달라고 비는 무당을 믿었던 건 아닐까?

◆ 종교를 다시 평가하고 있다

예수님이나 부처님은 건물을 짓지 않으셨다. 어디에 정착하지 않고 어렵고 힘든 사람을 스스로 찾아다니셨다. 하지만 요즘 교회나 성당, 절들이 그렇게 웅장하고 화려한 궁전이 된 것은 누가 원해서일까?

유럽의 화려한 성당 건물들이 관광지가 되어버린 것은 신앙은 건물이 아님을 증명해 준다. 그런 건물을 짓는 대신 어렵고 힘든 사람들과 함께 하는 게 예수님이 원하는 모습이지 않을까?

종교까지 부패하면 인간에겐 희망이 없다. 죽음을 극복할 수 있는 마지막까지 버릴 수 없는 게 신앙이다. 코로나19를 겪으면서 많은 사람이 종교에 대해 다시 보는 계기가 되었다.

사람들은 어려울 때 손잡아 주고, 힘들 때 짐을 같이 들어주고, 울고 싶을 때 다독여 주는 예수님, 부처님의 건강한 종교를 원하는 것이지, 물질에 얽히고 갈등이 발생하는 종교를 원하는 것이 아니다. 건강하지 못한 종교가 과연 나중까지 대접받고 살아남을 수 있을까?

31 한반도 영세 중립화를 위한 움직임

2021-02-22

◆ 우리나라는 연골 같다

무릎과 무릎 사이, 뼈와 뼈 사이에 있는 '연골'이 닳아지면 걸음걸이도 균형을 잃고 뼈들의 형상이 뒤틀린다. 요즘은 의술이 좋아 인공관절을 넣는 수술을 하기도 하고 심하지 않을 경우에는 시술로 대처한다. 한참 동안은 적응하느라 고통스럽게 다닌다. 그러나 아무리 수술을 잘 했다 하더라도 튼튼했던 자기 연골보다는 좋지 않음은 당연한 사실이다.

딱딱한 뼈와 뼈 사이에 유연한 연골이 없다면 뼈와 뼈끼리 부딪쳐 서로서로 갉아대고 나중에는 서로가 더 크게 망가져 아예 주저앉게 된다.

◆ 되돌아보는 우리나라의 위치

미국, 일본, 러시아, 중국, 세계의 초강대국들이 우리나라를 둘러싸고 있다. 어느 하나 만만한 나라는 없다. 어쩌면 이들 4개국의 중간에 있는 우리나라가 연골, 물렁뼈 역할을 하는 것 같다는 생각을 해 본다. 지정학 상으로 우리나라는 가장 주요한 위치이면서도 가장 불리한 위치에 있다.

2차 대전 패전국들은 많은 땅을 빼앗기고 독일은 동서로 갈라졌지만 우리는 일본 대신에 남북이 갈라졌다. 우리 의지와는 다르게 미국과 소련의 계산 하에 갈라놓은 우리 땅은 70년이 넘도록 다시 합쳐지기 어려운 처지다. 앞으로도 그럴 가능성은 높지 않을 것 같다. 4개국 모두가 원치 않은 일이라서다.

우리 민족은 이대로 대륙에 붙어있으면서도 허리가 잘려 섬나라 같이 살아야 하는가? 이대로 후손들한테 물려주어야 하는가?

◆ 한반도에 영세 중립 추진 움직임이

4개의 강대국은 우리나라를 위해 자기들의 이권과 국익을 포기할 의사가 추호도 없다. 그러면 우리는 우리가 취할 수 있는 방법을 찾아야 한다.

강대국의 영향력도 받지 않고, 관절 역할을 하면서 뼈와 뼈끼리 부딪쳐 문제가 생기지 않도록 할 수 있는 방법은, 한반도에 영구 중립국을 우리 힘으로 선포하는 것이다. 물론 여기에는 북한과의 충분한 이견조율과 합의가 필요할 것이다.

스위스처럼 어느 나라의 침략도 허락하지 않으며 어느 나라도 침략하지 않겠다는 영구중립을 표방한다면 세계의 역사와 평화는 더 빨리 올 것이다. 또한 군비경쟁도 없을 것이고 우리 한반도에는 새로운 비전과 희망이 있을 것이다.

그리고 진짜 이런 움직임이 있어 나를 가슴 설레게 한다. 내가 오래전부터 생각해 왔던 일이다. 그러나 생각뿐이었던 것을 실천으로 옮기고 국민들의 지지와 동참하기를 원하는 단체가 있어 나는 기꺼이 서명을 했다.

시작은 미약하지만 시작이 반이라는 속담이 있지 않은가? 일단 시작했으니 굳건하게 밀고 나가 우리 후손들에게는 전쟁의 위협 속에서 살아가지 않도록 해 주었으면 한다. 뜻 있는 모든 국민들이 동참한다면 대한민국의 내일은 더 안전할 것이라 생각한다.

32 작은 일에 충실해야

◆ 작은 일에 충실한 자가 큰 일에도 충실하다

젊었을 적 성경에서 달란트 비유 이야기를 읽었을 때 이해가 가지 않았다. 주인이 여행을 떠나면서 한 종에게 다섯 달란트를 맡기고, 또 한 종에게는 두 달란트를 맡기고, 다른 또 한 종에게는 한 달란트를 맡겼다.

여행을 마치고 집에 돌아온 주인은 종들에게 맡겼던 달란트를 셈했다. 다섯 달란트를 맡은 종은 다섯 개를 더 벌어들였고 두 달란트를 맡은 종은 두 달란트를 더 벌어들였다. 그러나 한 달란트를 받은 종은 주인을 두려워하며 맡긴 달란트를 잃어버리면 안 될 것 같아 땅에 묻어 두어 본전 그대로를 내놨다.

주인은 달란트를 늘린 두 종에게는 그들의 능력에 맞게 벌어들인 달란트만큼의 일을 다스리게 맡겼다. '착하고 충실한 종아, 사소한 일에 충실했으니 네게 많은 일을 맡기겠다. 와서 네 주인의 기쁨을 함께 누려라.' 그러나 본전 한 달란트를 내놓은 종에게 그것마저 빼앗아 다섯 달란트를 번 종에게 주었다. 문제는 한 달란트를 받은 종의 말 그대로 되갚아 주었다는 것이다.

하느님의 처사가 모질고 야박하게 느껴졌다. '가진 자에게는 더 주

284 참 언론의 길

어 넘치게 할 것이고 갖지 못한 자에게는 가진 것마저 빼앗을 것이다.'

하느님의 냉혹한 이 판결이 무척 불공평하게 생각되었던 것이다. 이제 나이가 들어 삶을 관조할 때가 되니 그 말씀이 지당하다는 공감이 들었다.

◆ 세상을 시끄럽게 하는 일은 사소한 일을 소홀히 했기 때문이다

가정이나 회사나 국가에 기반을 흔드는 큰 문제가 생기는 것의 대부분은 처음엔 큰 문제가 아니었다. 아예 해결하기 어려운 문제는 모두가 긴장하고 합심해 오히려 해결하기가 더 쉽다.

그러나 배에 물이 스미지 않을 정도의 금이 갈 때는 관심도 신경도 쓰지 않고 '괜찮겠지 설마' 하다가 간단하게 고칠 수 있는 중요한 시간을 소홀히 지내버린다. 그동안의 대형사건 사고들은 작은 일에 충실하지 않았기 때문에 큰 사건사고로 번졌다.

사람이 행복감을 느끼는 것도 평생 한 번 볼 수 있는 일이 아니다. 나날이 주어지는 소박한 일들에서. 신뢰를 얻는 사람도 그렇고, 남 앞에 나서는 사람들의 평가도 그렇다. 사소하고 작은 일에 충실했는지, 하찮은 사람과 약속을 잘 지켰는지, 본인이 한 말에 책임을 지고 있는지가 그 사람의 신뢰를 나타낸다.

◆ 신뢰를 잃고 있는 대통령 후보들의 행태

요즘 정치판을 보면 신뢰를 잃은 사람들의 경연대회 같다는 느낌이 든다. 말과 행동과 뜻과 실천이 안 되는 사람들이 국민을 대표하겠다고 나서는 꼴들이 오히려 구경거리다.

국민들은 화성에 가서 살게 해 달라는 것 같은 거대한 것을 요구하지 않는다. 대통령이 누구인지 신경이 안 쓸 만큼에 평안하고 안정되고 기본에 충실하게 해 주는 대표자가 되었으면 하는 바람이다.

작은 일에 충실하고 기본에 성실한 사람, 이런 사람이 절실히 필요한 시대다.

이
만
균
•
李
晩
均

경기문협 자문위원
시흥일하는노인연대 사무국장
시니어뱅크 상임이사
시흥자치신문 칼럼 집필 및 편집위원
(사)한국효도회 시흥지역 부회장
하우명예절학교 교장
협동조합 시흥효도회 이사
시흥시니어클럽 노인 상담
예명원 이사

저서
『다시 지리산에서』
『당신은 희망입니다』

01 '생태적 사고' 왜 필요한가?

2017-11-06

◆ 지구는 언제나 변한다

지금부터 3,000년 전 아프리카는 사바나의 황무지가 아니라 열대 우림이 현재의 콩고, 가봉, 카메룬, 나이지리아 국경 지역뿐 아니라, 북단 사하라사막 입구까지 존재했다는 것이 과학자들의 일치된 의견이다.

프랑스 국립해양연구소 연구자들은 화학적 풍화작용을 조사해 아프리카 환경변화를 추적한 바 식물이나 산성도, 강수, 온도 등에 의해 암석의 조성이 변하는 화학적 풍화로 환경변화를 유추할 수 있다는 것과 또 퇴적물에서 알루미늄과 칼륨이 빠져나간 속도와 네오티늄과 하푸늄과 하프늄동위원소가 변한 정도를 분석했다. 그 결과 4만 년 전부터 3,000년 전까지 퇴적물의 성분과 크기가 크게 변하지 않았는데, 3,000년 전부터는 이성분이 토양에서 갑자기 크게 유실되고 하프늄동위원소 변화가 커지는 화학적 풍화작용의 신호가 크게 나타났다.

연구진은 3,000년 전 중앙아프리카의 습도는 평균보다 낮았고 온도는 계속 올라가는 추세에 있음을 확인했다. 이는 화학적 풍화가 활발할 수 없는 환경이었는데 실제 지표면에서는 화학적 풍화가 활발하게 작용했음을 확인했다. 그러면 어떤 요인이 원인이 되었을까? 이를 추론한 결과는 3,000년 전 나이지리아와 카메룬 경계에 살고 있던 발투족이 3,000년 전부터 중앙아프리카 쪽으로 이동한 흔적을 확인했고, 이들은 아프리카 특유의 농작물을 재배했으며, 철로 만든 농기구를 사용했다.

이 조사 결과로는 발투족이 농사지을 땅을 개간하거나 석탄을 채굴하기 위해 숲을 없앤 것이 원인의 하나인 것으로 판단했다. 즉 중앙아프리카 열대우림이 없어진 원인의 하나가 인간이란 것을 알았다.

지금 생각하면 그때의 인간들이 오감으로 환경변화를 확인하고 먼 장래의 환경대비를 하기란 불가능했겠지만 오늘의 환경 재앙은 그들이 저지른 과오를 인류가 다시 저지르고 있다는 사실을 반성하는 일에 이 흔적이 일조를 하고 있음에도 역사에 반영하지 못한다면 실로 형편없는 조상이 되지 않을 수 없다.

지금의 인간은 전기한 사실을 거울삼아 발달한 연구능력만큼 앞으로 우리후손들의 삶의 환경 보존을 위하여 연구를 치열하게 계속하여 3,000년 전에 그들이 저지른 우를 범하지 않겠다는 책임감을 결코 잊어서는 안 될 것이다.

◆ 지구, 6번째 대멸종기 진행 중임을 인식해야

근대에 와서야 세계 차원의 환경 대책을 위한 기구를 만들고 서로 탄소 배출규제를 협약하는 등 새로운 각성을 하고 있음은 다행이라 하겠다. 그러하나 좀 더 심각한 환경적 사고를 하지 않는다면 지구 환경은 인간의 상상을 뛰어넘는 놀라운 재앙을 가져온다.

학자들은 이후의 세계를 인류세(人類世)라는 새로운 지질 세대로 간주한다. 인류세 개념은 16년 전 네덜란드 화학자 크뤼천이 내놓은 것으로 아직은 정설로 인정된 것은 아니나 2011년 미국, 영국 학자들이 이 이론을 지지했고 과학자들의 본격적인 논의가 진행되었다. 기후와 생태계를 변화시켜 신생대 마지막 시기인 홀로세를 잇는다는 이 주장은 인류세의 기점을 1945년을 기점으로 하여 대표하는 물질로는 방사능물질, 대기 중의 이산화탄소, 플라스틱, 콘크리트 등을 꼽는다. 인류세 지지자인 얀 잘라시에비치는 '인류가 저지르는 환경적 파괴행위는 이미 우리 행성에 깊은 자국을 남겼다'고 주장한다.

◆ 38억 년 전부터 축적된 자연자본 58조 달러

생명체가 지구에 등장한 것은 38억 년 전이다. 이 38억 년 축적된 지구생태계, 즉 자연자본을 인류는 그동안 마음껏 사용해왔다. 생태계가 제공하는 서비스의 가치가 연간 46조~58조 달러(4경~6경 5,000조 원)에 이른다고 한다. 수자원 공급과 공기 정화, 쓰레기 처리, 홍수 예방 등의 서비스다. 1999년 세계 총생산이 38조 달러임을 고려하면 실로 막대한 혜택이다. 문제는 자연자본이 아무리 크다 해도 인간이 무분별하게 훼손한다면 결국엔 복구 불가능한 상태가 되며, 지구는 근원적으로 파괴의 길로 접어든다는 사실을 어찌할 수가 없다.

환경적 사고의 삶과 과학자들의 철저한 연구가 실천되지 않는다면 3,000년 전 환경적 대응능력이 없었던 발투족의 전철을 밟을 수밖에 없으며, 그것은 지금은 아프리카 열대우림 정도의 파괴가 아니라 인간이 스스로 멸종의 길을 걷는 형국이 되고 말 것이다.

02 시흥시민의 품격,
무엇으로 가꿀 것인가?

2018-03-26

"사람이 도시를 먼저 만들어라. 그래야 도시가 사람을 만든다." 최재천 국립생태원장의 주장이다.

도시 건설의 기본은 건축이다. 이때 건축은 단순히 만든다는 개념이 아니라 예술과 과학이며 경제학, 정치학, 사회학이 총합된 산물이다.

지금 우리 시흥은 도시를 만들고 있는가? '생명도시 시흥', '바라지와 산업의도시 시흥' 등의 도시브랜드가 역할을 제대로 하고 있는가? 1914년 행정개편 이래 104년, 시흥이란 이름으로 오늘까지 무엇이 변하고 얼마만큼의 도시를 만들어 왔는가?

135.79㎢ 면적의 땅, 이 중 70%에 가까운 개발제한구역(GB), 그리고 43만 시민들은 소래권, 정왕권, 장현권, 목감권 등 곳곳에서 자리 잡고 살고 있으나 외부와의 원활한 교통망에도 불구하고 열악한 대중교통의 여건 속에서 참고 살아간다.

농경사회를 지나는 100년의 지역 여건 때문인지 그나마 우리 시흥시는 문화유산과 자연유산이 아직 잘 보존되어 있다는 사실은 확실하다.

시흥, 무엇을 보러 오게 할 것인가? 무엇을 보여 줄 것인가? 도시는 만들어야 한다. 그리고 여기에는 2가지 방법이 있다. 하나는 '도시 재개발' 방식이고, 하나는 '도시 재생'이다.

재개발은 기존의 것을 헐고 새것을 만드는 것이고, 도시 재생은 기존의 하드웨어에다가 새로운 소프트웨어로 업데이트 하는 것이다. 새로운 문화와 디자인을 기존에다가 조화시키는 것이다.

며칠 전 모당 시흥시장후보 7명의 합동 토론회에서 '관광도시 시흥'이란 도시 브랜드에 관해 이야기 한 후보가 2명이 있었다. 시흥에는 관광자원이 많아 계획적인 도시 재생으로 이 자원을 유기적 관광 기능으로 살려야 한다.

그 첫 공사가 오이도선사유적공원 조성이다. 이 공원을 설계할 때 아쉬운 것은 시흥 전체의 관광자원으로 유기적 기능을 생각하지 않은 것 같다는 생각이 든다. 오이도 선사유적공원은 그 넓은 면적으로 보나, 오이도 어시장을 끼고 있는 자연 여건으로 보나 시흥 관광의 중심축이다. 공원 형성 부지 자체만 활용해서 되는 것은 아니다. 옛 것과 현대가 만나는 제3의 공간도 필요하다. 그런데 마땅한 그 공간에 이미 스틸랜드라는 무시무시한 철조 건물이 차지하고 빽빽이 자리 잡아 숨 쉴 틈도 없이 만들어 놓고 말았다.

또한 시흥을 방문하는 관광객들이 자연스럽게 시흥의 관광로를 따라가며 만족하는 여행이 될 수 있도록 기능이 살아 움직이는 시스템까지 염두에 두어야 한다.

월곶항의 기능을 살리고, 1,000년 전 방산 백자청자 도요지, 세우게 풍어제, 갯골생태공원, 연꽃테마파크, 강희맹 유적지, 조남동 고인돌, 따오기 노래비, 능곡동 선사 주거유적지, 봉화유적, 이 많은 하드웨어에 유기적으로 잘 꾸며진 소프트웨어를 입혀 시흥투어관광버스를 운행하거나, 코끼리 열차 등을 운행하여 시흥에 방문하면 하루 관광이 즐겁도록 문화와 디자인을 입혀 나가야 한다.

◆ 시흥 브랜드 확실하게 설계할 시장 필요

"길이 있으면 사람이 모이고, 도시가 생기면 길이 열린다." 이런 통속적 개념은 시장이 되려는 후보들은 한 번쯤 생각해봤을 것이다. 허나 시흥의 교통망 조건은 부러울 만큼 입지가 좋다. 서해안고속도로, 영동고속도로, 제2경인고속도로, 제3경인고속도로, 서울외곽고속도로, 수인선도로, 인천 국제공항까지 쾌속질주 할 수 있는 여건, 또한 전철 역시 기존 안산선에 제2안산선, 원시선, 신수인선 복원계획 외에도 논의되는 전철선이 한두 개 더 있다. 이런 길이 잘 열려 있는 도시 시흥에 무엇을 보라고 사람들을 부를 것인가?

시흥시민들의 자존감은 무엇인가? 며칠 전 한 음식점에서 두 사람의 대화를 듣고 시흥시민의 꾸겨진 자존감을 보았다. A씨가 "C와 D랑 같이 만나기로 하는데 만일 시화로 온다면 같이 만나자." B씨 "여기서 안 볼 듯 하다. 시흥에 뭐 보러 오겠나?" 시흥시민이 자기 사는 곳을 이렇게 생각하다니, 이것이 지금 시흥시민의 자존감이라면 얼마나 서글픈 일인가?

필자는 직업상 시흥의 문화유적을 일일이 찾아 기획취재를 진행한 바 있어서 나름대로 문화유산이 살아 숨 쉬는 시흥시에 살고 있다는 자존감을 가지고 살아간다.

도시는 최초에 디자인한 사람의 의도대로 계속 발달하는 것이 아니다. 도시는 시민이 살아가는 유기체요 그 주민의 사는 방식대로 살아 움직여서 새로운 모습으로 변화하는 과정을 거치며 무한히 변모하고 있는 것이 도시이다. "인간이 도시를 만들고 도시는 인간을 만든다"는 말은 백번 옳은 말이다.

03 급변하는 사회, 꼭 필요한 '건강한 가정'

2019-03-04

가정이 건전해야 한다. 그러나 몽테뉴가 『수상집』에서 말했듯이 "왕국을 통치하는 것보다 가정을 다스리는 쪽이 어렵다"는 생각을 지울 수가 없다. 신학기철을 맞아 우리 이웃에 있는 아름다운 가정을 소개하지 못함을 유감스럽게 생각하고 우리가 가지고 있는 문제들을 짚어보게 된다.

정통성이 뉘우칠 겨를도 없이 변질되고, 겨우 한 세대라는 짧은 기간에 불어 닥친 사회적 변화를 맞아 거기에서 파생된 병리현상, 특히 가정이란 보금자리가 오염되고 있음을 바라보고 있다.

위기청소년 수십만 명, 자살이 교통사고사망의 2배 이상, OECD 국가 중 이혼율 최고, 빈번한 아동 성범죄, 이런 문제 모두가 근원인 가정이란 울타리와 그 속에서 꽃피워야 할 사랑이란 힘이 빛을 잃고 있음을 반증하고 있다.

그중에는 마음에 없어서가 아니라 가정에서 감당하기 힘든 고령자 문제가 있다. 수명은 늘어났는데 노인들이 안고 있는 고독과 질병 등 사회문제를 핵가족이란 명분으로 피하고 있는 현실이다.

부모님이 우리에게 누구인가? 우리를 낳으시고 천하를 얻은 것보다 더 기뻐하셨던 분, 자기 목숨보다도 더 소중히 여기며 진자리 마른자리 가려 누이시며 손발이 다 닳도록 고생하신 분, 자기 존재가치의 전부로 여기신 분들이시다.

60~70년대에 12시간씩 산업현장에서 맞교대 작업을 하시면서 오직 자식 하나 잘 키워보겠다고 잠도 덜 자고, 허리띠 조르며 공부시키시고, 동시에 국가 경제 발전의 주역이셨던 분들이 아닌가? 그 덕으로 우리는 자동차를 만들고, 도로를 깔고, 아파트를 세우고, 대형매장에서 쇼핑을 즐기며 사는 세상을 맞이하였지만, 이러한 터를 닦은 당사자들, 이제는 나이가 들어버린 우리들의 부모들은 온갖 편리하고 재미있는 세상을 제대로 못 누리고 살고 있다.

이제 부모님들을 우리 삶에 거추장스럽지 않도록 따로 모시고, 오히려 이것이 오늘날 사회와 국가가 더불어 할 수 있는 사회적 효라는 명목으로 합리화하고 살아야 하는 현실에 이르렀다.

누군가 국가가 실시하고 있는 노인요양보험을 효의 세대 간 품앗이라 했다. 적절한 표현이다. 그러나 우리가 아무리 현실이 변하고 사는 방식이 바뀐다 할지라도 변하지 말아야 할 것 하나는 바로 사랑이다. 부모들의 땀과 피와 함께 풍기던 그 사랑의 본질만은 우리 가슴에서 영원히 품고 놓치지 말아야 한다.

어느 가정에서 치매 할머니를 노안요양원에 모셨는데 엄마와 손주딸이 주말에 찾아뵙는다. 손주딸이 할머니가 좋아하는 아이스크림을 사다 드리면 맛있게 잡수시는데 "할머니, 내가 누군지 아세요?"라고 물으면, "아이스크림 사다 주는 아이"라고만 대답하신다. 그다음 주말에도 아이스크림을 맛있게 드시는 모습을 보며 "할머니, 이제 내가 누군지 아세요?"라고 물으면 역시 같은 대답을 하신다. 그러나 손자는 할머니 얼굴에서 흘러내리는 촉촉한 눈물을 보았다. 기억력은 잃었어도, 세상 모든 걸 다 잃었어도 사랑의 본질만은 잃을 수 없는 우리들의 부모님이다.

우리는 이제 사회적 효를 통해서라도 잘 해야 하겠다. 내 부모뿐 아니라 세상 모든 부모님들이 이웃사랑의 훈훈한 기운으로 살아가도록 하기 위하여 배려하며 살아야 하는 시대를 살고 있음을 깨닫자.

행여라도 시혜의 사각지대에서 슬피 눈물 흘리는 부모님들이 없도록 국가와 더불어 대책을 확충해야 한다. 2050년대가 되면 일할 힘이 있는 65세 이하의 우리 자녀 세대 1.5명이 부모 세대 노인 1명을 부양해야 하는 초고령사회가 된다. 우리들의 자식들이 고령자가 되는 시기가 바로 그런 시기가 된다니, 우리는 왜 위아래로 마음 쓰며 가슴앓이를 해야 하는 사회를 맞이하고 있는 것일까?

자식들 생각하지 않고 사는 부모야 없겠지만 혹시나 자신의 가치관으로 이혼하고, 자식들 인성교육에 신경 쓰지 않는 이들은 이제는 뉘우쳐보자.

건강한 가정을 위해 나는 누구인가? 조금만 더 생각하고 조금만 더 느리게 살고 조금만 더 깊이 생각하고 살아보자.

그리고 이런 급변하는 현실 앞에서 인권이다, 표현의 자유다 하며 편향된 잣대로 어엿한 지도자급 자리에서 음란물, 폭력, 갈등과 갈등으로 스토리를 엮어가는 영상물 생산자들은 명심해 주기 바란다. 문화는 상품이기 전에 인간 심성에 이슬비처럼 젖어 들어 인격을 만들어 가는 영향력을 발휘한다는 것을.

04 이제는
'문화 새마을운동' 펼칠 때

2019-05-20

건국 70년을 맞이한 대한민국은 아시아 중심국가로 도약하며 걸어 왔다. 세계 10위 안팎의 경제력, 한류 열풍은 세계로 뻗어나가고 있고, 스마트하기로도 유명하다.

이 도약의 과정에서 늘 지켜온 국민성으로 '동방예의지국'의 명성을 유지하면서 성장해 왔지만, 이제는 그 옛 명성이 '동방무례지국'으로 불릴까 싶어 뜻있는 사람들의 근심이 깊어지고 있다. 특히 시민의식에서 그렇다.

관자(BC 600년경 제나라 환공[桓公]을 모셨던 재상)는 나라가 유지되려면 사유(四維), 곧 네 강령으로 예의염치(禮儀廉恥)가 있어야 한다고 했다. 예(禮)란 절도를 지키는 것, 의(義)는 출세를 도모하지 않는 것, 염(廉)은 정직함, 치(恥)는 잘못을 따르지 않음이라 했다. 그리고 이것이 무너지면 망국의 길로 간다고 했다. 이 사유를 비추어볼 때 우리 동방예의지국의 명성이 여지없이 무너지고 있지 않은가 자문해 보게 된다.

◆ 언어(言語)의 변태를 경계해야

그 첫째가 우리가 일상을 살아가는 언어와 글의 변태를 염려하게 된다. 욕설과 막말이 일상화 되고 있다. 온라인의 댓글들은 얼굴 없는 무례함이 인터넷 시대에 누려야 할 편의성을 무색하게 한다. 무례함이 도를 넘어서고 있고, 소통 수단의 발달은 오히려 소통질서 악화일로를 내닫고 있다.

영상언어의 치졸로 내닫는 그 중독성은 정치, 교육, 공공기관 할 것 없이 극도의 갈등을 표출한다. 어느 국어학자는 이를 말의 분단, 이는 곧 이념과 국토의 분단을 고정화하는 것이라 탄식했다.

언어는 공생의 수단이다. 통일을 위해서도 우리 본래의 미풍양속이 지녔던 존중과 배려와 경청의 소통문화를 복원해야 한다. 언어문화의 대각성이 시민의식을 일깨우는 첩경이 되어야 한다.

아무리 좋은 시스템을 갖춘 기구라 할지라도 통합된 목적을 달성하기 위해서는 그 기구를 운용하는 전달 소프트웨어가 불량해서는 목적하는 가치를 창출할 수가 없다. 우리의 사회 시스템을 운용하기 위해서는 가동 지시 언어와 기호가 정확하고 올바라야 한다. 그 전달 공유자이며 그 창출 가치를 누리는 자가 바로 시민이다. 그러므로 시민의식이 예의범절에 합당해야 한다.

◆ 어린이는 인성, 어른은 시민의식 교육 절실

세계에서 일본을 대놓고 무시하는 나라는 한국밖에 없다고 한다. 세계가 일본을 무시할 수 없는 이유 중 하나가 사회질서라고 한다.

일본이 한때 제국이 되겠다고 설치며 전 세계적으로 추태와 무례를 저질렀음에도 무엇이 놀라워 문화시민으로 인정을 받고 있을까? 그것은 충분히 이유가 있다. 일본의 인성교육의 근간엔 '메이와꾸 가께루나(남에게 폐끼치지 말아)'라는 교육이 있다. 그래서 그 교육의 효과는 그 일본인들이 일상 언어로 사용하는 '스미마셍(실례합니다)'이 시민의식과 질서를 유지하여 사회생활에서 남을 배려하는 모습이 되고 원자로 사고 이후의 그들 사후질서에서 세계를 놀라게 했다.

일본인들의 사회의식교육은 유치원 교육에서도 보인다. 유치원에 들어가면 흔히 지나칠 수도 있는 사람들인 청소부, 교통경찰, 동사무소의 공무원이 일하는 곳을 데리고 다니면서 남을 위해 일하는 이들의 중요함을 배우게 한다고 한다. 어려서 가정과 학교교육에서 남을 배려하는 교육을 시킨다. 이러한 일본인들의 남을 배려하는 교육만은 좋은 교육방법이라 인정하지 않을 수 없다.

우리 사회가 좋은 사회 시스템을 운용하기 위해서는 초보적인 각성이 있어야 한다. 우리 젊은이들은 학문에서 세계가 인정하는 우수한 두뇌를 가지고 있다. 그러나 그 고급학문이 인생의 지혜를 터득하는 도구가 되어야 비로소 가치를 달성할 수 있는 것이다.

그러기 위해서는 어린이들에게 인성교육을 철저하게 실시해야 할 뿐 아니라. 어른들도 시민의식을 평생교육 차원에서 성인교육의 일환으로 배워야 대한민국의 가치를 제대로 창출 할 수 있다.

어른들이 제대로 인성과 시민의식을 갖추지 못한 데서 벌어진 어처구니없는 사회상을 '세월호' 사건에서 그 선장과 선원들이 보인 남을 배려하지 않는 처신으로 명확히 드러내고 있음을 우리는 명확히 보았다.

우리 시흥시에서는 다행히도 (사)시흥효도회가 효와 예절 프로그램을 진행하고 있으며, (사)예명원에서 예와 다도 프로그램을 운용하고, 성인식 헌다례 의식 등을 통해 우리 고유문화의 격식이 얼마나 남을 배려하는지 우아하고 아름다운지 각성하게 하고 있다.

바라기는 시와 교육지원청 당국이 자생적 효·예교육 기관의 취지를 찬동하여 적극적인 지원으로 새로운 시민운동으로 이어지면 좋겠다. 우리는 새마을운동으로 경제부흥의 좋은 경험을 가지고 있지 않은가? 이제는 질 높은 시민의식을 되살리는 '문화 새마을운동'을 펼쳐 세계에서 칭찬받는 문화국민으로 격을 높여 나가야 한다.

05 오늘날의 노인은 누구인가?

2019-07-30

고대 그리스의 시인 소포클레스가 88세 때 자신이 작품을 통해 설정한 불쌍한 영웅인 늙고 눈먼 '오이디푸스'와 스스로를 동일시해보는 사색에 잠겨 보았다. 그리고는 이렇게 술회했다. "태어나지 않은 것이 더할 나위 없이 좋은 일이지만, 일단 태어났으면 되도록 빨리 왔던 곳으로 가는 것이 그다음으로 좋은 일이다. 경박하고 어리석은 청춘이 지나고 나면 누가 고생으로부터 자유로우며 누가 노고에서 자유로울 수 있단 말인가?"라며 노년에 대한 비장한 태도를 보여주고 있다.

그런가 하면 그리스 철학의 거두인 플라톤과 아리스토텔레스는 노인에 대한 견해를 완전히 달리 가졌다. 플라톤은 덕스러운 삶을 산 부유한 사람은 행복한 노년의 시기를 보내며 "이는 인생의 완성이다."라고 한 반면 영혼과 신체의 결합을 믿었던 아리스토텔레스는 "한쪽의 노쇠함은 반드시 다른 쪽의 노쇠함에 이른다"고 보았다.

고대 그리스에서 노인들이 보는 노인관은 일단 피하고 싶은 존재임을 확인하고 '일단 태어났으면 되도록 빨리 왔던 곳으로 가는 것이 최선의 좋은 일이다.'며 노년의 상태를 비참하게 보았다. 노인의 가치를 공공연히 가치절하 하였다.

인구의 경제가치를 평가하던 시절에는 인구배당 현상을 전체 인구

에서 경제 활동 인구가 늘어나면 경제 성장률이 높아지는 것으로 가
치기준을 삼았다.

하지만 고령인구의 증가로 의료비 등 사회비용이 커지며 생산가능
인구 비율의 감소에 따른 가계저축률 하락으로 경제성장이 둔화할 것
이란 분석이다. 이때부터 사람이 힘이 되는 것이 아니라 짐이 되는 것
이다. 지금으로부터 겨우 10년 전 파이낸셜 타임스에 의하면 "인구 고
령화가 향후 210여 년간 경제성장률을 악화시킨다"고 말했다.

이 보고서에서는 2020년까지 프랑스와 네덜란드 등 13개국이 초고
령사회에 진입하고 2030년에는 한국과 미국 등 34개국이 초고령사
회가 될 것으로 예상했다. 초고령사회로 인구구조가 바뀌면서 인구배
당효과를 누리던 세계경제가 인구세(人口稅)를 내야 하는 상황에 처한
다고 지적했다.

65세 이상의 인구 비율이 20% 이상인 초고령국가는 독일, 이탈리
아, 일본, 3개국이다.(전체 인구 대비 65세 이상 인구가 7% 이상인 국가는
고령화사회, 14% 이상이면 고령사회로 분류된다.)

한국은 2000년에 고령사회가 됐고 2026년에 초고령사회로 진입할
것으로 예상된다. 무디스는 국가 신용 등급을 평가하는 115개국 중
60%가 고령사회로 진입할 것이라고 밝혔다.

현재 생산가능인구가 늘어나는 국가가 있는가? 인구가 늘어나는
곳은 아프리카 일부에 불과하다. 무디스는 여성의 노동 참여에 관해
서 무디스의 관점은 노동참가율을 높이고 퇴직 연령을 높여야 한다고
했다.

또한 2015~2030년 사이 일할 수 있는 인구의 증가율(24.8%)은 절
반에 그칠 것으로 예상했다. 그 결과 세계 경제 성장률도 2002~2025

년에는 0.9포인트 떨어질 것이라고 보았다.

인구시한폭탄은 더 이상 선진국만의 문제가 아니다. 한국과 중국 등 아시아의 고령화는 중국의 경우 고령인구 1명당 생산 가능인구가 6명에서 2030년엔 4.2명, 2050년 2.6명 등 불가항력적으로 줄어들 것으로 예상했다.

이에 대한 대책으로 퇴직 연령을 높이고 여성의 노동 참가율을 높여야 한다. 기능 관련 인구 분포에 따라 이민제도도 자국 현실에 따라 문화적 관점 등의 가치로부터 현실 노동력이란 관점에서 정책개혁이 필요할 것이다.

문화와 유통의 가치기준, 일할 수 있는 가치라는 관점에서 고령화는 인구의 실제 감소와 같은 풍조가 된다. 고령자의 가치가 일부 짐이란 관점에서 도덕적 시민의식의 붕괴를 초래하게 될 것이다. 노동력을 상실한 노인의 시기란 물질적 가치 대상의 시기임은 항변할 수가 없다.

현재 노인들은 누구인가? 사회로부터 존중 받는 대상이 아니라 점점 사회의 짐이란 매정한 관점으로 바라보는 존재로 변해가고 있다. 옛날 존중과 섬김의 대상으로부터 피하고 싶은 실익을 측정 받아 보는, 결국 노인 천시의 현실을 피할 수 없는 인간 본래의 가치가 전혀 없는 매정한 현실이 될 것이다.

어르신에 대한 예우가 이럴진대 이해관계로만 바라보이는 인간의 사회 윤리는 어떻게 변할 것인가. 더구나 노동력이 없는 고령자의 위상은 앞으로 어찌 될 것인가.

참 언론의 길

지 은 이 · 김규성, 최영철, 이지선
발 행 인 · 김부자
발 행 처 · 실자치신문
주   소 · (14906) 경기도 시흥시 대골안길 2-9 (대야동)
대표전화 · 031-404-4477~8

기획·편집 · 도서출판 청어
주   소 · 서울특별시 서초구 남부순환로 364길 8-15 동일빌딩 2층
대표전화 · 02-586-0477
팩시밀리 · 0303-0942-0478
홈페이지 · www.chungeobook.com
E-mail · ppi20@hanmail.net
인   쇄 · 두리터

1판 1쇄 인쇄 · 2022년 9월 20일
1판 1쇄 발행 · 2022년 9월 27일
I S B N · 979-11-6855-066-7(03300)